KB165511

전라남도 공공기관 통합채용

기출문제 + 최신상식 + 일반상식

SD에듀
㈜시대고시기획

코로나19 바이러스
"친환경 99.9% 항균잉크 인쇄"
전격 도입

언제 끝날지 모를 코로나19 바이러스
99.9% 항균잉크(V-CLEAN99)를 도입하여 「안심도서」로
독자분들의 건강과 안전을 위해 노력하겠습니다.

본 도서는 항균잉크로 인쇄하였습니다.

항균+
99.9%
안심도서

항균잉크(V-CLEAN99)의 특징

- 바이러스, 박테리아, 곰팡이 등에 항균효과가 있는 산화아연을 적용
- 산화아연은 한국의 식약처와 미국의 FDA에서 식품첨가물로 인증받아 **강력한 항균력**을 구현하는 소재
- 황색포도상구균과 대장균에 대한 테스트를 완료하여 **99.9%의 강력한 항균효과** 확인
- 잉크 내 중금속, 잔류성 오염물질 등 **유해 물질 저감**

TEST REPORT

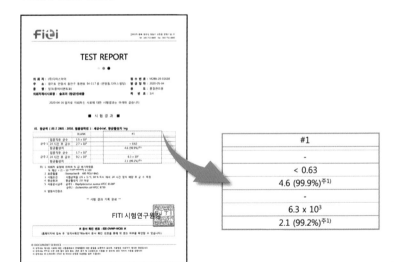

#1
-
< 0.63
4.6 (99.9%)주1)
-
6.3×10^3
2.1 (99.2%)주1)

Clean Zone

SD에듀
(주)시대고시기획

PREFACE

머리말

전라남도 공공기관 통합채용, 합격의 길을 열어드립니다!

생명의 땅 으뜸 전라남도는 지난 2017년부터 공공기관 직원 채용의 투명성을 높이기 위해 전국 최초로 통합채용 필기시험을 치르고 있습니다. 2021년 시험은 연 2회 상하반기로 나눠 실시되었으며, 통합채용을 실시한 이래 꾸준히 많은 인원을 선발하고 있습니다. 이는 일부 출연기관의 정원 확대와 관광재단 설립에 따른 것입니다.

지원서는 온라인으로 접수하고, 자세한 사항은 전라남도 및 채용기관별 홈페이지, 지방공공기관 통합채용정보시스템인 클린아이잡플러스에서 확인할 수 있습니다. 통합채용 필기시험은 전라남도 주관으로 시행됩니다. 필기시험 과목은 일반상식과 전공으로 채용기관별 모집 직렬에 따라 다르게 출제하므로, 응시자들은 기관별 공고문을 자세히 살펴볼 필요가 있습니다. 면접과 최종 합격자 선발은 채용기관에서 자체적으로 진행됩니다.

일반상식, 합격에 필요한 내용만 선별하여 공부해야 합니다!

본서는 전라남도 공공기관 통합채용을 준비하는 수험생 분들이 확실하게 일반상식 필기시험을 대비할 수 있도록 공기업, 공공기관 최신기출 복원문제와 최신상식, 일반상식을 엮어 한 권의 책으로 출간하게 되었습니다.

본서의 특징

첫 째 일반상식의 광범위한 출제 범위를 시험에 꼭 나오는 분야로 정리했습니다. 최신 공공기관 기출문제를 통해서 필기시험 유형을 파악할 수 있도록 했습니다.

둘 째 자주 출제되는 최신 시사상식은 물론, 꼭 나올 만한 국제 수상 내역이나 용어 등을 한눈에 확인하기 쉽도록 정리해 낯선 시사분야도 쉽게 학습할 수 있습니다.

셋 째 일반상식 분야는 장황한 이론보다는 핵심 키워드와 문제 중심 풀이로 단기간 합격을 노릴 수 있도록 마련했습니다.

전라남도 공공기관 통합채용을 준비하는 수험생 여러분들이 본서를 통해 합격의 길로 나아가시길 진심으로 기원합니다.

시사상식연구소 씀

이 책의 구성과 특징

PART 1 최신기출복원문제

주요 공공기관 일반상식 기출문제 / 주요 공공기관 한국사 기출문제

공공기관에서 가장 최근에 출제된 각 분야별 기출문제를 수록하여 최신 출제경향을 한눈에 파악할 수 있도록 하였습니다. 또한 일반상식 분야 중 가장 자주 출제되는 한국사 영역도 별도로 수록하여 빈틈없이 시험에 대비할 수 있도록 하였습니다.

CHAPTER 01 주요 공공기관 일반상식 기출문제

01 정치 · 국제 · 법률

01 다음 중 국회의 동의 없이 대통령이 임명할 수 있는
① 국무총리
③ 대법원장

해설
국회의 동의를 받아 임명해야 하는 직위에는 국무총리와 감사원
검찰총장과 경찰청장, 국세청장, 국가정보원장 등은 국회 인사

02 국가예산이 수반되는 법안을 낼 때 그 재원을 확보
① 네포티즘
③ 페이고 원칙

해설
페이고(Pay-Go)는 'Pay as you go(번만큼 쓴다)'의 약자로 국가
방안도 동시에 입법할 수 있도록 법제화하는 것을 말한다. 국가의
방지하기 위함이다.

03 미국에서 연 매출 10억달러 미만의 신생기업들의 기
① 산마리노법
③ 실리콘밸리법

해설
잡스법은 미국의 신생기업을 지원하기 위해 2012년 4월에 제정
앞 글자를 따 '잡스법(JOBS Act)'이라고 칭한다. 잡스법에 따르면
되는 회계공시기준을 면제받을 수 있다. 또한 투자자금유치와 기
트업 기업이 증시에 진입할 수 있도록 통로를 크게 개방했다.

CHAPTER 02 주요 공공기관 한국사 기출문제

| 서울공공보건의료재단

01 서울시 암사동, 황해도 봉산 지탑리, 경남 김해 수가리에 위치한 유적이 발견된 시기에 해당되는 유물은?
① 빗살무늬 토기
② 비파 모양 동검
③ 붉은 간토기
④ 세형동검

해설
신석기 시대 유물은 서울시 암사동, 황해도 봉산 지탑리, 경남 김해 수가리 유적에서 발견됐다. 대표적인 유물로는 간석기와 빗살무늬 토기가 있다. ②·③·④는 청동기 시대 유물이다.

| 부산보훈병원

02 다음 유물이 사용되던 시기의 생활상으로 적절하지 않은 것은?

① 사유재산과 계급이 발생했다.
② 풍요를 기원하는 주술적 의미의 청동제 의기 등을 만들었다.
③ 조 · 피 등을 재배하는 농경이 시작되고 목축업이 활성화됐다.
④ 움집이 지상 가옥화되고 배산임수의 취락이 형성됐다.

해설
사진은 비파형동검과 반달돌칼로 청동기 시대의 대표적 유물이다. 조 · 피 등을 재배하는 농경이 시작되고 목축업이 활성화된 시기는 신석기 시대이다. 청동기 시대에는 밭농사 중심의 농경생활이 주를 이뤘고 벼농사가 시작됐다.

PART 2 최신상식

주요 국제 Awards / 최신시사용어

공공기관의 상식시험에서는 최근 이슈와 관련된 최신 시사상식 문제도 자주 출제됩니다. 하지만 매일 쏟아져 나오는 많은 이슈들을 다 공부할 수는 없기 때문에 단기간에 빠르게 학습할 수 있도록 꼭 필요한 최신상식만을 선별하여 정리하였습니다.

PART 3 일반상식

분야별 일반상식 / 출제예상문제

공공기관 일반상식 시험에 자주 나오는 키워드만을 선별하여 분야별로 정리하였습니다. 또한 출제예상문제를 통해 공부한 키워드를 다시 한 번 확인할 수 있도록 구성하였습니다.

GUIDE

전라남도 공공기관 통합채용 시험안내

◈ 2021년 하반기 전라남도 지방공공기관 직원 통합채용 시험공고 기준

◤ 시험과목

❶ 제1차 시험 : 선택형 필기시험(4지 택1형)

시험명	필기시험 과목		문항 수	시험시간
2022 전라남도 지방공공기관 직원 통합채용	공통	일반상식	총 40문항	40분 (10:00 ~ 10:40)
	전공	기관별 상이		

※ 필기시험 장소는 3월 중에 전라남도 및 채용기관별 홈페이지에 공고될 것으로 예상되며, 장소 공고일 이후 원서접수사이트에서 수험표 출력 가능함

※ 필기시험 합격자는 채용예정기관별 홈페이지에 공고

❷ 제2차 시험 : 서류전형(응시자격 등 충족여부 심사)

❸ 제3차 시험 : 면접시험

※ 전 단계 시험에 합격하지 아니하면 다음 단계 시험에 응시할 수 없으며, 세부 시험방법은 채용예정기관별로 상이할 수 있으므로 반드시 채용예정기관 공고문을 참조할 것

◤ 접수방법

❶ 전라남도 지방공공기관 통합채용 홈페이지(recruit.incruit.com/jeonnam) 접속 후 기관별 페이지 이동을 통한 개별 접수

▶ 접수 완료 건에 대한 수정은 불가능하며, 수정 · 취소 희망 시 접수기간 내 원서접수사이트 운영사를 통한 변경 · 취소 가능

❷ 각 기관별 중복지원 불가(1개 기관만 지원 가능)

※ 중복 접수 시 모든 접수 사항이 무효처리 될 수 있으므로 반드시 1개에만 접수

◀ 응시자격

채용 기관별 자격요건에 따름

※ 간호직, 연구직 등을 제외한 채용분야는 거주지 제한요건이 있으므로 응시 희망자는 반드시 채용예정기관 홈페이지에 게시
된 공고문의 응시자격 요건을 확인 후 지원하여야 함

◀ 시험일정

2022년 상반기 전라남도 공공기관 통합채용 일정은 미정입니다. 2022년 1월 중 해당 공고가 발표될
것으로 예상되며, 원서 접수는 2월 중, 필기시험은 3월 중 치러질 전망입니다.

◀ 응시자 유의사항

- 채용기관·분야별 시험과목, 응시자격, 가산점 등 세부사항이 상이하므로 반드시 채용 기관별 홈페
이지에 게재된 공고문을 확인한 후 접수하시기 바랍니다.
- 동일 날짜에 시행하는 「2022년도 전라남도 지방공공기관 직원 통합채용 시험」의 참여기관에 중복
또는 복수로 접수할 수 없으며, 중복 또는 복수 접수로 인한 불이익은 본인의 책임입니다.
  ※ 중복 접수 시 해당 접수자의 모든 접수 사항을 무효처리 될 수 있음
- 응시원서 접수 시 연락 가능한 휴대전화 번호를 반드시 입력하시기 바라며, 착오입력으로 인한 연락
불능 및 불이익은 응시자 책임입니다.
- 접수완료 건에 대한 수정은 불가하므로 자격요건 등을 정확히 확인하여 지원하시기 바라며, 부득이
지원 내용을 수정, 취소 시 원서접수사이트 운영사로 연락하시어 조치해야 합니다.
- 필기시험 이후 일정(서류전형, 면접시험 등)은 채용예정기관별 일정에 따릅니다.
- 기타 궁금한 사항은 전남도청 및 채용예정기관별 담당자에게 문의하시기 바랍니다.

◈ 본 시험안내는 2021년 하반기 전라남도 공공기관 통합채용 공고를 바탕으로 정리한 것입니다. 상세 정보 등이 변경될 수 있으니
반드시 전라남도 지방공공기관 통합채용 홈페이지(recruit.incruit.com/jeonnam)에서 전체 공고문을 확인하시기 바랍니다.

이 책의 차례

01 정치 · 국제 · 법률

| 영화진흥위원회

01 다음 중 국회의 동의 없이 대통령이 임명할 수 있는 공직은?

① 국무총리
② 검찰총장
③ 대법원장
④ 헌법재판소장

해설

국회의 동의를 받아 임명해야 하는 직위에는 국무총리와 감사원장, 대법원장 및 대법관(16인), 헌법재판소장이 있다. 검찰총장과 경찰청장, 국세청장, 국가정보원장 등은 국회 인사청문을 거쳐 임명하게 된다.

| 부산교통공사

02 국가예산이 수반되는 법안을 낼 때 그 재원을 확보하는 방안도 함께 제출하는 것은?

① 네포티즘
② 치킨호크
③ 페이고 원칙
④ 추가경정예산

해설

페이고(Pay-Go)는 'Pay as you go(번만큼 쓴다)'의 약자로 국가의 예산이 쓰이는 입법을 할 때, 여기에 필요한 재정조달 방안도 동시에 입법할 수 있도록 법제화하는 것을 말한다. 국가의 재정건전성을 높이고 정부의 무분별한 재정예산지출을 방지하기 위함이다.

| 영화진흥위원회

03 미국에서 연 매출 10억달러 미만의 신생기업들의 기업공개 절차 · 규제를 대폭 간소화한 법률은?

① 산마리노법
② 잡스법
③ 실리콘밸리법
④ 휠러 · 리 개정법

해설

잡스법은 미국의 신생기업을 지원하기 위해 2012년 4월에 제정되었다. 'Jumpstart Our Business Startups Act'의 앞 글자를 따 '잡스법(JOBS Act)'이라고 칭한다. 잡스법에 따르면 연 매출 10억달러 미만의 신생기업들은 대기업에 적용 되는 회계공시기준을 면제받을 수 있다. 또한 투자자금유치와 기업공개(IPO)에 대한 절차 및 규제도 대폭 간소화해 스타 트업 기업이 증시에 진입할 수 있도록 통로를 크게 개방했다.

04 우리나라 헌법이 보장하는 기본권 중 하나로 안락하고 만족스러운 삶을 추구할 수 있는 권리는?

① 행복기본권 ② 평등권
③ 행복추구권 ④ 기본생활영위권

해설

행복추구권(幸福追求權)은 고통이 없는 상태나 만족감을 느낄 수 있는 상태를 실현할 권리를 말한다. 우리나라 「헌법」 제10조는 "모든 국민은 인간으로서의 존엄과 가치를 가지며, 행복을 추구할 권리를 가진다"라고 규정하고 있다. 고통과 불쾌감이 없는 상태를 추구하며, 더 나아가 안락하고 만족스러운 삶을 영위할 권리이다. 행복추구권은 행동의 자유권과 인격의 자유발현권 및 생존권의 의미를 포함하고 있다.

05 핵확산금지조약에서 인정하는 핵보유국에 해당하는 나라는?

① 러시아 ② 독 일
③ 캐나다 ④ 이탈리아

해설

핵확산금지조약(NPT ; Non Proliferation Treaty)은 핵무기가 무분별하게 제작·사용되는 것을 막기 위해 1966년 유엔 총회에서 채택된 조약이다. 핵무기를 가지지 않은 나라가 핵무기를 보유하는 것을 금지하고, 핵무기를 가진 나라가 비보유국에 제공하는 것을 방지하기 위함이다. 우리나라는 1975년 정식 비준국이 되었다. 현재 NPT에서 인정하는 핵보유국은 미국, 영국, 프랑스, 러시아, 중국이다.

06 다음 중 범죄와 형벌에 대해 미리 법률로서 정해놓아야 한다는 원칙은?

① 죄형법정주의 ② 특별법우선주의
③ 법률유보원칙 ④ 법률우위의 원칙

해설

죄형법정주의는 범죄와 형벌에 대하여 미리 법률로 정해놓아야 한다는 기본원칙으로, 법적 안정성을 보호하고 형벌권의 자의적 행사로부터 개인의 권리를 보장하기 위한 것이다.

┃ 폴리텍

07 다음 중 국교가 이슬람교가 아닌 국가는?

① 사우디아라비아　　　　　② 예 멘
③ 터 키　　　　　　　　　④ 파키스탄

해설

터키에서는 이슬람교가 가장 영향력 있는 종교이기는 하나, 1928년부터 헌법상으로 국교를 정하고 있지 않다. 또한 정치와 종교를 분리하는 세속주의 중심의 국가로서 공식적인 이슬람 국가는 아니다. 제도적으로 이슬람 국가임을 표방하는 국가에는 모리타니, 사우디아라비아, 아랍에미리트, 아프가니스탄, 예멘, 파키스탄, 이란, 이라크가 있다.

┃ 의정부시설관리공단

08 다음 중 기밀정보 동맹체인 파이브 아이즈의 회원국이 아닌 나라는?

① 뉴질랜드　　　　　　　　② 영 국
③ 캐나다　　　　　　　　　④ 일 본

해설

파이브 아이즈(Five Eyes)는 미국, 영국, 캐나다, 호주, 뉴질랜드 등 영어권 5개국이 참여하고 있는 기밀정보 동맹체다. 1946년 미국과 영국이 공산권과의 냉전에 대응하기 위해 비밀 정보교류 협정을 맺은 것이 시초로 1960년에 개발된 에셜론(Echelon)이라는 프로그램을 통해 전 세계 통신망을 취합한 정보를 공유하는 것으로 알려져 있다.

┃ 폴리텍

09 다음 중 '쿼드'라고 불리는 4자 안보 대화에 포함된 국가가 아닌 것은?

① 호 주　　　　　　　　　② 중 국
③ 인 도　　　　　　　　　④ 미 국

해설

쿼드(Quad ; Quadrilateral Security Dialogue)는 미국, 일본, 인도, 호주로 구성된 안보협의체다. 2007년 당시 아베 신조 일본총리의 주도로 시작됐으며 2020년 8월 미국의 제안 아래 공식적인 국제기구로 출범했다. '법치를 기반으로 한 자유롭고 개방된 인도·태평양(FOIP ; Free and Open Indo-Pacific)' 전략의 일환으로 시진핑 중국주석이 이끄는 일대일로를 견제하기 위한 목적도 갖고 있다. 이 때문에 반(反)중국의 성격을 가지고 있는데, 당시 미국은 쿼드를 인도-태평양판 나토(NATO, 북대서양조약기구)로 추진했다.

10 1935년 미국에서 뉴딜정책의 일환으로 제정된 노동법인 '와그너법'을 수정 · 강화한 법의 명칭은?

① 클레이튼법
② 셔먼법
③ 산마리노법
④ 태프트-하틀리법

> **해설**
>
> 태프트-하틀리법은 미국이 2차 세계대전 이후 기존의 '와그너법'을 수정하여 강화한 법률이다. 태프트-하틀리라는 명칭은 당시 법안을 발의한 의원들의 이름에서 따왔다. 현재까지도 시행되고 있는 현행법이며 노사간의 쟁의를 해결하기 위한 최종적인 수단이다. 노동자의 파업이 국가 경제에 심각한 위기를 초래할 경우, 이 법을 발동하면 대통령이 법원의 허가를 받아 노동자들이 직장에 복귀하도록 명령할 수 있다.

11 다음 중 가석방 제도에 대한 설명으로 옳은 것은?

① 수형자의 개전과 관계없이 심사하여 집행할 수 있다.
② 무기징역의 경우는 30년이 경과한 후에 집행이 가능하다.
③ 소년범의 경우에는 집행하지 않는다.
④ 벌금이 있는 때에는 그 금액을 완납하여야 한다.

> **해설**
>
> 가석방 제도는 징역 또는 금고형을 받고 수감 중인 사람이 자신의 죄를 반성하고 있음이 뚜렷하다고 판단될 때 무기형에 있어서는 20년, 유기에 있어서는 형기의 3분의 1을 경과한 후에 행정처분에 의하여 미리 석방하는 제도다. 소년범에 대해서도 집행할 수 있으며, 벌금이나 과료의 병과가 있으면 금액을 모두 납부해야 한다.

12 여러 가지 죄가 동시에 형량에 적용되는 것을 의미하는 법률 용어는?

① 실체적 경합
② 상상적 경합
③ 포괄적 경합
④ 동시적 경합

> **해설**
>
> 실체적 경합은 여러 가지 행위로 여러 가지의 범죄를 일으켜 이 범죄들이 동시에 형량에 적용되는 것을 의미한다. 가령 1월에 사기죄를 저지르고, 2월에 횡령죄를 저질렀다고 했을 때, 3월에 재판을 받게 되면 앞선 두 범죄가 한꺼번에 형량에 영향을 미치게 된다. 반면 상상적 경합은 한 가지 행위가 여러 가지 죄명에 해당하는 경우를 말한다.

┃경기도공무직통합채용

13 판결 이외의 재판인 결정, 명령에 대한 독립적인 불복신청은?

① 항 소   ② 상 고

③ 항 고   ④ 상 소

해설

① 항소(抗訴) : 지방법원의 제1심 종국판결에 대하여 제2심 법원에 하는 불복신청
② 상고(上告) : 판결에 대해 대법원에 상소하는 것
④ 상소(上訴) : 미확정인 재판에 대하여 상급법원에 하는 불복신청

┃방송통신심의위원회

14 다음 중 재산형의 일종이며 경미한 범죄에 적용되고 그 금액이 적은 형벌은?

① 과 료   ② 벌 금

③ 과태료   ④ 몰 수

해설

과료는 재산형의 하나로서 벌금과 같으나 납입할 금액이 2,000원 이상 5만원 미만으로 소액이며 경미한 범죄에 적용된다. 판결확정일로부터 30일 이내에 납입하여야 하며, 납입하지 아니한 경우 1일 이상 ~ 30일 미만의 기간 동안 노역장에 유치하여 작업에 복무하게 하여야 한다. 과태료는 형벌이 아닌 행정상 제재에 해당한다.

┃한국보훈복지공단

15 다음 중 정치행정이원론에 대한 설명으로 옳은 것은?

① 엽관주의를 지향한다.
② 행정을 정치와는 다른 중립적이고 전문적인 업무로 본다.
③ 기능적 행정학이라고도 한다.
④ 정치가 정책 결정과 집행을 담당해야 한다고 본다.

해설

정치행정이원론은 미국의 28대 대통령이었던 우드로 윌슨(W. Wilson)이 1887년 발표한 논문에 등장한 개념이다. 정치와 행정을 구분하려는 것으로 정치는 정책 결정을, 행정은 정책의 집행을 담당해야 한다고 역설했다. 엽관주의를 지양하며, 행정을 정치와는 다른 중립적이고 전문적인 고유한 영역으로 보았다. 기술적 행정학이라고도 한다.

16 직위와 연공을 인정받는 조직에서 무능력한 상급자가 대다수를 차지하는 현상은?

① 과두제의 철칙   ② 파킨슨 법칙

③ 딜버트의 법칙   ④ 피터의 법칙

해설

피터의 법칙(Peter's Principle)은 미국 콜롬비아대 로렌스 피터가 1969년 발표한 이론이다. 조직의 상위에 있는 직급일수록 성과가 낮고 무능력한 상급자가 차지하게 된다는 것인데, 처음에는 유능했던 사람도 연공을 인정받아 승진하다 보면 일의 능률이 떨어지고 성과가 저하된다는 이론이다. 무능력한 상급자들은 직위가 보장되어 계속 조직의 윗자리에 머무르게 된다. 관료제의 병폐를 지적한 것이라 볼 수 있다.

17 형식적으로는 범죄의 조건을 갖추고 있으나, 실질적으로는 위법이 아니라 판단할 수 있는 사유를 일컫는 용어는?

① 위법성 과잉사유   ② 위법성 조각사유

③ 위법성 정당사유   ④ 위법성 감경사유

해설

위법성은 범죄가 성립하는 요건의 하나로, 위법성 조각사유란 그러한 위법성에서 배제되는 경우를 가리킨다. 위법성 조각사유에는 정당행위, 정당방위, 긴급피난, 자구행위, 피해자의 승낙이 있다. 행위의 과정과 결과가 형식상 범죄의 조건을 갖추고 있다 하더라도 실질적·사회적으로 이것이 위법에 배제된다고 상당히 판단될 때 위법성 조각사유가 있다고 한다.

18 다음 중 형사소송에서 약식기소에 대한 설명으로 옳은 것은?

① 피의자가 저지른 범죄가 징역 또는 금고에 해당한다고 판단될 때 청구한다.

② 피의자가 구속 중인 경우에 약식기소를 청구하면 석방할 수 없다.

③ 약식기소에 의한 재판 시 피의자는 법정에 반드시 출석해야 한다.

④ 피의자와 피해자 모두에게 경제적이고 편리한 절차라 할 수 있다.

해설

약식기소는 피의자가 저지른 범죄가 징역이나 금고가 아닌, 벌금형에 해당된다고 판단될 때 검찰이 청구한다. 보통 재산형 재판에 해당하는 사건이 약식기소가 된다. 재판이 약식절차로 서면 진행되어 피의자는 재판에 출석하지 않아도 되고, 피의자가 구속 중인 경우에는 석방해야 한다. 가벼운 범죄의 소송·재판 절차를 간소화해 피의자와 피해자 모두에게 경제적이고 편리하다 할 수 있다.

02 경제 · 경영 · 금융

┃ 한국보훈복지공단

19 초지 · 삼림과 같이 공동체가 사용해야 할 자원을 시장에 맡기게 되면 자원의 고갈과 황폐화를 일으 킨다는 이론은?

① 죄수의 딜레마　　　　　　　　② 공유지의 비극
③ 침묵의 봄　　　　　　　　　　④ 피구 효과

해설

공유지의 비극은 미국의 생태학자 개릿 하딘이 1968년 발표한 논문에서 등장한 이론이다. 모두에게 개방된 목초지가 있다면, 목동들은 자신이 가진 땅이 아닌 공유된 목초지에 소를 방목할 것이고, 그러면 목초지는 끝내 황폐화될 것이라고 설명했다. 이는 초지 · 삼림 · 지하자원과 같이 공동체 모두가 공유해야 할 자원들을 시장 원리에 맡겨두게 되면, 시장 구성원의 이기심 때문에 자원들이 남용되어 고갈되고 황폐화된다는 의미를 담고 있다.

┃ 천안시시설관리공단

20 경제지표 평가 시 기준 · 비교시점의 상대적 차이에 따라 결과가 왜곡돼 보이는 현상은?

① 전시효과　　　　　　　　　　② 백로효과
③ 기저효과　　　　　　　　　　④ 낙수효과

해설

기저효과는 어떤 지표를 평가하는 과정에서 기준시점과 비교시점의 상대적 수치에 따라 그 결과가 실제보다 왜곡돼 나타나는 현상을 말한다. 가령 호황기의 경제상황을 기준으로 현재의 경제상황을 비교할 경우, 경제지표는 실제보다 상당히 위축된 모습을 보이고, 불황기가 기준시점이 되면 현재의 경제지표는 실제보다 부풀려져 개선된 것처럼 보인다.

┃ 영화진흥위원회

21 다음 중 분수효과에 대한 설명으로 옳지 않은 것은?

① 영국의 경제학자인 존 케인즈가 처음 주장했다.
② 저소득층의 소득 · 소비증대가 고소득층의 소득도 높이게 된다는 이론이다.
③ 저소득층에 대한 복지는 축소한다.
④ 고소득층보다 저소득층의 한계소비성향이 크다는 것을 고려한 이론이다.

해설

분수효과(Trickle-up effect)는 저소득층의 소득증대와 이에 따른 민간소비증대가 총수요를 진작하고 투자 · 경기활성화를 불러와 고소득층의 소득까지 상승시킨다는 이론이다. 영국의 경제학자인 존 케인즈(John Maynard Keynes)가 주장했으며, 낙수효과와 반대되는 개념이다. 저소득층에 대한 복지를 늘리고, 세금을 인하하는 등의 직접 지원이 경기부양에 도움이 된다고 본다. 저소득층의 한계소비성향이 고소득층보다 더 크다는 것을 바탕으로 한 이론이다. 한계소비성향이란 소득이 늘어나는 만큼의 소비가 증가하는 정도를 말한다.

┃ 경기도공무직통합채용

22 주식시장에서 개별종목 주가의 급변을 완화하기 위한 가격 안정화 장치는?

① 사이드카   ② 어닝쇼크

③ 서킷브레이커   ④ VI

> **해설**
>
> VI(Volatility Interruption, 변동성 완화장치)는 2014년 9월 1일부터 도입된 개별종목 주가의 급격한 변동을 막는 가격 안정화 제도다. 개별종목의 체결가격이 일정범위를 벗어날 경우 주가급변 등을 완화하기 위해 VI가 발동된다. 일반매매가 정지된 후 2 ~ 10분간 단일가 매매 및 임의연장 30초의 냉각기간을 진행한다.

┃ 기장군도시관리공단

23 세금 납부의 주체와 상관없이 소비자와 생산자 사이에서 세금이 분담되는 현상은?

① 조세귀착의 원리   ② 조세형평의 원리

③ 조세분담의 원리   ④ 조세귀속의 원리

> **해설**
>
> 조세귀착은 모든 세금을 소비자와 생산자 어느 한 편에 전가하는 것이 아닌, 납부해야 할 조세를 상대에게 이전하고 난 후 그 나머지를 자신이 부담하는 것이다. 보통 세금 부과로 인해 상품의 가격이 높아졌을 때 발생하게 되는데, 가령 가격이 1,000원인 상품에 500원의 세금이 부과되어 1,500원이 되면 소비자의 희망수요량은 줄어들게 된다. 이때 시장의 균형점이 이동하면서 상품의 가격이 1,200원으로 조정된다면, 소비자는 200원의 세금을 부담하고 생산자는 나머지인 300원을 부담하게 되는 것이다.

┃ 전라남도공공기관통합채용

24 다음 중 경기불황일 때 소비자 만족도가 높고 가격이 저렴한 상품이 잘 팔리는 현상은?

① 풍요 속의 빈곤   ② 립스틱 효과

③ 무어의 법칙   ④ 스놉 효과

> **해설**
>
> 립스틱 효과(Lipstick Effect)는 경기가 좋지 않거나 미래가 불확실할 때 소비자들이 중저가 상품을 구매하는 경향이 강해지는 것이다. 저가제품 선호추세라고도 하며 불황기에 최대한 돈을 아끼면서 저렴한 립스틱만으로도 심리적 만족을 추구하는 성향을 의미한다. 실제로 불황기에는 립스틱과 같은 저가 화장품의 매출이 증가하며 이는 모든 상품 및 서비스에도 적용될 수 있다. 기업에서는 이를 활용하여 경기불황 시 초저가전략을 구사하기도 한다.

| 부천문화재단

25 신용등급이 낮은 기업이 발행하는 고위험 채권을 가리키는 말은?

① 하이브리드채권　　　　　　　　② 수쿠크
③ 후순위채권　　　　　　　　　　④ 정크본드

해설
'정크(Junk)'는 '쓰레기'라는 뜻으로, '정크본드(Junk Bond)'는 쓰레기 같은 채권을 의미한다. 고위험 · 고수익 채권으로, 회사채 발행이 불가능한 신용도가 매우 낮은 기업이 발행한 채권이며 열등채라고도 부른다. 본래는 갑자기 경영 악화를 맞은 우량기업이 과거에 발행했던 채권을 일컫는 말이었다. 현재는 열등채나 성장 가능성이 높은 중소기업이 발행한 채권, 기업이 M&A를 하기 위해 자금 조달을 목적으로 발행한 채권 등을 의미한다.

| 부산교통공사

26 특정 저축은행들을 가리키는 88클럽에 대한 설명으로 맞는 것은?

① 저축은행을 강하게 규제하기 위한 제도다.
② 저축은행의 재정 건전성을 판단하는 지표로 활용된다.
③ 국제결제은행 기준 자기자본비율 8% 이하인 은행들에 해당한다.
④ 고정 이하 여신비율 8% 이상인 은행들에 해당한다.

해설
88클럽은 국제결제은행(BIS) 기준 자기자본비율이 8% 이상이면서, 고정 이하 여신비율이 8% 이하인 우량 저축은행들을 말한다. 저축은행들에게 인센티브를 주기 위해 2005년에 만들어진 제도다. 88클럽은 해당 저축은행이 재정적으로 건전한지 판단하는 기준이 된다.

| 한국소비자원

27 수입품이 정상가보다 낮게 유통돼 국내제품에 타격을 주는 것을 방지하고자 부과하는 관세는?

① 덤핑관세　　　　　　　　　　　② 반덤핑관세
③ 상계관세　　　　　　　　　　　④ 차별관세

해설
반덤핑관세는 덤핑을 방지하기 위하여 덤핑 상품에 매기는 징벌적인 관세를 말한다. 여기서 덤핑(Dumping)이란 국제 가격경쟁력을 위해 국내 판매 가격보다 낮은 가격으로 상품을 수출하는 것을 말한다. 이는 수입품이 국내 산업에 타격을 줄 수 있어 정상가격과 덤핑가격 사이에 차액 범위 내에서 반덤핑관세를 부과한다.

┃ 부산교통공사

28 기업의 신제품이 기존 제품의 영역을 침범해 매출에 부정적 영향을 끼치는 것을 뜻하는 용어는?

① 사이니지   ② 카니발라이제이션

③ 콘체른   ④ 오픈 이노베이션

해설

카니발라이제이션(Cannibalization)은 '자기잠식효과'라는 뜻으로 식인풍습을 뜻하는 '카니발(Cannibal)'에서 유래했다. 기업에서 새롭게 출시한 제품 또는 기술이 그 기업의 기존 제품과 기술의 영역을 침범해 매출에 부정적인 영향을 끼치게 되는 것을 의미한다. 매년 새롭게 출시되는 휴대전화처럼 비슷한 포지션에 놓인 기존 제품의 매출이 하락하고 사장되는 현상에서 카니발라이제이션을 발견할 수 있다.

┃ 의정부시설관리공단

29 광고의 제작과정에 직접 참여하는 소비자를 뜻하는 말은?

① 폴리슈머   ② 펀슈머

③ 애드슈머   ④ 모디슈머

해설

애드슈머(Adsumer)는 기업이나 상품의 광고 제작에 직접 의견을 제시하거나 참여하는 소비자를 뜻한다. 광고를 뜻하는 'Advertising'과 소비자를 의미하는 'Consumer'의 합성어다. 광고의 결말을 시청자의 뜻을 반영해 후속광고를 제작하거나, 시청자가 광고를 직접 기획하고, 또는 시청자가 만든 영상을 광고로 쓰기도 한다.

┃ 서울시공공보건의료재단

30 다음 중 마케팅믹스의 4C에 해당하지 않는 것은?

① Customer value(고객 가치)

② Communication(고객과의 소통)

③ Convenience(고객 편의성)

④ Credit(고객 신용)

해설

마케팅믹스는 성공적인 목표달성을 위해 마케팅에서 사용되는 여러 가지 방법들을 전체적으로 균형 있게 조정·구성하는 것을 말한다. 마케팅믹스에는 판매자(기업)의 관점에서 마케팅을 펼치는 4P가 있고, 구매자(고객)의 입장에서 생각하는 4C가 있다. 이 4C에 해당하는 핵심전략에는 Customer value(고객 가치), Customer cost(구매 비용), Convenience(고객 편의성), Communication(고객과의 소통)이 있다.

┃ IBK기업은행

31 해외투자자들이 한국채권·주식을 거래할 때 금융자산을 대신 보관하고 관리해주는 서비스는?

① 브로커리지
② 랩어카운트
③ 커스터디
④ 백워데이션

해설

커스터디(Custody)는 '수탁'이라는 의미로, 금융자산을 대신 보관하고 관리해주는 서비스를 일컫는다. 해외투자자들이 우리나라의 주식 등을 매수할 때 자금과 주식을 관리해주고, 한편으로는 환전이나 주식 매매를 대행하기도 한다. 최근 암호화폐시장이 팽창하면서, 은행권에서는 가상자산에 대한 커스터디로까지 서비스의 영역을 넓히고 있다.

┃ 의정부시설관리공단

32 비금융기업이 자사의 상품과 서비스를 판매하는 과정에서 관련된 금융상품을 함께 제공하는 것은?

① 레드칩
② 프로젝트 파이낸싱
③ 그림자 금융
④ 임베디드 금융

해설

임베디드 금융(Embedded Finance)은 비금융기업이 자사의 플랫폼에 금융상품을 제공하는 핀테크 기능을 내장하는 것을 의미한다. 코로나19 팬데믹 이후 금융서비스를 비대면·모바일로 이용하려는 수요가 늘면서 임베디드 금융이 기업들 사이에 확대되고 있다. 테슬라는 자동차 시스템에 수집되는 정보로 운전자의 사고 위험과 수리비용을 예측하는 보험 서비스를 제공하고 있다.

┃ 부산교통공사, IBK기업은행

33 기업의 비재무적 요소인 환경·사회·지배구조를 뜻하는 경영 용어는?

① CSR
② ESG
③ CSV
④ CRM

해설

기업의 환경·사회·지배구조를 뜻하는 용어는 ESG다. 기업이 친환경적이고 사회에 공헌하며 투명한 경영구조를 유지하는 것이 기업의 장기적인 성장에 도움이 된다는 경영철학이다.

34 문화산업의 산업 연관효과가 다른 산업에 비해 훨씬 큰 것을 뜻하는 용어는?

① 백로효과

② 피셔효과

③ 전시효과

④ 창구효과

> **해설**
>
> 창구효과(Window Effect)는 문화산업에서의 산업 연관효과가 다른 산업에 비해 매우 큰 것을 의미하는 용어다. 문화산업은 상품을 생산하기 위해 초기에 매우 큰 비용이 들지만, 이후의 재생산하는 비용은 거의 들지 않는다. 더욱이 한 장르의 문화상품은 다른 장르의 상품으로 연계되고 시장이 확대될 여지가 높기 때문에 새로운 부가가치를 창출할 수 있다.

35 대량의 주식을 보유한 매도자와 매수자 간에 주식거래를 체결하는 것은?

① 블록딜

② 숏커버링

③ 스왑딜

④ 윈도드레싱

> **해설**
>
> 블록딜(Block Deal)은 대량의 주식을 보유한 매도자와 이를 매수할 수 있는 매수자 간에 거래를 체결시켜 주는 제도를 뜻한다. 주식시장에서 한꺼번에 대량의 주식이 거래될 경우 발생할 수 있는 급격한 가격변동과 물량부담을 줄이기 위한 방안이다. 주로 시장가격에 영향을 미치지 않도록 사전에 매도물량을 인수할 수 있는 매수자를 구해, 장 시작 전이나 마감 후 시간외거래 또는 장외거래를 통해 이루어진다. 가격과 물량을 미리 정해두고 거래하기 때문에 장중 주가에 큰 영향을 주지 않는다는 장점이 있다. 그러나 블록딜 다음 날 해당 회사의 주가가 하락할 확률이 높다.

36 신기술에 대한 정보를 원천봉쇄하기 위해 특허출원을 하지 않는 전략은?

① 니블링 전략

② 스키밍 전략

③ 갈라파고스 전략

④ 블랙박스 전략

> **해설**
>
> 블랙박스 전략은 신기술을 개발한 기업이 관련된 특허를 출원할 경우 경쟁업체가 이 기술을 참고하여 신기술이 공개되는 것을 막기 위해 아예 특허출원을 하지 않은 채 기술을 숨기는 전략을 말한다. 특허출원으로 인한 수입보다 자신들만이 보유한 기술력으로 시장에서 경쟁하는 것이 더 나은 효과를 얻는다는 판단에서 활용되고 있다.

03 사회 · 노동 · 환경

┃ 부산광역시공공기관통합채용

37 잘못된 것을 알고 있지만 이를 이야기할 경우 닥칠 위험 때문에 누구도 말하지 못하는 큰 문제를
가리키는 말은?

① 하얀 코끼리 ② 검은 백조
③ 샐리의 법칙 ④ 방 안의 코끼리

해설

방 안의 코끼리란 누구나 인식하고 있지만, 이를 지적하거나 이야기했을 때 초래될 위험이 두려워 아무도 선뜻 먼저 이야
기를 꺼내지 못하는 큰 문제를 비유적으로 이르는 말이다. 방 안에 코끼리가 있는 상황처럼 누구나 알 수 있고 위험한
상황에서도 모르는 척하며 문제 삼지 않는 것이다.

┃ 부산교통공사

38 한 개의 손가락에만 매니큐어를 바름으로써 아동학대의 근절을 표현하는 캠페인은?

① 폴리시드맨 ② 미닝아웃
③ 베리어프리 ④ 노멀크러시

해설

폴리시드맨(Polished man)은 호주의 비영리단체 YGAP가 기획한 아동학대 근절 캠페인이다. 캠페인에 참여하는 이들은
다섯 손가락 중 한 손가락에만 매니큐어를 바름으로써 폭력으로 고통 받는 어린이들에 대한 관심을 촉구한다. 이는 아동
다섯 명 중 한 명이 학대 피해자라는 호주의 통계를 근거로 정해진 것이다.

┃ 의정부시설관리공단

39 2021년 7월 기후변화 대응을 위해 발표한 유럽연합의 탄소배출 감축계획은?

① RE100 ② 유러피언 그린딜
③ 2050 그린정책 ④ 핏 포 55

해설

핏 포 55(Fit for 55)는 유럽연합(EU)의 집행위원회가 2021년 7월 14일 발표한 탄소배출 감축 계획안이다. 이 계획의
핵심은 탄소국경조정제도(CBAM)로서 EU 역내로 수입되는 제품 중 EU에서 생산되는 제품보다 탄소배출량이 많은 제품
에 탄소국경세를 부과하는 것이다. 2026년부터 철강ㆍ시멘트ㆍ비료ㆍ알루미늄ㆍ전기 등에 단계적으로 제도를 적용하게
된다.

40 네덜란드 정부를 상대로 낸 기후 변화 소송에서 승리한 환경단체는?

① 유넵엔젤 ② 지구의 벗
③ 우르헨다 ④ 그린피스

해설

네덜란드의 환경단체인 우르헨다(Urgenda) 재단은 지난 2015년 네덜란드 정부가 기후 위기로부터 국민들을 제대로 보호하지 못한다며, 이는 국가로서의 헌법상 의무를 위반한 것이라 주장하며 소송을 제기했다. 이 소송은 현지 대법원으로까지 진행됐는데, 2020년 12월 대법원은 네덜란드 정부가 기후 변화 위기로부터 시민을 보호할 의무를 다해야 한다며 우르헨다에게 최종 승소판결을 내렸다.

41 일할 의사가 있지만 일자리를 얻지 못해 일어나는 비자발적 실업의 형태는 무엇인가?

① 경기적 실업 ② 구조적 실업
③ 마찰적 실업 ④ 계절적 실업

해설

문제에서 말하는 실업의 형태는 '경기적 실업'이다. '구조적 실업'은 자본주의 경제구조의 변화에서 오는 실업형태로 산업부문간 노동수급의 불균형으로 발생하는 실업이다. '마찰적 실업'은 산업간 또는 지역간에 노동력이 이동하는 과정에서 일시적 수급불균형으로 인해 생기는 실업이며, '계절적 실업'은 어떠한 산업이 계절적으로 변동했기 때문에 일어나는 단기적인 실업을 말한다.

42 2021년 품귀 사태를 빚었던 요소수에 대한 설명으로 옳은 것은?

① 가솔린 차량에서 발생하는 질소산화물을 정화시키기 위한 물질이다.
② 유럽의 배출가스 규제인 유로6의 도입으로 사용이 의무화되었다.
③ 질소산화물을 물과 이산화탄소로 환원시킨다.
④ 요소수가 소모되어도 차량 운행에는 문제가 없다.

해설

요소수는 디젤 차량에서 발생하는 질소산화물(NOx)를 정화하기 위한 물질로, 차량에 설치된 정화장치인 SCR에 사용된다. 배기가스가 지나는 통로에 요소수를 뿌리면 질소산화물이 물과 질소로 환원된다. 2015년에 유럽의 배기가스 규제인 유로6이 국내에 도입되면서, 디젤차량에 반드시 SCR을 탑재하고 요소수 소모 시 보충해야 한다. SCR이 설치된 디젤 차량은 요소수가 없으면 시동이 걸리지 않는 등 운행할 수 없다.

| 화성시인재육성재단

43 '용광로'라는 뜻을 갖고 있으며, 다양한 민족과 문화가 융합·동화되는 현상을 뜻하는 용어는?

① 포지 효과 ② 퍼니스 효과
③ 샐러드볼 ④ 멜팅팟

해설

멜팅팟은 용광로 안에서 다양한 금속들이 융화되어 새로운 물질로 재탄생하는 것처럼, 다양한 민족과 문화가 융합되고 동화되는 사회 또는 현상을 말한다. 반면 샐러드볼은 같은 사회 안에 있더라도 민족이나 문화의 고유한 특징은 섞이거나 결합되지 않는 것을 뜻한다.

| 서울공공보건의료재단

44 다음 중 우리나라 법률에서 정하는 촉법소년의 연령은?

① 만 11세 이상 만 15세 미만
② 만 10세 이상 만 14세 미만
③ 만 14세 미만
④ 만 13세 미만

해설

촉법소년은 형법에 저촉되는 행위를 한 만 10세 이상 만 14세 미만인 소년, 소녀를 말한다. 형사책임능력이 없어 형사처벌을 받지 않고, 가정법원의 처분에 따라 보호처분을 받거나 소년원에 송치된다.

| 지방공기업평가원

45 사고의 영역을 7개의 키워드로 나누어 최적의 아이디어를 도출하는 브레인스토밍 기법은?

① 컬러배스 발상법 ② 클러스터
③ 마인드맵 ④ 스캠퍼

해설

스캠퍼(Scamper)는 미국의 교육행정가 밥 에벌이 1971년 개발한 브레인스토밍 기법이다. 사고의 영역을 '대체하기(Substitute), 결합하기(Combine), 조절하기(Adjust), 변형·확대·축소하기(Modify, Magnify, Minify), 용도 바꾸기(Put to other uses), 제거하기(Eliminate), 역발상·재정리하기(Reverse, Rearrange) 등 7가지 영역'으로 나누고 여기에 여러 아이디어를 대입하여 최적의 아이디어를 도출해낸다. 신상품이나 새로운 서비스와 프로세스를 고안해내는 창의적 도구라 할 수 있다.

46 1930년대 미국의 남부 평원지역에서 일어난 먼지폭풍을 가리키는 말은?

① 더스트스톰　　　　　　　　　　② 더스트템페스트

③ 더스트블라스트　　　　　　　　④ 더스트볼

해설

더스트볼(Dust Bowl)은 1930년대 초반부터 미국 남부 평원지대를 휩쓸었던 먼지폭풍을 일컫는 말이다. 한치 앞을 분간할 수 없는 먼지 폭풍에 갇혀 있으면 마치 먼지 구덩이(Bowl) 속에 있는 것 같다고 해서 이러한 이름이 붙었다. 농부들이 본래 목초지였던 평원을 무분별하게 경작지로 갈아엎으면서 사막처럼 변했고, 여기에 가뭄이 겹치면서 거대한 모래폭풍이 발생한 것이다.

47 어떤 신념이나 규범에 거부감을 느끼나, 나를 제외한 다른 이들은 이를 기꺼이 따르고 있으리라는 잘못된 판단을 의미하는 사회학 용어는?

① 사회학적 상상력　　　　　　　② 다원적 무지

③ 합의성 착각　　　　　　　　　④ 집합의식

해설

다원적 무지는 특정한 규범이나 신념·이슈에 대해 거부감을 느끼고 지지하고 싶지 않으나, 나를 제외한 다른 이들은 이를 기꺼이 지지하고 있다고 오판하는 것을 가리킨다. 예를 들어 나는 직장의 회식 자리에서 음주하는 것을 원하지 않으나, 동료 직원들은 모두 음주를 즐기고 있다는 착각을 하는 것이다. 나는 동료의 비판이 두려워 음주하는 것에 이의를 제기하지 못하지만, 동료 직원들 가운데서도 음주에 거부감을 느끼는 이가 있을 수 있다는 생각을 하지 않는다.

48 길고양이들의 개체수 조절을 위한 중성화 수술 사업을 뜻하는 용어는?

① 동물공존도시 사업　　　　　　② 동물복지지원 사업

③ 동물정책청년넷 사업　　　　　④ TNR 사업

해설

TNR 사업은 길고양이의 개체수 조절을 위한 중성화 수술 사업을 말한다. 포획(Trap)해서 중성화수술(Neuter)을 하고 다시 방사(Return)한다고 해서 이러한 이름이 붙었다. 서울, 경기, 부산 등의 지자체에서는 전문기관과 계약하여 길고양이들의 중성화 수술을 신청 받고 지원하고 있다. 중성화 후 방사된 고양이들의 왼쪽 귀끝은 1cm가량 짧게 되어 있다.

경기도공무직통합채용

49 철저한 개인주의적 사고를 말하며, 자신에게 손해가 없다면 비록 그것이 타인과 사회에 악영향을 끼친다 하더라도 관심을 갖지 않는 현상은?

① 디터미니즘   ② 노비즘
③ 노라이즘   ④ 쇼비니즘

해설

노비즘은 철저한 개인주의에 인한 사고로 다른 사람이나 사회에 손해가 된다 하더라도, 자신에게 피해가 없다면 무관심한 현상을 말한다. 이웃집이나 공공장소에 쓰레기를 버리는 것은 괜찮지만, 나의 집 앞에 버리는 것은 용납하지 못하는 현상이 노비즘이라 할 수 있다.

의정부시설관리공단

50 다음 〈보기〉의 상황과 어울리는 효과는 무엇인가?

보기

A씨는 집 근처에 새로 생긴 카페의 외관이 이상하다고 생각했지만 매일 카페 앞을 지나다니고 익숙해지면서 카페에 호감을 갖게 됐다.

① 에펠탑 효과   ② 콜로세움 효과
③ 피사의 사탑 효과   ④ 바벨 효과

해설

에펠탑 효과는 첫인상은 좋지 않으나 자주 접하면서 호감을 갖게 되는 심리효과를 말한다. 프랑스 파리의 에펠탑이 처음 세워질 당시 파리의 많은 예술가와 시민은 거대한 철골구조물의 건립을 반대했지만 에펠탑에 익숙해지면서 점차 호감을 갖는 파리 시민의 모습에서 생겨난 용어다.

부천시공공기관통합채용

51 다음 중 경제적 자립을 통해 빠른 시기에 은퇴하려는 사람들을 일컫는 말은?

① 킨포크족   ② 파이어족
③ 딘트족   ④ 여피족

해설

파이어는 'Financial Independence, Retire Early'의 약자로 젊었을 때 극단적으로 절약한 후 노후자금을 빨리 모아 30대, 늦어도 40대에는 퇴직하고자 하는 사람들을 의미한다.

부산교통공사

52 다음 중 경제활동이 가능한 인구 가운데, 취업 상태가 불안정하고 불규칙한 인구를 뜻하는 말은?

① 경제적 과잉인구

② 제도적 과잉인구

③ 현상적 과잉인구

④ 정체적 과잉인구

해설

독일의 경제·사회학자인 칼 마르크스는 자본주의 사회에서 자본이 축적되고 생산기술이 고도화될수록 노동자의 일부는 과잉한 인구가 된다고 보았다. 자본이 발달할수록 잉여 노동자들도 뒤따라 발생하게 되는데 이들을 상대적 과잉인구라고 한다. 이 상대적 과잉인구 중 정체적 과잉인구는 노동 환경이 불안정하고 취업이 불규칙한 인구를 일컫는 말이다.

부산대학교병원

53 영국의 철학자로 경험론의 시조이며 '아는 것이 힘이다'라는 명언으로 유명한 인물은?

① 칼 포퍼

② 버트런드 러셀

③ 프란시스 베이컨

④ 존 스튜어트 밀

해설

프란시스 베이컨은 영국의 철학자이자 정치가이며 경험론의 선구자로 평가받는다. 그는 종래의 스콜라 철학을 배척하고, 이를 대체할 과학이라는 새로운 학문의 방법론을 주창했다. 그는 사물의 원리를 탐구하기 위해서 관찰과 이에 따른 경험을 기반에 두는 귀납적 추론을 해야 한다고 주장했고, 이 귀납 추론을 방해하는 요소로 종족·동굴·시장·극장의 네 가지 우상을 제시했다. 그의 귀납법은 자연 과학 연구의 토대를 마련했다.

광주광역시공공기관통합채용

54 다음 중 우리나라에서 지정한 발명의 날은 언제인가?

① 5월 19일

② 6월 19일

③ 7월 19일

④ 8월 19일

해설

발명의 날은 국민에게 발명의 중요성을 인식시키고 그 의욕을 고취하기 위해 1957년 지정한 기념일이다. 날짜가 5월 19일이 된 것은 조선시대 세종 때 장영실이 발명한 측우기를 반포한 날이 양력으로 5월 19일인 것에서 연유했다.

04 국어 · 한자 · 문학

┃ 부산교통공사

55 다음 중 밑줄 친 단어의 맞춤법이 어긋나는 것은?

① <u>샛노란</u> 개나리가 지천에 피어 있었다.
② 더 이상 문제의 <u>초점</u>을 흐리지 말아주세요.
③ <u>하루만</u>에 머리가 하얗게 세어버렸다.
④ 청소를 해야 하니 <u>쓰레받기</u>를 가져오너라.

해설

'앞말이 가리키는 동안이나 거리'를 나타내는 말을 뜻하는 '만'은 의존 명사로서 '하루 만'으로 앞말과 띄어 써야 한다. '만'이 보조사로 쓰여 '한정', '비교'와 같은 뜻을 나타낼 때는 '너만 오너라.'와 같이 붙여 쓴다.

┃ 부산교통공사

56 다음에서 설명하는 시인으로 올바른 것은?

> 그의 시는 크게 세 시기로 구분된다. 첫 번째 시기에 그는 모더니즘의 영향을 받아 이미지를 중시하면서도 향토적 정서를 형상화한 순수 서정시의 가능성을 개척했다. 특히 그는 우리말을 아름답게 가다듬은 절제된 표현을 사용하여 다른 시인들에게도 큰 영향을 끼쳤다. 지금까지도 널리 사랑을 받고 있는 〈향수〉가 이 시기의 대표작이다. 두 번째 시기에 그는 가톨릭 신앙에 바탕을 둔 여러 편의 종교적인 시들을 발표했다. 〈그의 반〉, 〈불사조〉 등이 이 시기에 발표된 작품들이다. 세 번째 시기에는 전통적인 미학에 바탕을 둔 자연시들을 발표했다. 〈장수산〉, 〈백록담〉 등이 이 시기를 대표하는 작품들로, 자연을 정교한 언어로 표현하여 한 폭의 산수화를 보는 듯한 인상을 준다고 해서 산수시(山水詩)라고 불리기도 한다.

① 김소월
② 박목월
③ 조지훈
④ 정지용

해설

① 김소월 : 짙은 향토성을 바탕으로 한국의 전통적인 한을 노래했다.
② 박목월 : 자연과의 교감을 바탕으로 향토적 서정에 민요적 율조를 재창조했다.
③ 조지훈 : 전통의식과 민족의식을 바탕으로 식민지 치하의 아픔과 전쟁의 비극을 그렸다.

┃ 서울시공공의료재단

57 다음 단어 중 장음으로 발음되는 것은?

① 사과(沙果)   ② 부자(父子)

③ 유서(類書)   ④ 성인(成人)

> **해설**
>
> 같은 책이라는 뜻의 '유서(類書)'는 [유:서]로 발음된다. 예로부터 전하여 내려오는 까닭과 내력이라는 뜻의 '유서(由緖)'가 단음으로 발음된다. ①, ②, ④는 모두 단음이다.

┃ 부산교통공사

58 다음 단어 중 표준 발음이 아닌 것은?

① 삼일절[사밀쩔]   ② 솜이불[소미불]

③ 담요[담뇨]   ④ 꽃잎[꼰닙]

> **해설**
>
> 솜이불의 올바른 발음은 [솜니불]이다. 솜이불은 '솜'과 '이불'의 합성어로서, 앞 단어나 접두사의 끝이 자음이고 뒤 단어나 접미사의 첫음절이 '이, 야, 여, 요, 유'인 경우에는, 'ㄴ' 음을 첨가하여 [니, 냐, 녀, 뇨, 뉴]로 발음한다.

┃ 천안시시설관리공단

59 다음 24절기 중 여름에 해당하지 않는 것은?

① 망종(芒種)   ② 백로(白露)

③ 대서(大暑)   ④ 하지(夏至)

> **해설**
>
> 백로는 9월 7일 ~ 8일경에 해당하며, 가을의 절기 중 이슬이 내리고 본격적으로 가을 기운이 만연하게 되는 시기를 가리킨다. 망종은 6월 6일경으로 보리가 익고 모를 심기 좋은 때, 대서는 7월 24일경으로 더위가 가장 심한 때를 의미하고, 하지는 6월 21일경 낮이 일 년 중 가장 긴 시기를 뜻한다.

┃폴리텍

60 **다음 중 남북 분단과 관련된 작품을 쓴 작가와 작품이 바르게 연결된 것은?**

① 채만식 – 태평천하
② 최인훈 – 광장
③ 염상섭 – 삼대
④ 박경리 – 토지

해설

최인훈의 〈광장〉은 1960년 11월 「새벽」에 발표된 작품으로 남북 분단 이후 극심한 이념의 대립 속에서 고뇌하는 주인공의 모습을 다루고 있다.
① 고리대금업자 윤직원 일가의 몰락과 해체 과정을 보여줌으로써 식민지 시대의 어두운 현실을 풍자한 작품
③ 조씨 집안의 삼대가 몰락해가는 과정을 통해 식민지의 현실을 사실적으로 묘사한 작품
④ 구한말과 일제강점기를 배경으로 쓴 최씨 가문의 일대기이자 민족사를 다룬 대하소설

┃부천시공공기관통합채용

61 **러시아의 대문호 레프 톨스토이의 작품이 아닌 것은?**

① 첫사랑
② 부 활
③ 전쟁과 평화
④ 안나 카레니나

해설

러시아의 위대한 작가 중 한 사람인 레프 톨스토이(Lev Nikolaevich Tolstoi)는 〈전쟁과 평화〉, 〈안나 카레니나〉, 〈부활〉, 〈이반 일리치의 죽음〉 등의 작품을 남겼다. 사실주의 문학의 대가로 평가받는다. 〈첫사랑〉은 러시아의 작가 이반 투르게네프(Ivan Sergeevich Turge'nev)의 작품이다.

┃부천시공공기관통합채용

62 **다음 문장의 밑줄 친 단어 중 잘못 표기된 것은?**

① 할머니 <u>제삿날</u>이라 일가친척이 모두 모였다.
② 고기를 <u>깻잎</u>에 싸서 먹었다.
③ 밤을 새는 것은 이제 <u>예삿일</u>이 되어 버렸다.
④ 집이 <u>싯가</u>보다 비싸게 팔렸다.

해설

④에서 '싯가'가 아닌 '시가(市價)'로 적어야 옳다. 사이시옷은 명사와 명사의 합성어일 경우 쓰이고, 앞 명사가 모음으로 끝나고 뒷말은 예사소리로 시작해야 한다. 또한 앞뒤 명사 중 하나는 우리말이어야 하는데 다만, 습관적으로 굳어진 한자어인 찻간, 곳간, 툇간, 셋방, 숫자, 횟수는 예외로 한다.

63 다음 문장의 밑줄 친 단어 중 공통된 한자가 쓰이지 않은 것은?

① 그 오류를 <u>수정</u>하려면 오랜 시일이 걸릴 것이다.
② 행사 일정을 <u>조정</u>해야 해서 골치가 아프다.
③ 오탈자가 <u>정정</u>된 부분은 반드시 공지해야 한다.
④ 아버지의 정원이 <u>단정</u>하게 가꾸어져 있었다.

해설

수정(修整), 조정(調整), 단정(端整)에는 공통적으로 '整(가지런할 정)'이 쓰였다. 잘못을 고쳐서 바로잡는다는 뜻의 '정정(訂正)'은 바로잡을 정(訂)과 바를 정(正)자가 쓰인다.

64 소설에서 작가의 사상이 직접 드러나며, 독자의 상상적 참여가 제한되는 서술 시점은?

① 1인칭 주인공 시점   ② 전지적 작가 시점
③ 1인칭 관찰자 시점   ④ 작가 관찰적 시점

해설

전지적 작가 시점에서는 작품 밖 서술자가 인물의 내면과 사건에 대한 모든 것을 알고 서술하게 된다. 작가의 사상과 인생관이 직접 드러나고, 작품에 대한 독자의 상상적 참여가 제한되는 시점이다.

65 발 들여놓을 데가 없을 정도로 많은 사람들이 꽉 들어찬 경우를 비유적으로 이르는 속담은?

① 거미는 작아도 줄만 잘 친다
② 입추의 여지가 없다
③ 벼룩도 낯짝이 있다
④ 바늘구멍으로 하늘 보기

해설

'입추(立錐)의 여지가 없다'는 속담은 '송곳 끝도 세울 수 없을 정도'라는 뜻으로, 발 들여놓을 데가 없을 정도로 많은 사람들이 꽉 들어찬 경우를 비유적으로 이르는 말이다.

┃ 부천시공공기관통합채용

66 다음 중 문방사우에 해당하지 않는 것은?

① 붓
② 책
③ 종이
④ 벼루

> **해설**
>
> 문방사우(文房四友)는 옛 문인들이 서재에서 글을 쓸 때 사용했던 붓, 먹, 종이, 벼루의 4가지 도구를 말한다. 글을 쓰고 그림을 그릴 때 곁에 두는 네 친구라는 의미다. 문방사보(文房四寶) 혹은 문방사후(文房四侯)라고도 한다.

┃ 부천문화재단

67 다음 중 30세를 한자로 이르는 말은?

① 이립(而立)
② 종심(從心)
③ 약관(弱冠)
④ 지학(志學)

> **해설**
>
> 30세는 한자어로 이립(而立)으로 지칭하며, 모든 기초를 세우는 나이라는 의미이다. 종심(從心)은 70세, 약관(弱冠)은 20세, 지학(志學)은 15세를 가리킨다.

┃ 광주광역시공공기관통합채용

68 작가 조정래가 지은 대하소설로 한국전쟁 이전과 이후를 배경으로 하는 작품은?

① 혼불
② 아리랑
③ 태백산맥
④ 한강

> **해설**
>
> 소설가 조정래가 쓴 대하 역사소설 〈태백산맥〉은 1983년부터 1989년까지 연재되어 출간되었다. 한국전쟁 전후를 배경으로 하고 있으며, 당시에 치열하게 전개된 이데올로기적 갈등과 혼돈을 그린 대작이다. 〈아리랑〉과 〈한강〉도 조정래의 대하소설이며 각각 일제강점기와 분단 이후를 다루고 있다. 〈혼불〉은 구한말부터 일제강점기를 배경으로 하는 최명희의 대하소설이다.

05 문화 · 미디어 · 스포츠

▌부평구문화재단

69 다음 중 발달장애인이 출전하는 올림픽의 명칭은?

① 핸딜림픽   ② 데플림픽

③ 스페셜올림픽   ④ 패럴림픽

해설

스페셜올림픽은 지적장애인과 자폐성 장애인 등의 발달장애인을 위한 국제 스포츠 대회다. 1968년에 시작되었고, 4년마다 하계 · 동계대회를 개최한다. 대회는 미국 워싱턴에 본부가 있는 국제스페셜올림픽위원회가 주관하고 있다.

▌영화진흥위원회

70 미국 프로야구 리그인 MLB에 대한 설명으로 옳지 않은 것은?

① 미국 프로야구의 최상위 리그에 해당한다.
② 내셔널리그와 아메리칸리그로 나뉘며 각각 15구단이 참가하고 있다.
③ 두 리그의 1위 구단이 7전 4선승제의 월드시리즈를 치른다.
④ 캐나다 지역에서는 두 개 구단이 참가한다.

해설

메이저리그 베이스볼(MLB, Major League Baseball)은 미국 프로야구의 최상위권 리그로 내셔널리그와 아메리칸리그로 구성되어 있다. 두 리그에 각각 15구단이 참가하고 있으며, 내셔널리그는 1876년, 아메리칸리그는 1900년에 창설되었다. 각 리그는 동부, 서부, 중부로 구별되어 경기를 치른다. 두 리그의 1위 구단이 7전 4선승제의 월드시리즈를 치러 최종 우승팀을 가리게 된다. MLB에 참가하는 캐나다 연고의 구단은 '토론토 블루제이스' 한 팀으로 아메리칸 리그 동부지구 소속이다.

▌부평구문화재단

71 다음 중 스포츠 팀의 전체 소속 선수의 연봉 총액에 상한선을 두는 제도는?

① 드래프트   ② 트라이아웃

③ 샐러리캡   ④ 웨이버 공시

해설

샐러리캡(Salary Cap)은 팀에 소속된 전체 선수의 연봉 총액에 상한선을 두는 제도로 미국프로농구협회(NBA)에서 먼저 도입됐다. 스포츠 스타들의 몸값이 과도하게 상승하는 것을 막아 구단이 적자로 운영되는 것을 방지하고, 부유한 구단들이 유명 선수를 독점하여 구단끼리의 격차가 지나치게 벌어지는 것을 막기 위함이다.

▮ 부산광역시공공기관통합채용

72 시리즈의 연속성을 버리고 이야기를 처음부터 다시 만드는 것은?

① 리메이크   ② 프리퀄

③ 리부트   ④ 스핀오프

해설

리부트(Reboot)는 재시동이라는 의미로 영화 등 콘텐츠의 기존 시리즈를 연속해서 이어가는 대신, 새로운 이야기로 다시 시작하는 것이다. 보통 이야기의 전체적인 배경이나 주요 등장인물들만 그대로 이어가고 세부적인 구성은 새롭게 만든다. 리부트의 대표적 사례는 〈배트맨 시리즈〉로 기존 작품이 4편까지 제작되었다가, 2005년에 크리스토퍼 놀란 감독이 시리즈를 리부트한 〈배트맨 비긴즈〉를 선보인 바 있다.

▮ 광주관광재단

73 1957년 젊은 기자들이 창립하여 현재는 중견 언론인들로 조직된 언론 연구·친목단체는?

① 한국언론인협회   ② 한국기자협회

③ 관훈클럽   ④ 한국언론정보학회

해설

관훈클럽은 1957년 언론의 자유를 확립하고 언론인들의 공동이익과 친목을 도모하기 위해 창립된 언론인의 모임이다. 창립 당시에는 일선의 젊은 기자들이 활동을 주도했으나, 현재는 중견 언론인들로 구성되어 있다. 정치·경제인이나 학계 주요 인사들을 초청해 관훈토론회을 여는 것으로 유명하다.

▮ 천안시시설관리공단

74 정체불명의 영국 예술가로 몰래 작품을 만들고 사라지기로 유명한 인물은?

① 닉 워커   ② 오베이 자이언트

③ 크래시   ④ 뱅크시

해설

뱅크시는 베일이 싸인 영국의 미술가이자 그래피티 아티스트로 사람들이 보지 않을 때 몰래 작품을 남기고 사라지는 것으로 유명하며, 정확한 실체는 거의 알려지지 않았다. 그의 작품은 주로 블랙유머와 반전주의, 진보주의를 표방하고 있다.

75 캐나다의 문화비평가 마셜 맥루한이 제시한 개념으로서 풍부한 정보 전달량을 지녔고, 정보를 수용하는 이의 낮은 참여가 요구되는 미디어는?

① 침묵의 나선
② 핫미디어
③ 프라이밍 미디어
④ 퍼블릭 액세스

해설

문화비평가 마셜 맥루한은 저서 〈미디어의 이해〉를 통해 핫미디어와 쿨미디어라는 개념을 제시했다. 정보량이 많지만 참여를 요구하지 않는 것을 핫미디어, 참여를 요구하지만 정보량이 적은 것을 쿨미디어라고 설명했다. 예를 들어 사진·라디오는 핫미디어, TV·만화책은 쿨미디어라고 할 수 있다. 사진이나 라디오처럼 직접적이고 분명하게 전달되는 정보들은 정보 수신자가 이에 관여하거나 정보의 빈틈을 메울 여지가 없다. 그러나 TV나 만화책 등은 정보를 수신하는 이들의 적극적인 참여를 이끌어내 더 많은 정보를 재생산할 수 있다.

76 사냥에 쓰기 위해 길들이는 어린 매를 일컫는 말은?

① 보라매
② 참 매
③ 송골매
④ 날지니

해설

보라매는 태어난 지 1년 미만의 매를 일컫는 말로 주로 사냥매로 키우기 위해 길들인다. 매에 대한 명칭은 다양한데, 산에서 산지 1년이 지난 매는 산지니, 보라매로 길들여져 1년이 지난 매는 수지니라 한다. 또 사람 손에서 키워져 3년이 지나면 삼계참이라 부른다.

77 다음 중 조선시대 유학자 율곡 이이를 추모하기 위해 창건된 서원은?

① 병산서원
② 소수서원
③ 도산서원
④ 자운서원

해설

자운서원은 경기도 파주시에 위치한 서원으로 율곡 이이의 위패를 모시고 제를 지낸다. 자운서원 뒤편으로 이이와 신사임당 등 일가의 묘가 있다. 소수서원은 백운동서원으로도 불리며, 경상북도 영주시 순흥면 내죽리에 위치해있다. 조선 최초의 사액서원으로 1963년 사적 제55호로 지정되었으며 2019년에는 '한국의 서원' 중 하나로 유네스코 세계유산에 등재되었다.

78 다음 중 독일 출신의 음악가가 아닌 사람은?

① 베토벤
② 브람스
③ 슈 만
④ 드뷔시

해설

드뷔시는 프랑스 출신의 음악가다. 독일 출신의 대표적 음악가는 베토벤, 슈만, 하이든, 바흐, 브람스, 헨델 등이 있다.

▌영화진흥위원회

79 다음 중 음악의 빠르기 순서가 바르게 나열된 것은?

① 아다지오 → 안단테 → 모데라토 → 알레그로

② 안단테 → 아다지오 → 알레그로 → 모데라토

③ 모데라토 → 안단테 → 아다지오 → 모데라토

④ 아다지오 → 알레그로 → 모데라토 → 안단테

해설

음악의 빠르기
라르고(Largo) : 아주 느리고 폭넓게 → 아다지오(Adagio) : 아주 느리고 침착하게 → 안단테(Andante) : 느리게 →
모데라토(Moderato) : 보통 빠르게 → 알레그레토(Allegretto) : 조금 빠르게 → 알레그로(Allegro) : 빠르게 → 비바체
(Vivace) : 빠르고 경쾌하게 → 프레스토(Presto) : 빠르고 성급하게

▌광주광역시공공기관통합채용

80 조선시대 향촌사회의 자치규약인 향약에 해당하지 않는 것은?

① 과실상규(過失相規) ② 예속상교(禮俗相交)

③ 덕업상권(德業相勸) ④ 상부상조(相扶相助)

해설

향약은 향촌규약(鄕村規約)의 약자로 16세기부터 향촌사회의 향인들이 서로 도우며 살아가는 자치규약이다. 유교적
예절과 풍속을 향촌사회에 보급하여, 질서를 세우고 미풍양속을 가꾸는 등 유교적으로 통제하기 위함이었다. 향약의 네
가지 강목에는 덕업상권(좋은 일은 서로 권한다), 과실상규(잘못은 서로 규제한다), 예속상교(예의로 서로 사귄다), 환난상
휼(어려운 일은 서로 돕는다)이 있다.

▌부산교통공사

81 형상을 단순화하여 간결하고 원색적인 색채를 즐겨 사용한 20세기 초의 미술사조는?

① 사실주의 ② 낭만주의

③ 표현주의 ④ 인상주의

해설

표현주의는 20세기 초에 나타난 미술사조로 인상주의에 반하여 대상의 형상을 단순화하고, 강렬하고 원색적인 색채를
통해 작품에 역동성을 부여하려 한 양식이다. 표현주의의 대표적인 화가로는 마르크 샤갈과 에드바르트 뭉크 등이 있다.

82 고대 로마의 신전으로 '모든 신을 위한 신전'이라는 뜻의 건축물은?

① 판테온
② 베스타 신전
③ 벨로나 신전
④ 키르쿠스 막시무스

> **해설**
>
> 판테온(Pantheon)은 다신교였던 고대 로마의 모든 신들에게 바치는 신전으로 처음에는 로마 대화재로 소실되었다가 하드리아누스 황제 때 재건되었다. 판테온이라는 명칭은 그리스어로 '모두'를 뜻하는 판(Pan)과 '신'을 의미하는 테온 (Theon)이 합쳐져 지어졌다. 르네상스 시대에 판테온은 무덤으로 사용되었고, 현재는 가톨릭 성당으로 이용되고 있다.

83 다음 작품을 그린 프랑스 화가에 대한 설명으로 옳지 않은 것은?

① 30대 중반의 나이에 전업화가가 되었다.
② 대표적인 자연주의 화가로 꼽는다.
③ 네덜란드 화가 빈센트 반 고흐와의 친분으로 유명하다.
④ 남태평양의 섬 타히티에서 두 차례 작품생활을 했다.

> **해설**
>
> 위 작품은 프랑스 화가 폴 고갱(Eugène Henry Paul Gauguin)이 그린 〈황색의 그리스도〉(1889)다. 대표적인 탈인상주의 화가로 꼽히는 고갱은 20대 시절부터 증권가에서 근무하며 취미로 그림을 그리기 시작했는데, 증권 시장이 붕괴하자 30대 중반의 나이에 전업작가가 되어 본격적인 작품활동에 뛰어들었다. 그는 네덜란드 화가 빈센트 반 고흐와 작업실을 함께 쓰며 친분을 쌓은 바 있다. 고갱은 1890년과 1895년 두 차례 남태평양의 섬 타히티에 방문해 〈타히티의 여인 들〉(1891), 〈우리는 어디서 왔고, 우리는 무엇이며, 우리는 어디로 가는가〉(1897) 등의 작품을 남겼다.

84 14 ~ 16세기에 옛 그리스 · 로마의 고전 문화를 부흥시키려 했던 문화사조는?

① 르네상스 ② 바로크
③ 신고전주의 ④ 메디치

해설

중세 교회의 권위 몰락과 봉건 사회의 붕괴를 배경으로 이탈리아에서 발원하여 전 유럽으로 퍼져나간 르네상스 운동은 종교에서 탈피하여 그리스 · 로마의 고전 문화를 부흥시키고, 개인을 존중하며 인간적인 근대 문화 창조(휴머니즘)를 주장했다. 또한 자연에 대한 관심을 증가시킴으로써 근대 과학 발전의 시발점이 되었고, 유럽 근대 문명 발전의 원동력이 되었다.

06 과학·컴퓨터·IT·우주

| 부산교통공사

85 색상의 차이를 이용해 두 개의 영상을 합성하는 기술은?

① 로토브러시　　　　　　　　　② 크로마 키
③ 루미넌스 키　　　　　　　　　④ 크로미넌스

해설

크로마 키(Chroma-key)는 영상 합성 기술로 두 영상의 색상 차이를 이용해 특정한 피사체만을 추출하여 다른 영상에 끼워 넣는 기술이다. 추출하고자 하는 피사체가 사람일 경우, 피부색의 보색인 청색이나 녹색의 배경 앞에 사람을 세워 촬영한 후 배경색을 제거하면 배경이 검게 되고 사람만 남게 된다. 그리고 배경 화면을 따로 촬영하여 추출한 사람의 영상을 합성하는 것이다.

| 부천시공공기관통합채용

86 지구의 지각 중 가장 오래되고 안정되어 있는 부분을 뜻하는 말은?

① 순상지　　　　　　　　　　　② 호 른
③ 케스타　　　　　　　　　　　④ 탁상지

해설

순상지(楯狀地)는 '방패 모양의 땅'이라는 뜻으로 지구의 지각 중 오랜 세월 지각변동이 없어 지질학적으로 오래되고 안정된 지역을 말한다. 대표적으로 캐나다의 로렌시아 순상지, 발트 순상지, 안가라 순상지, 에티오피아 순상지, 인도의 레무리스 순상지 등이 있다. 고생대에 생성된 암석이 오랜 시간 침식작용을 받아 낮고 완만한 넓은 대지를 이루고 있다.

| 부산교통공사

87 반도체 설계와 기술개발만 하고 생산은 위탁하는 반도체 회사는?

① 퍼실리티　　　　　　　　　　② 팹리스
③ 아이디엠　　　　　　　　　　④ 파운드리

해설

팹리스(Fabless)는 반도체를 직접 생산하지 않고 반도체 설계와 기술개발에만 집중하며 생산은 위탁하는 회사를 말한다. 대표적인 팹리스 업체로는 '엔비디아', '애플', '퀄컴' 등이 있다. 아이디엠(IDM)은 '인텔'이나 '삼성전자'와 같이 생산과 설계를 종합적으로 다루는 회사며, 파운드리(Foundry)는 위탁생산만을 전문으로 한다.

| 폴리텍

88 생물 분류법인 이명법의 기초를 마련한 생물학자는?

① 리차드 오언   ② 리차드 도킨스

③ 루이 파스퇴르   ④ 칼 폰 린네

해설

1707년 스웨덴에서 태어난 식물학자 칼 폰 린네는 오늘날 사용하는 생물 분류법인 이명법의 기초를 닦는데 큰 역할을 했다. 이명법은 생물의 속명 다음에 종명 형용사를 붙여서 두 단어로 된 학명을 만드는 방법이다.

| 폴리텍

89 콘텐츠 업데이트가 자주 발생하는 블로그나 포털 사이트 등에서 이용자들이 업데이트 정보를 쉽게 자동으로 볼 수 있도록 하는 서비스는?

① UCC   ② RSS

③ URL   ④ RFID

해설

RSS(Rich Site Summary, Really Simple Syndication)는 뉴스·날씨·쇼핑·블로그 등 업데이트가 자주 발생하는 웹 사이트에서 이용자가 자동으로 업데이트 된 콘텐츠를 받아 볼 수 있도록 하는 서비스를 말한다. 가령 RSS 서비스를 이용하면 여러 언론사의 최신 기사를 읽기 위해 일일이 각 언론사의 사이트를 방문할 필요 없이, RSS로 취합된 다양한 언론사의 최신 업데이트 기사를 한 번에 읽을 수 있다.

| 소상공인시장진흥공단

90 첨단 디지털 기술에 아날로그의 특징을 융합하는 것을 뜻하는 용어는?

① 디지로그   ② 그리드컴퓨팅

③ 마이데이터   ④ 디지털팜

해설

디지털 기술에 아날로그적인 정서와 요소들을 반영하는 것을 디지로그라고 한다. 디지털 기기 사용에 익숙하지 못하거나, 아날로그에 향수를 느끼는 사람들을 위함이다. 기술과 감성의 공존이라고 할 수 있는데, 태블릿PC에 키보드 대신 펜으로 글을 쓸 수 있다든지, 필름 카메라처럼 디자인되고 셔터음을 내는 디지털 카메라 등이 디지로그의 사례라 할 수 있다.

91 다음 중 태음력에 대한 설명으로 옳지 않은 것은?

① 달의 위상변화 주기인 삭망월을 기초로 만들어졌다.
② 달이 삭에서 망에 이르는 시간을 삭망월이라 한다.
③ 우리나라에서 설날과 추석의 날짜 등은 태음력을 기준으로 정한다.
④ 아시아권에서는 일반적으로 태음태양력을 가리키며 음력이라고도 불린다.

> **해설**
>
> 태음력은 달이 차고 기우는 위상의 변화를 기초로 만들어진 역법이다. 달의 위상변화 주기를 삭망월이라 하는데 달이 삭에서 다음 삭까지, 또는 망에서 다음 망에 이르는 시간인 29.530588일을 기준으로 하고 있다. 우리나라를 비롯한 동아시아권에서 태음력은 보통 태음태양력을 말하며 음력이라고도 칭한다. 우리나라의 설날이나 추석 등의 명절의 날짜는 음력으로 정하고 있다.

92 토성의 위성인 타이탄에 대한 설명으로 틀린 것은?

① 태양계의 위성 중 유일하게 대기를 갖고 있다.
② 생명체의 존재 가능성이 확인되었다.
③ 태양계에서 가장 큰 위성이다.
④ 액체로 된 호수와 강이 있다.

> **해설**
>
> 태양계에서 가장 큰 위성은 목성의 위성 '가니메데'다. 타이탄은 토성의 위성 중 가장 큰 위성으로 태양계의 위성 가운데서도 대기와 액체 호수 · 강을 갖고 있는 것으로 밝혀져 주목을 받았다. 호수와 강의 주요 성분은 에테인과 메테인으로 지구처럼 액체가 증발해 다시 비로 내리는 순환이 일어나고 있음이 밝혀졌다.

93 우주에서 블랙홀을 이용해 먼 거리를 지름길로 가로질러 갈 수 있다고 이론상 추정되는 가설적 공간은?

① 웜 홀   ② 화이트홀
③ 밴 앨런 구역   ④ 퀘이사

> **해설**
>
> 웜홀(Wormhole)은 블랙홀과 또 다른 블랙홀(화이트홀)을 이어 붙인 통로를 지름길로 이용해, 아주 먼 거리도 가로질러 여행할 수 있다고 추정되는 가설적 공간이다. 웜홀은 이론적으로는 가능하나 안정성 등의 문제 때문에 실제로 존재하고 또 인공적으로 만들 수 있을지에 대해서는 많은 의문이 있다.

▎수원시공공기관통합채용

94 다른 토큰과 대체·교환할 수 없는 가상화폐를 이르는 용어는?

① USDT　　　　　　　　　　　　② NFT
③ 핫월렛　　　　　　　　　　　　④ ICO

> **해설**
>
> NFT(Non Fungible Token, 대체불가토큰)는 하나의 토큰을 다른 토큰과 대체하거나 교환할 수 없는 가상화폐다. 2017년에 처음 시장이 들어서고 주로 미술품과 게임아이템 거래를 통해 성장했다. NFT는 토큰 하나마다 다른 가치와 특성을 갖고 있어 가격 또한 천차만별이다.

▎부천시공공기관통합채용

95 감염 등으로 몸 안의 항체가 말초신경을 파괴해 마비를 유발하는 신경계 질병은?

① 데빅증후군　　　　　　　　　　② 다발경화증
③ 아나필락시스　　　　　　　　　④ 길랑-바레증후군

> **해설**
>
> 길랑-바레증후군(Guillain-Barre Syndrome)은 자가면역질환으로 인해 발생하는 것으로 추정되는 질병으로, 면역체계가 말초신경을 파괴해 근육의 마비를 일으키는 신경성 질병이다. 코로나19 백신을 접종한 사람들 가운데 이 길랑-바레증후군이 일어난 것으로 의심되는 사례가 나타난 바 있다.

▎광주광역시공공기관통합채용

96 다음 중 2014년 완공된 우리나라의 두 번째 남극과학기지는?

① 세종과학기지　　　　　　　　　② 다산과학기지
③ 장보고과학기지　　　　　　　　④ 아라온과학기지

> **해설**
>
> 장보고과학기지는 남극 테라노바만에 2014년에 지어진 대한민국의 두 번째 남극과학기지이다. 연면적 4,458m²에 연구동과 생활동 등 16개동의 건물로 구성된 장보고과학기지는 겨울철에는 15명, 여름철에는 최대 60명까지 수용할 수 있다. 우리나라의 최초 남극과학기지는 세종과학기지로 킹조지섬 바턴반도에 1988년 세워졌다.

▌소상공인시장진흥공단

97 가상공간에 실물과 같은 형태의 물체를 만들어 시뮬레이션을 통해 검증하는 기술은?

① 디지털 샌드박스   ② 콜 봇

③ 디지털 트윈   ④ 데브옵스

> **해설**
>
> 디지털 트윈(Digital Twin)은 미국의 전자기기 기업 '제너럴 일렉트릭'이 만든 개념으로서, 컴퓨터로 가상공간에 실물과 똑같은 물체(쌍둥이)를 만들어 시뮬레이션과 실험을 통해 검증하는 것을 말한다. 디지털 트윈은 다양한 산업분야에서 활용되어 제품 및 자산을 최적화하고 돌발 사고를 줄이는 데 도움을 줄 수 있다.

▌광주광역시공공기관통합채용

98 다음 중 옴의 법칙에 대한 설명으로 옳은 것은?

① 스웨덴의 물리학자 옴이 발견했다.

② 전압의 크기는 전류의 세기와 저항을 곱한 것과 같다.

③ 전류는 저항에 비례하여 변화한다.

④ 전류는 전압의 크기에 반비례한다.

> **해설**
>
> 옴의 법칙은 독일 물리학자 옴이 발견했다. 전류의 세기를 I, 전압의 크기를 V, 전기저항을 R이라 할 때, $V = I \cdot R$의 관계가 성립한다. 즉, 전류는 전압의 크기에 비례하고 저항에 반비례한다. 예를 들어 전압이 2배가 되면 전류의 양도 2배 늘어나고, 저항이 3배가 되면 전류의 양은 1/3로 줄어든다.

▌고양도시관리공사

99 다음 우리나라의 문화재 중 천문관측과 관련이 없는 것은?

① 혼천의   ② 간의대

③ 자격루   ④ 칠정산

> **해설**
>
> 혼천의(渾天儀)는 천체의 운행과 위치를 측정하는 기구로 고대 중국의 혼천설에 기반을 둔 과학기기다. 우리나라는 삼국시대 후기부터 사용한 것으로 추측되며, 조선 세종 때 최초의 제작기록이 드러난다. 간의대(簡儀臺)는 조선 세종 때 경복궁에 설치한 천문관측시설로서 관측기기인 간의에 관원들을 배치하여 천체의 위치를 측정하도록 했다. 칠정산(七政算) 또한 세종 때 저술된 역법서로 정인지, 이순지 등이 천체의 운행과 관련한 우리 실정에 맞는 각종 역법이론들을 두 편의 책으로 정리한 것이다. 자격루(自擊漏)는 장영실이 제작한 시보장치가 탑재된 물시계다.

| 해양환경공단

100 다음 중 바이러스에 대한 설명으로 적절하지 않은 것은?

① 인수공통감염도 일으킬 수 있다.

② 숙주세포가 있어야 증식이 가능하다.

③ 박테리아는 바이러스에 감염되지 않는다.

④ AIDS나 독감 등 다양한 질환의 원인이다.

해설

바이러스(Virus)는 DNA나 RNA를 게놈(Genome)으로 가지며 단백질로 둘러싸여 있다. 바이러스는 혼자서 증식이 불가능하여 숙주 세포 내에서 복제를 하며, 세포 간에 감염(Infection)을 통해서 증식한다. 동물, 식물, 박테리아 등 거의 모든 생명체에는 각각 감염되는 바이러스가 존재하며, AIDS나 독감과 같은 다양한 질환의 원인이 된다.

❚ 서울공공보건의료재단

01 서울시 암사동, 황해도 봉산 지탑리, 경남 김해 수가리에 위치한 유적이 발견된 시기에 해당되는 유물은?

① 빗살무늬 토기　　　　　　　　　② 비파 모양 동검
③ 붉은 간토기　　　　　　　　　　④ 세형동검

해설

신석기 시대 유물은 서울시 암사동, 황해도 봉산 지탑리, 경남 김해 수가리 유적에서 발견됐다. 대표적인 유물로는 간석기와 빗살무늬 토기가 있다. ②·③·④는 청동기 시대 유물이다.

❚ 부산보훈병원

02 다음 유물이 사용되던 시기의 생활상으로 적절하지 않은 것은?

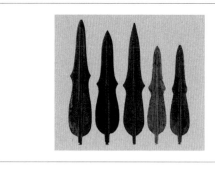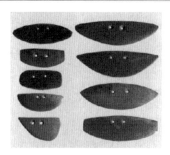

① 사유재산과 계급이 발생했다.
② 풍요를 기원하는 주술적 의미의 청동제 의기 등을 만들었다.
③ 조·피 등을 재배하는 농경이 시작되고 목축업이 활성화됐다.
④ 움집이 지상 가옥화되고 배산임수의 취락이 형성됐다.

해설

사진은 비파형동검과 반달돌칼로 청동기 시대의 대표적 유물이다. 조·피 등을 재배하는 농경이 시작되고 목축업이 활성화된 시기는 신석기 시대이다. 청동기 시대에는 밭농사 중심의 농경생활이 주를 이뤘고 벼농사가 시작됐다.

| 한국중부발전

03 다음 중 부여의 행정 조직에 대한 설명으로 옳은 것은?

① 왕 아래 마가, 우가, 저가, 구가가 지방 구획인 사출도를 관할했다.
② 제사장인 천군이 특수행정조직인 소도를 다스렸다.
③ 연맹체를 이루던 다섯 부족이 행정구역으로 발전해 수도와 지방을 5부로 나누었다.
④ 총 5,000여 호를 여러 읍락으로 나누어 읍락의 족장인 삼로가 자치적으로 다스렸다.

해설

부여는 왕 아래 마가, 우가, 저가, 구가의 가(加)들이 각자의 행정 구역인 사출도를 다스렸으며, 왕이 통치하는 중앙과 합쳐 5부를 구성하는 연맹 왕국이었다. 또한, 남의 물건을 훔치면 12배로 갚도록 하는 1책 12법이라는 엄격한 법률이 있었고, 매년 12월에는 풍성한 수확제・감사제의 성격을 지닌 영고라는 제천 행사가 열렸다.

| 한국산업인력공단

04 삼한에 대한 설명으로 옳지 않은 것은?

① 신성 지역인 소도에는 군장의 세력이 미치지 못하였다.
② 천군은 농경과 종교에 대한 의례를 주관하였다.
③ 세력이 큰 지배자를 읍차, 세력이 작은 지배자를 신지라 불렀다.
④ 철기 문화를 바탕으로 하는 농경 사회였다.

해설

삼한의 지배자 중에서 세력이 큰 경우는 신지, 작은 경우는 읍차로 불렸다.

| 한국남동발전

05 다음은 어느 나라에 대한 설명인가?

• 특산물로 단궁이라는 활과 과하마, 반어피 등이 유명하였다.
• 매년 10월에 무천이라는 제천 행사를 열었다.
• 동해안에 위치하여 해산물이 풍부하였다.

① 가 야
② 마 한
③ 옥 저
④ 동 예

해설

동예는 강원도 북부 동해안 중심에 형성된 나라로 읍군과 삼로라는 군장이 통치하였다. 방직기술이 발달하였고 족외혼과 책화라는 풍속이 있었다.

06 〈보기〉에 제시된 시기의 백제의 왕은?

> **보기**
>
> 태화 4년 5월 16일 병오일의 한낮에 백 번이나 단련한 철로 된 칠지도를 ○○○○가 만들었다. 온
> 갖 적병을 물리칠 수 있으니 제후국의 왕(侯王)에게 주기에 알맞다. 지금까지 이런 칼이 없었는데
> 백제 왕세자 기생성음이 일부러 왜왕을 위하여 정교하게 만들었으니 후세에 전하여 보이라.
>
>   – 칠지도 명문 –

① 고국원왕

② 고이왕

③ 침류왕

④ 근초고왕

해설

근초고왕(346년 ~ 375년)은 백제 제13대 왕으로 활발한 정복활동을 펼쳐, 남쪽으로는 마한 세력을 통합하고 가야 지역까
지 진출해 백제 역사상 최대 영토를 자랑하며 전성기를 이룩했다. 북쪽으로는 낙랑의 일부 지역을 확보했고, 평양성까지
진출해서 고구려 고국원왕을 전사시켰다. 그리고 요서지역과 왜에도 진출하여 왜에 칠지도를 하사하는 등 활발히 국제교
류했다.

07 신라 내물왕부터 사용된 최고지배자의 칭호는 무엇인가?

① 거서간

② 이사금

③ 마립간

④ 차차웅

해설

'가장 높은 우두머리'라는 뜻을 지닌 마립간은 제17대 내물왕부터 제22대 지증왕까지 사용되었다.

08 다음 중 신라 김헌창의 난에 대한 설명으로 옳지 않은 것은?

① 유력한 왕위 계승 후보였던 아버지 김주원이 왕위에 오르지 못한 것을 구실로 일으켰다.

② 귀족들 간의 왕위계승전이 치열하게 벌어졌던 시기에 일어났다.

③ 무열왕계 귀족의 세력이 더욱 강화되는 계기가 되었다.

④ 난을 일으킨 지 한 달이 못 되어 진압되었다.

해설

통일 신라 헌덕왕 때 무열왕계였던 김주원이 원성왕계 귀족들과의 왕위 쟁탈전에서 패배하자 아들인 웅천주(현재 충남
공주) 도독 김헌창이 반란을 일으켰다. 그러나 한 달이 못 되어 관군에 진압되어 실패하였다. 당시는 귀족들 간의 왕위계승
전이 치열하게 벌어지던 시기였는데, 김헌창의 난으로 무열왕계 귀족들은 크게 몰락했다.

┃ 한국산업인력공단

09 신라 진흥왕의 업적으로 맞는 것은?

① 불교를 정비하고 황룡사를 건립했다.
② 김씨에 의한 왕위계승권이 확립됐다.
③ 이차돈의 순교를 계기로 불교를 신라의 국교로 공인했다.
④ 김해금관가야를 복속시켰다.

해설

진흥왕의 주요 업적
• 화랑도를 국가조직으로 개편
• 불교 정비, 황룡사 건립
• 한강 유역 차지(나제동맹 결렬, 관산성 전투로 백제 성왕 전사) → 단양적성비, 북한산비
• 대가야 정복 → 창녕비
• 함경도 지역까지 진출 → 마운령비, 황초령비

┃ 한국남부발전

10 다음 중 통일 신라의 지방통치거점이었던 서원경에 대한 설명으로 옳지 않은 것은?

① 지금의 충청북도 청주 지역으로 추정된다.
② 지방 행정구역인 5소경과는 별도로 계획된 도시였다.
③ 신라가 백제를 멸망시키고 삼국을 통일한 후 신문왕 5년에 설치되었다.
④ 서원경 인근 촌락의 정보를 기록한 문서가 일본에서 발견되었다.

해설

서원경은 신라의 지방행정구역인 5소경의 하나로서 현재의 충청북도 청주 인근에 설치되었던 것으로 추정된다. 당시 호남과 영남을 통하는 교통의 요충지였기 때문에 지방통치의 거점으로 삼았다. 신라가 백제를 멸망시키고 삼국 통일을 이룩한 후 신문왕 5년인 685년에 설치되었다. 이 서원경 인근 촌락의 인구와 토지 등 각종 정보를 기록한 신라촌락문서가 1933년 일본 나라현의 동대사에서 발견되었다.

┃ 수원시공공기관통합채용

11 다음 중 고려 태조의 정책으로 적절한 것은?

① 전시과 제도를 마련하여 관리에게 지급했다.
② 양현고를 두어 장학기금을 마련했다.
③ 전국에 12목을 설치하고 지방관을 파견했다.
④ 흑창을 설치하여 빈민을 구제했다.

해설

고려 태조왕건은 흑창을 설치하여 빈민을 구제했다(918).
① 경종은 전시과 제도를 마련하여 관리에게 지급했다(976).
② 예종은 양현고를 두어 장학기금을 마련했다(1119).
③ 광종은 전국에 12목을 설치하고 지방관을 파견했다(956).

┃ 전남신용보증재단

12 다음 중 '무구정광대다라니경'에 대한 설명으로 옳은 것은?

① 소승불교 경전에 해당한다.
② 불국사 석가탑을 보수하는 과정에서 발견되었다.
③ 금속활자본이다.
④ 보물로 지정되었다.

해설

1966년 불국사 석가탑에서 발굴된 무구정광대다라니경은 대승불교 경전의 하나로서, 목판본이고 국보 126-6호로 지정되었다.

┃ 부산교통공사

13 다음 중 고려시대의 노비에 대한 설명으로 틀린 것은?

① 공노비와 사노비로 구분되었다.
② 공노비 중 공역노비는 국가로부터 일정한 급료를 받았다.
③ 사노비는 상속과 매매·증여의 대상이 되었다.
④ 사노비 중 솔거노비는 재산의 소유가 가능했다.

해설

고려시대의 사노비는 주인집에 거주하는 솔거노비와 독립된 가정을 꾸려 자신의 재산을 소유할 수 있던 외거노비로 구분되었다. 솔거노비는 제대로 된 가정생활이 거의 불가능했고, 재산도 가질 수 없어 노비 가운데에서도 가장 낮은 계층에 해당했다.

┃ 한국산업인력공단

14 거란의 고려 1 ~ 3차 침입에 대한 설명으로 적절하지 않은 것은?

① 1차 침입은 고려의 북진정책과 친송정책이 원인이 됐다.
② 1차 침입 때 서희의 외교담판으로 고려는 강동 6주를 얻었다.
③ 2차 침입은 강조의 정변을 구실로 거란군이 쳐들어왔다.
④ 3차 침입은 천리장성을 쌓아서 막았다.

해설

거란의 침입

거란이 993년(성종 12), 1010년, 1018년(현종 9)의 총 3차에 걸쳐 고려에 침입한 사건이다. 거란(요나라)이 발해를 멸망시키고(926년) 고려와 국경을 접하자 고려 태조는 발해 유민을 포섭하고 북진정책을 추진했다. 이러한 고려의 북진정책과 친송정책으로 인해 불안감을 느낀 거란은 고려를 1차 침입했다. 이때 서희의 외교담판으로 강동 6주를 손에 넣고 고려는 압록강까지 영토를 넓히게 됐다. 이후 거란은 강조의 변이 일어나자 강조를 벌하겠다는 구실로 2차 침입했다. 거란은 고려가 친조한다는 조건에 다시 되돌아갔으나 이후 고려가 거란과 친조하지 않고 친송정책도 계속 유지하자 3차로 침입했다. 이때 강감찬의 귀주대첩으로 거란의 3차 침입을 격퇴했다. 고려는 거란과 화의를 맺은 후에도 11년에 걸쳐 압록강 입구부터 도련포에 이르는 천리장성을 쌓았다. 이를 고구려의 천리장성과 구별해 고려장성이라고도 한다.

┃ 한국산업인력공단

15 고려 향·부곡·소에 대한 설명으로 틀린 것은?

① 향·부곡은 신라시대부터 있었고 고려 때 소가 신설됐다.
② 향·부곡에는 농업종사자가 거주했다.
③ 소에 거주하는 주민은 수공업에 종사했다.
④ 천민들이 거주하는 특수행정구역이었다.

> **해설**
> 향·부곡·소는 고려 시대의 지방에 있는 특수행정구역이다. 향·부곡(농업 종사)·소(수공업 종사)에 거주하는 주민이
> 살았으며 신분은 양민이나 일반 양민에 비해 차별 우대를 받았다. 이곳 주민들이 다른 지역으로 이주하는 것은 원칙적으
> 로 금지되었다.

┃ 서울공공보건의료재단

16 고려 충목왕 때 설치되었다고 알려진 '해아도감'의 역할은?

① 영유아를 보호하고 양육하는 영아원
② 태양과 달을 중심으로 천체를 관측하는 과학기관
③ 무기의 개발과 시험을 담당하는 군사기관
④ 인구의 변화 추이를 산출하는 통계기관

> **해설**
> 고려 충목왕 3년에 설치되었다고 알려진 해아도감은 소속관원과 역할에 대해서는 분명하지 않으나, 명칭을 통해 영유아를
> 돌보기 위한 관립 영아원이라고 추측하고 있다.

┃ 한국수력원자력

17 다음 중 고려시대의 군사제도에 대한 설명으로 옳은 것은?

① 중앙군과 지방군, 별군의 삼원 조직으로 나뉘었다.
② 중앙군은 2군 6위로 구성되었다.
③ 지방군은 5도의 일반 군현에 주둔하는 광군이 중심이 되었다.
④ 중방은 별군의 지휘관들이 구성한 군사회의기관이었다.

> **해설**
> 고려군은 중앙군과 지방군의 이원 조직으로 구성되었고, 중앙군에는 다시 2군 6위, 지방군에는 주진군·주현군이 배치되
> 었다. 중앙군 2군 6위의 지휘관인 상장군과 대장군들이 중방이라는 회의기관을 구성했고, 이 중방은 고려 후기 무신정권
> 때 최고 권력기관으로 부상한다. 한편 지방군 중 주진군은 국경지대인 양계에서 수비를 담당했고, 5도의 일반 군현에는
> 주현군이 주둔하며 지방의 치안과 노역에 동원되었다.

18 (가) 교육기관에 대한 설명으로 옳은 것은?

이 그림은 효명세자가 (가)에 입학하는 의식을 그린 〈왕세자입학도첩〉 중 〈입학도〉이다. 효명세자는 이날 궁을 나와 (가)에 도착하여 대성전의 공자 신위에 술을 올린 후, 명륜당에 가서 스승에게 교육을 받았다.

① 전국의 부·목·군·현마다 설립됐다.
② 중앙에서 교수나 훈도가 파견됐다.
③ 생원시·진사시 합격자에게 입학자격이 주어졌다.
④ 종래의 국자감을 명(明)의 제도를 따라 정식 종합대학으로 개편했다.

해설

성균관은 고려 말과 조선시대의 최고의 교육기관으로 생원시와 진사시에 합격한 유생을 우선적으로 받아들였다. 한양의 숭교방(崇敎坊) 지역에 대성전(大成殿)과 동무(東廡)·서무(西廡)·명륜당(明倫堂)·동재(東齋)·서재(西齋)·양현고(養賢庫) 및 도서관인 존경각(尊敬閣) 등의 건물을 두었다.

19 1402년 김사형·이무·이회 등이 만든 우리나라 최초의 세계지도는?

① 천상열차분야지도　　　　　　② 혼일강리역대국도지도
③ 곤여만국전도　　　　　　　　④ 대동여지도

해설

혼일강리역대국도지도(混一疆理歷代國都之圖)는 1402년에 좌정승 김사형, 우정승 이무가 발의하고 의정부 검상 이회가 그린 우리나라 최초의 세계지도이다. 원본은 존재하지 않으며 모사본만 일본 류코쿠 대학 도서관에 있다. 현전하는 동양 최고의 세계지도로 불리며, 중국을 중심으로 중국 주변의 오랑캐를 하나로 다스린다는 의미에서 조선을 상대적으로 크게 묘사했다.

20 다음 중 세종대왕이 재위하던 시기의 업적이 아닌 것은?

① 칠정산 간행   ② 훈민정음 창제
③ 측우기 발명   ④ 울릉도 정벌

해설

세종대왕 때의 업적으로는 대마도 정벌(1419), 칠정산 간행(1430), 측우기 발명(1441), 훈민정음 창제(1443)가 있다. 울릉도는 신라 지증왕 때 신라 땅으로 복속되었다.

21 조선시대에 당대 시정을 기록하는 일을 맡아보던 관청은?

① 춘추관   ② 예문관
③ 홍문관   ④ 승정원

해설

② 예문관 : 국왕의 말이나 명령을 담은 문서의 작성을 담당하기 위해 설치한 관서
③ 홍문관 : 궁중의 경서·사적 관리와 문한의 처리, 왕의 각종 자문을 관장하던 관서
④ 승정원 : 왕명의 출납을 관장하던 관청

22 다음 밑줄 친 전쟁 이후 동아시아의 정세에 대한 설명으로 틀린 것은?

> 적선이 바다를 덮어오니 부산 첨사 정발은 마침 절영도에서 사냥을 하다가, 조공하러 오는 왜라 여기고 대비하지 않았는데 미처 진에 돌아오기도 전에 적이 이미 성에 올랐다. 정발은 난병 중에 전사했다. 이튿날 동래부가 함락되고 부사 송상현이 죽었으며, 그의 첩도 죽었다. 적은 드디어 두 갈래로 나누어 진격하여 김해·밀양 등 부(府)를 함락하였는데 병사 이각은 군사를 거느리고 먼저 달아났다. 2백년 동안 전쟁을 모르고 지낸 백성들이라 각 군현(郡縣)들이 풍문만 듣고도 놀라 무너졌다.

① 명나라는 국력 소모를 크게 하여 국가재정이 문란해졌다.
② 조선에서는 비변사의 역할이 크게 축소되고 의정부의 권한이 강화되었다.
③ 만주의 여진이 세력을 확대하는 계기가 되었다.
④ 일본 내의 봉건 세력이 약화되었고 도쿠가와 이에야스가 정권을 장악하였다.

해설

동아시아 3국이 참전한 국제전이었던 7년간의 임진왜란 이후 명나라는 원군 출정으로 인한 국력 소모로 국가재정이 문란해졌다. 때문에 만주 지역의 여진이 세력을 확장하는 계기가 되었고, 이후 명나라는 무너지고 청나라가 들어서게 된다. 일본에서는 봉건 제후 세력이 약화되어 도쿠가와 이에야스가 정권을 쉽게 장악할 수 있게 되었다. 조선에서는 전쟁 중 기능이 확대된 비변사의 역할과 권한이 그대로 유지되고, 의정부의 역할이 축소되었다.

∎ 부산교통공사

23 조선시대에 대역죄인을 잡아들였던 왕의 직속기관은?

① 포도청   ② 사헌부
③ 사간원   ④ 의금부

> **해설**
>
> 의금부는 조선시대 국왕의 직속사법기구로서 국가의 중죄인을 처벌하던 기관이다. 왕명을 출납하는 승정원과 함께 왕권을
> 강화하기 위한 기구 중 하나였다.

∎ 광주광역시공공기관통합채용

24 조선 후기 유득공이 발해의 역사를 기록하기 위해 쓴 책은?

① 발해고   ② 발해사
③ 택리지   ④ 해동역사

> **해설**
>
> 발해고는 정조 8년(1784)에 유득공이 쓴 발해의 역사책이다. 발해가 고구려의 후계자임을 분명히 밝혀 한국사의 범주에
> 발해사를 적극적으로 수용한 도서로 역사적 의의가 깊다.

∎ 중앙보훈병원

25 정조의 상업정책인 신해통공에 대한 설명으로 옳지 않은 것은?

① 당시 중국에 다녀온 채제공의 건의로 시행된 상업정책이다.
② 육의전을 제외한 시전 상인들의 금난전권을 폐지시켰다.
③ 정조의 탕평정책을 수행하기 위한 정치적 의도도 깔려 있었다.
④ 사상이 시장을 장악하고 독점하면서 일으킨 폐단을 해소하기 위함이었다.

> **해설**
>
> 조선 후기에 사상(私商)들이 점차 확대되면서 시전의 상권을 장악하자 시전 상인들은 난전을 단속할 수 있는 권리인
> 금난전권을 행사하여 사상의 활동을 억압하였다. 그러나 정조 때 채제공의 건의에 따라 신해통공을 시행하여 육의전을
> 제외한 시전 상인들의 금난전권이 폐지되었다(1791). 신해통공은 사상이라는 신흥자본세력을 부상케 하며 조선 후기
> 상업 발전에 영향을 주었고, 종래에 노론 세력과 결탁해 있던 시전상인들의 세를 약화시킴으로써 탕평책의 수행을 뒷받침
> 할 수 있게 되었다.

┃ 한국서부발전

26 '대동법'에 관한 설명으로 틀린 것은?

① 세금을 쌀로 통일한 납세제도이다.
② 광해군이 최초로 시행하여 전국적으로 확산시켰다.
③ 농민에게 과중하게 부과되던 세금이 어느 정도 경감되었다.
④ 전국적으로 확산되면서 쌀뿐만 아니라 옷감·동전으로도 납부할 수 있었다.

해설

대동법은 광해군 때 최초로 경기도에 한해서 시행되다가 인조가 등극한 후 강원도, 충청도, 전라도까지 확대되었고, 17세기 후반이 되어서 전국적으로 확산되었다.

┃ 한국동서발전

27 '향도'에 대한 설명으로 옳지 않은 것은?

① 17세기 이후 두레가 성장하면서 향도는 크게 위축되었다.
② 향촌 공동체에서 불교신앙 공동체로 변모하였다.
③ 매향활동을 하며 불상·석탑을 만들거나 절을 지을 때 주도적인 역할을 했다.
④ 마을 노역, 혼례와 상장례, 마을 제사 등 공동체 생활을 주도하기도 했다.

해설

향도는 매향활동을 하던 불교신도들의 무리에서 비롯된 공동체이다. 조선시대에 이르러 숭유억불정책이 펼쳐지면서 향촌 공동체 성격이 더욱 강화되었다.

┃ 부산교통공사

28 다음 중 흥선대원군에 대한 설명으로 틀린 것은?

① 세도정치 가문의 인물을 축출하여 인재를 고르게 등용했다.
② 경복궁을 중건하여 왕실의 권위를 회복했다.
③ 전국의 서원을 정리하여 국가 재정을 확충했다.
④ 비변사를 재편하여 의정부와 삼군부의 기능을 약화시켰다.

해설

흥선대원군의 개혁정치
• 세도정치 가문의 인물을 축출하여 고른 인재 등용
• 경복궁을 중건하여 왕실의 권위 회복
• 서원을 47개만 남기고 600여 개를 정리하여 국가 재정을 확충
• 양전 사업을 실시하여 전정의 문란을 바로잡고 군역은 호포제를 실시하고 환곡제는 사창제로 전환하여 삼정의 문란을 개혁
• 비변사를 폐지하고 의정부와 삼군부의 기능 회복

29 동학에 대한 설명으로 틀린 것은?

① 동학운동은 서학인 천주교 세력에 대항하는 신앙운동이다.
② 최제우가 민간 신앙과 유교, 불교, 도교를 융합하여 창시하였다.
③ 모든 사람이 평등하다는 '인내천(人乃天)' 사상을 강조하였다.
④ 동학의 기본경전은 〈용담유사〉와 〈동경대전〉이다.

해설

동학운동은 단순한 신앙운동이 아니라, 어지러운 정치와 어두운 사회를 바로잡고 어려운 민중의 생활을 구제하려는 사회운동이라 할 수 있다.

30 신미양요 이후에 생긴 일로 적절한 것은?

① 병인박해 ② 척화비 건립
③ 서원 철폐 ④ 법전 편찬

해설

신미양요는 1871년(고종 8)에 미국이 제너럴셔먼호 사건(1866)을 빌미로 조선을 개항시키기 위해 무력으로 침략한 사건이다. 신미양요 이후 흥선대원군은 척화비(1871)를 세우고 쇄국정책을 강화했다.

31 다음 사건의 결과로 옳은 것은?

> 1875년 8월 서해안에 출몰한 일본 군함 운요호의 선원 일부가 작은 배로 허가 없이 한강 하구를 거슬러 올라왔다. 이에 우리 군이 포를 쏘아 저지하자, 운요호가 함포를 발사하여 초지진을 파괴하였다. 다음 날 일본군은 영종진에 상륙하여 많은 피해를 입혔다.

① 5군영이 설치되었다.
② 강화도조약이 체결되었다.
③ 통신사가 파견되었다.
④ 병인양요가 일어났다.

해설

제시된 자료는 운요호 사건이다. 일본은 1876년 무력을 앞세워 운요호 사건을 벌이고, 조선과 강화도조약을 맺어 강제로 문호를 개방하도록 강요했다. 이 조약에는 부산·원산·인천 등 3개 항구를 개항하는 조항, 해안측량권과 치외법권을 허용하는 불평등 조항이 포함되었다.

┃ 중앙보훈병원

32 다음 중 을미개혁에 대한 내용으로 옳은 것은?

① 지석영이 소개한 종두법 실시를 위해 종두소를 설치하였다.
② 고종이 대한제국을 선포하며 시작되었다.
③ 청의 연호를 폐지하고 개국 연호를 사용했으며 또한 과거제를 폐지하였다.
④ 을미사변이 발생하기 전 일제에 의해 강제로 시행되었다.

해설

을미사변 이후 일제가 내세운 김홍집 내각에 의해 을미개혁(1895)이 추진되었다. 이 때 지석영이 소개한 천연두를 예방하는 종두법을 실시하기 위해 종두소를 설치하였고, 건양 연호와 태양력을 사용하게 되었으며 단발령이 시행되었다. 단발령은 을미사변으로 격해진 반일 감정의 기폭제가 되어 의병 운동으로 이어지게 되었다. 고종이 대한제국을 선포한 것은 광무개혁(1899)이며 개국 연호를 사용하고 과거제를 폐지한 것은 갑오개혁(1894)이다.

┃ 농수산물유통공사

33 다음 중 3·1운동에 관한 설명으로 옳지 않은 것은?

① 2·8 독립선언과 미국 윌슨 대통령의 민족자결주의에 영향을 받았다.
② 일본이 통치 방식을 민족말살통치로 변화시키는 요인이 되었다.
③ 비폭력 시위에서 인원과 계층이 늘어나면서 폭력투쟁으로 발전하였다.
④ 1919년 3월 1일 33인의 민족대표가 탑골공원에서 독립선언서를 발표했다.

해설

일제의 식민통치방식이 3·1운동 이후 문화통치로 바뀌었다.

┃ 경기도일자리재단

34 의열단에 대한 설명으로 옳지 않은 것은?

① 1919년 11월 만주 지린성에서 조직되었다.
② 부산경찰서 폭파사건을 주도했다.
③ 대한민국 임시정부 산하의 의열투쟁단체였다.
④ 〈조선혁명선언〉을 활동 지침으로 삼았다.

해설

의열단은 1919년 11월 만주 지린성에서 조직된 항일 무력독립운동 단체이다. 신채호의 〈조선혁명선언〉을 활동지침으로 삼았으며, 부산경찰서 폭파사건, 조선총독부 폭탄투척 의거 등의 활동을 했다. 대한민국 임시정부 산하의 의열투쟁단체는 한인애국단이다.

35 독립협회에 대한 설명으로 옳은 것은?

① 고종 강제퇴위 반대운동을 주도했다.

② 한일관계 사료집과 독립신문을 발행했다.

③ 일제의 황무지 개간권 요구를 저지했다.

④ 중추원 개편을 통한 의회설립을 추진했다.

해설

독립협회(1896.7 ~ 1898.12)

외세의존정책에 반대한 개화지식인 층이 주류가 된 우리나라 최초의 근대적인 사회정치단체이다. 갑신정변의 주역인 서재필을 중심으로 이상재·이승만·윤치호 등이 적극적으로 참여했다. 독립협회는 자강개혁, 자주국권, 자유민권을 주장했으며 만민공동회와 관민공동회를 개최하여 헌의 6조를 결의했다. 또한 중추원 개편을 통한 의회설립을 추진했다. 그러나 보수세력을 동원한 황국협회의 방해로 해산됐다.

① 대한자강회 - 고종 강제퇴위 반대운동(1907)

② 대한민국 임시정부 - 사료편찬소 설치 및 한일관계사료집 편찬, 독립신문 발행

③ 보안회 - 일제의 황무지 개간권 반대운동(1904)

36 다음 중 지청천에 대한 설명 중 옳지 않은 것은?

① 한국독립군, 광복군 사령관 등을 역임하였다.

② 한국독립군은 중국군과 함께 흥경성에서 일본군과 전투를 벌였다.

③ 중국의용군과 연합하여 대전자령에서 승리를 거두었다.

④ 한국독립군을 이끌고 동경성을 공격하여 탈환하였다.

해설

② 흥경성 전투는 양세봉이 이끄는 조선혁명군과 중국군이 연합하여 일제와 싸운 전투이다.

① 지청천은 한국독립군 총사령관으로 중국과 연합하여 일본군과 싸웠고, 광복군 창설 이후 광복군 사령관을 역임하면서 항일투쟁을 하였다.

③ 1933년 지청천이 이끄는 한국독립군은 중국의용군과 함께 중국 연병의 일본군을 기습하여 대전자령 대첩에서 승리를 거두었다.

④ 1933년 지청천이 이끄는 한국독립군은 중국군과 연합하여 일본군 점령지인 동경성을 탈환하였다.

37 다음 중 신민회와 관련 없는 인물은 누구인가?

① 양기탁

② 안창호

③ 안중근

④ 이승훈

해설

신민회(1907 ~ 1911년)

안창호·양기탁 등의 사회계몽 운동가들이 결성한 항일 비밀 결사 조직으로 이승훈 등이 가입해 활동했다. 국내에서는 평양의 대성학교와 정주의 오산학교를 설립하는 교육구국운동과, 계몽강연 및 서적·잡지 출판운동, 민족산업 자본의 부흥을 위한 실업장려 운동을 전개하며 자기제조주식회사와 태극 서관을 설립하였다. 국외에서는 만주지역에 무관학교를 설립하고 독립군기지를 창설해 독립군을 양성하였다. 그러나 1910년 경술국치 이후 탄압이 심해졌고, 결국 1911년 일제가 조작한 105인 사건으로 해산하였다.

38 다음 상황이 나타난 시기의 모습으로 옳은 것은?

> 선생님 : 황국신민서사를 외우지 못한다면 제국의 신민이 될 자격이 없다.
>
> 학 생 : ……

① 토지조사사업을 실시하는 조선총독부

② 암태도 소작 쟁의에 참여하는 농민

③ 경성제국대학을 1회로 입학하는 학생

④ 창씨개명을 강요당하는 청년

해설

일제의 식민통치정책

시기 \ 구분	통치 내용	경제 침탈
무단통치 (1910 ~ 1919)	• 조선총독부 설치 • 헌병경찰제 • 조선태형령	• 토지조사사업 • 회사령 실시
문화통치 (1919 ~ 1931)	• 3·1운동 이후 통치체제의 변화 • 보통경찰제 • 경성제국대학 설립	• 산미증식계획 시행 → 식량 일본 본토 반출 • 회사령 폐지 → 일본 자본의 유입
민족말살통치 (1931 ~ 1945)	• 황국신민화 정책 • 신사참배 강요 • 창씨개명 강요 • 황국신민서사 암송 • 조선어, 조선역사 등의 과목 폐지	• 국가 총동원령 시행 • 병참 기지화 정책 • 남면북양

┃ 한국산업인력공단

39 대한민국 임시정부가 주도한 일이 아닌 것은?

① 독립운동자금 모금 ② 건국강령 발표
③ 한국광복군 창설 ④ 물산장려운동 주도

> **해설**
>
> 물산장려운동은 일제의 수탈정책에 맞선 운동으로서, 조선물산장려회에서 주도하였다.

┃ 한국동서발전

40 신간회에 대한 설명으로 옳지 않은 것은?

① 1927년 2월에 창립하였고, 전국에 조직을 확산시켜 나갔다.
② 국내 최대 규모의 반일운동 조직이다.
③ 김원봉이 중심이 되어 결성되었다.
④ 민족주의 세력과 사회주의 세력이 연합하였다.

> **해설**
>
> 신간회(1927 ~ 1931년)
> '민족 유일당 민족협동전선'이라는 표어 아래 민족주의계와 사회주의계의 좌우익 세력이 합작해 결성된 항일단체이다.
> 언론·집회·결사·출판의 자유의 쟁취, 청소년·여성의 형평운동 지원, 동양척식회사 반대 등을 활동목표로 삼았다.
> 1929년 11월 광주학생운동이 일어나자 진상조사단을 파견하고 일제에 항의했다. 이를 계기로 독립운동 성격의 민중대회
> 를 계획했다가 주요 인사 44인이 체포되면서 조직의 규모가 축소되었고, 평소 민족주의 진영에 불만이 많던 사회주의
> 진영의 해산운동이 전개되며 결국 1931년에 해산되었다.

┃ 한국산업인력공단

41 다음 시정 방침의 발표 계기로 옳은 것은?

> 정부는 관제를 개혁하여 총독 임용의 범위를 확장하고 경찰제도를 개정하며, 또는 일반 관리나 교원
> 등의 복제를 폐지함으로써 시대의 흐름에 순응한다.

① 청산리 대첩 ② 3·1 운동
③ 윤봉길 의거 ④ 6·10 만세운동

> **해설**
>
> 일제는 1919년 3·1 운동을 계기로 1910년대 무단통치정책을 1920년대는 문화통치정책으로 전환한다.

42 다음 중 항일무장운동 단체가 아닌 것은?

① 의열단 ② 한인애국단
③ 북로군정서 ④ 신한청년단

해설

신한청년단은 1918년에 결성된 한인 청년독립운동단체로서, 파리강화회의와 대미외교 등 외교활동을 통해 독립운동을 펼쳐나갔다.
① 의열단 : 김원봉이 중심이 되어 결성된 항일무장조직이다.
② 한인애국단 : 김구가 조직했으며 이봉창·윤봉길 의거를 주도했다.
③ 북로군정서 : 1919년 북간도에서 결성된 항일무장조직으로 총사령관 김좌진 장군의 지휘로 청산리 대첩에서 승리하였다.

43 다음 중 1970년대에 일어난 사건이 아닌 것은?

① 민청학련사건 ② 5·16군사정변
③ YH무역사건 ④ 인민혁명단 재건위 사건

해설

전국민주청년학생총연맹(민청학련)의 학생 180명이 내란 혐의를 받아 구속된 민청학련사건과 북한의 지령을 받아 국가변란을 획책했다는 혐의로 1964년 구속됐던 지하조직 인민혁명당이 이 민청학련의 배후라고 규정한 인민혁명단 재건위 사건(제2차 인혁당사건)은 모두 1974년에 일어났다. 또한 YH무역의 여성노동자 170여 명이 근로자의 생존권 보장을 요구하며 신민당사에서 농성을 벌인 YH무역사건은 1979년에 일어난 사건이다. 박정희의 군부세력이 정변을 일으켜 정권을 장악한 5·16군사정변은 1961년 일어났다.

44 다음 사건과 관련된 인물은?

> 1970년 11월 13일 서울 청계천 평화시장 재단사였던 그는 열악한 노동환경에 항거해 "근로기준법을 준수하라", "우리는 기계가 아니다"라고 외치며 분신했다.

① 전태일 ② 이소선
③ 김진숙 ④ 김주열

해설

전태일 열사는 한국의 노동운동을 상징하는 인물로 청계천 평화시장 재단사로 일하면서 열악한 노동조건의 개선을 위해 노력했다. 1970년 11월 노동자는 기계가 아니라고 외치며 분신하였다. 그의 죽음은 장기간 저임금노동에 시달렸던 당시의 노동환경을 고발하는 역할을 했으며, 한국 노동운동발전에 중요한 계기가 되었다.

45 **전두환 정부 때 있었던 일에 해당하는 것은?**

① 남북 이산가족 최초 상봉　　　　② 남북기본합의서 채택

③ 남북정상회담 최초 개최　　　　④ 민족 공동체 통일 방안 제안

해설

전두환 정부 때 남북 이산가족 상봉(1985)이 최초로 이루어졌다.

② 남북기본합의서 채택(1991) : 노태우 정부

③ 남북정상회담 최초 개최(2000) : 김대중 정부

④ 민족 공동체 통일 방안 제안(1994) : 김영삼 정부

46 **다음 ㉠ ~ ㉣을 일어난 순서대로 옳게 나열한 것은?**

| ㉠ 6월 민주항쟁 | ㉡ 4 · 19 혁명 |
| ㉢ 부마 민주항쟁 | ㉣ 5 · 18 민주화운동 |

① ㉠ - ㉡ - ㉢ - ㉣　　　　② ㉠ - ㉢ - ㉣ - ㉡

③ ㉡ - ㉢ - ㉣ - ㉠　　　　④ ㉡ - ㉢ - ㉠ - ㉣

해설

㉡ 4 · 19 혁명 : 1960년 4월, 이승만 정권의 부정선거를 규탄하며 일어난 시민혁명이다.

㉢ 부마 민주항쟁 : 1979년 10월 16일 ~ 20일, 박정희 유신체제에 대항하여 부산과 마산에서 일어난 항쟁이다.

㉣ 5 · 18 민주화운동 : 1980년 5월 18일 ~ 27일, 당시 최규하 대통령 아래 전두환 군부세력 퇴진과 계엄령 철폐를 요구하며 광주시민을 중심으로 일어난 민주화운동이다.

㉠ 6월 민주항쟁 : 1987년 6월, 전두환 군부독재에 맞서 일어난 민주화운동이다.

47 **밑줄 친 '이 사건'에 대한 설명으로 옳지 않은 것은?**

이 사건은 1987년 6월에 전국에서 일어난 반독재 민주화 시위로 군사정권의 장기집권을 막기 위한 범국민적 민주화 운동이다.

① 제5공화국이 출범하며 촉발되었다.

② 이한열이 최루탄에 맞은 사건이 계기가 되었다.

③ 4 · 13 호헌조치에 반대하였다.

④ 이 사건의 결과 대통령 직선제로 개헌되었다.

해설

제시된 사건은 6월 민주항쟁이다. 1980년 5월 광주 민주화운동의 비극 이후 전두환이 같은 해 9월 제11대 대통령에 취임하면서 독재의 서막을 알렸고, 이듬해 1981년 3월 간접선거로 다시 제12대 대통령으로 취임하면서 제5공화국이 정식 출범하였다. 제5공화국은 1987년 6월 항쟁 이후 대통령 직선제 개헌을 명시한 6·29선언이 발표되며 종지부를 찍었다.

| 서울신용보증재단

48 다음 ㉠~㉣의 사건들을 시간 순서대로 나열한 것은?

㉠ 10월 유신	㉡ 7·4 남북공동성명
㉢ 10·26 사태	㉣ 5·16 군사정변

① ㉠-㉡-㉢-㉣　　　　　　　② ㉣-㉡-㉠-㉢
③ ㉠-㉢-㉣-㉡　　　　　　　④ ㉣-㉢-㉠-㉡

해설

㉣ 5·16 군사정변 : 1961년 5월 16일, 박정희를 중심으로 한 군사들이 정변을 일으켜 정권을 장악했다.
㉡ 7·4 남북공동성명 : 1972년 7월 4일, 남쪽과 북쪽의 정부관계자들이 비밀회담을 가진 후 통일을 위한 공동성명을 발표했다.
㉠ 10월 유신 : 1972년 10월, 박정희 장기 집권을 위해 유신을 선포하고 헌법을 개정했다.
㉢ 10·26 사태 : 1979년 10월 26일, 당시 중앙정보부장 김재규가 박정희 대통령을 살해한 사건이다.

| 한국산업인력공단

49 다음 중 김영삼 정권 때 일어난 일은?

① 제4공화국　　　　　　　　② 베트남 파병
③ 4·13 호헌 조치　　　　　　④ 금융실명제

해설

1993년 8월, 김영삼 정권은 '금융실명거래 및 비밀 보장에 관한 긴급재정경제명령'을 발표하면서 금융실명제를 실시했다.
①·②는 박정희 정권과 관련된 것이다.
③ 1987년 4월 13일, 전두환 정권은 '헌법 개정 논의를 금지한다'라는 특별담화를 발표했다.

| 부산교통공사

50 다음 역사적 사건 중 가장 나중에 일어난 것은?

① 6·29 민주화 선언　　　　　② 12·12 사태
③ 한일 국교 정상화　　　　　　④ 서울 88 올림픽

해설

한일 국교 정상화(1965) → 12·12 사태(1979) → 6·29 민주화 선언(1987) → 서울 88 올림픽(1988) 순이다.

I wish you the best of luck!

PART

2

최신상식

주요 국제 Awards

01 노벨상

수상 부문		생리의학, 물리학, 화학, 경제학, 문학, 평화
주최		스웨덴 왕립과학아카데미, 노르웨이 노벨위원회
시작연도		1901년
시상식 장소		스웨덴 스톡홀름(단, 평화상은 노르웨이 오슬로)
시상식 일정		매년 12월 10일
심사	생리의학	카롤린스카 의학연구소
	물리학, 화학, 경제학	스웨덴 왕립과학아카데미
	문학	스웨덴 아카데미(한림원)
	평화	노르웨이 노벨위원회

01 노벨생리의학상

데이비드 줄리어스   아뎀 파타푸티언

2021년 노벨생리의학상은 데이비드 줄리어스 캘리포니아대 교수와 아뎀 파타푸티언 미국 스크립스연구소 교수 등 두 명의 미국인이 수상했다. 이들은 온도와 압력을 느낄 수 있는 수용체를 발견한 공로를 인정받았다. 줄리어스는 고추의 매운 성분인 캡사이신을 이용해 피부 신경말단에 존재하는 열에 반응하는 감각 수용체를 발견했고, 파타푸티언은 압력에 민감한 세포를 사용해 피부와 내부 장기에서 기계적 자극에 반응하는 새로운 종류의 촉각 수용체를 확인했다. 노벨위원회는 "이 발견이 우리 신경계가 뜨거운 것, 차가운 것, 기계적 자극을 어떻게 감지하는지에 대한 이해의 폭을 넓혔다"고 평가했다.

02 노벨물리학상

슈쿠로 마나베   클라우스 하셀만   조르조 파리시

2021년 노벨물리학상은 일본계 미국인인 슈쿠로 마나베 프린스턴대 교수와 독일의 클라우스 하셀만 막스플 랑크 기상학연구소 교수, 이탈리아의 조르조 파리시 로마라사피엔자대 명예교수가 수상했다. 마나베와 하 셀만은 기후의 물리학적 모델링과 지구온난화의 수학적 예측 가능성 증진에 기여한 공로로, 파리시는 원자 에서 행성 단위에 이르기까지 물리학적 체계에서 무질서와 변동의 상호작용을 발견한 공로로 수상자로 선정됐다. 노벨위원회는 "마나베와 하셀만은 인간이 기후에 어떻게 영향을 미치는지에 대한 우리의 지식의 토대를 마련했고, 파리시는 무질서한 물질들과 무작위적인 과정들에 대한 이론에 혁명적 기여를 했다"고 평가했다.

03 노벨화학상

베냐민 리스트   데이비드 맥밀런

노벨화학상은 독일의 베냐민 리스트 막스플랑크 석탄연구소 교수와 미국의 데이비드 맥밀런 프린스턴대 교수가 수상했다. '비대칭 유기촉매 반응'이라고 하는 분자를 만드는 정밀한 도구를 개발한 공로로 영예를 안았다. 노벨위원회는 이들의 유기촉매 기술이 신약 물질부터 태양빛을 흡수해 전기를 생산하는 태양전지 에 사용되는 분자에 이르기까지 다양한 물질을 더 효율적으로 만들어 인류에게 큰 혜택을 줬다고 강조했다. 과거에는 촉매로 금속, 효소 등 2가지를 생각했지만 리스트와 맥밀런이 2000년에 독립적으로 제3의 촉매반 응이라고 할 수 있는 유기분자를 기반으로 한 비대칭 유기촉매 반응을 개발하면서 새로운 길이 열렸다.

04 노벨문학상

압둘라자크 구르나

노벨문학상은 탄자니아 국적의 난민 출신 소설가인 압둘라자크 구르나가 수상했다. 아프리카 동해안의 섬 잔지바르에서 자란 그는 1963년 영국의 식민통치가 끝나고 혁명이 일어나자, 대량학살과 박해를 피해 1960년대 말 잉글랜드에 난민 자격으로 도착했다. 그는 아버지가 사망하기 직전인 1984년이 돼서야 잔지바르로 돌아갈 수 있었다. 최근 은퇴하기 전까지 영국 켄트대 교수로 영어와 탈식민주의 문학을 가르치면서 다수의 장·단편소설을 펴냈다. 특히 1990년 전후 동아프리카에서의 탐구 활동을 토대로 1994년 출간한 소설 '낙원(Paradise)'은 작가로서 그가 비약적으로 발전하는 계기가 됐다. 19세기 후반 동아프리카의 폭력적인 식민지화를 상세하게 묘사한 작품이다.

05 노벨평화상

마리아 레사   드미트리 무라토프

2021년 노벨평화상은 필리핀의 마리아 레사, 러시아의 드미트리 무라토프 등 언론인 2명이 수상했다. 레사는 필리핀에서 커지는 권위주의와 폭력의 사용, 권력 남용을 폭로하기 위해 표현의 자유를 활용한 인물로 평가받았다. 그는 온라인 매체 '래플러(Rappler)'의 공동설립자이며, 특히 두테르테 대통령의 '마약과의 전쟁'을 집중적으로 비판했다. 한편 무라토프는 1993년 독립신문인 '노바야 가제타'를 공동설립했다. 이 매체는 팩트에 근거한 저널리즘과 기자 정신을 바탕으로 검열로 비판받는 러시아에서 중요한 정보 제공처로 주목받았다.

06 노벨경제학상

데이비드 카드 조슈아 앵그리스트 휘도 임번스

노벨경제학상은 데이비드 카드 캘리포니아대 교수, 조슈아 앵그리스트 매사추세츠공과대 교수, 휘도 임번스 스탠퍼드대 경영대학원 교수에게 돌아갔다. 카드는 경험적 연구로 노동 경제학 발전에 기여한 점을 인정받았다. 그는 주로 최저임금과 이민, 교육 등이 노동시장에 미치는 영향을 연구해 왔다. 앵그리스트와 임번스는 인과관계 분석에 방법론적으로 공헌한 점을 높이 평가받았다. 그들은 경제학 연구에서도 엄격한 과학적 방법에 따라 확실한 인과관계의 결론을 도출할 수 있도록 방법론적 문제를 해결했다.

02 세계 3대 영화제

01 베니스 영화제

개최 장소	이탈리아 베네치아
개최 시기	매년 8월 말 ~ 9월 초
시작 연도	1932년

〈2021 제78회 수상내역〉

• 황금사자상

〈해프닝〉   오드리 디완

오드리 디완의 〈해프닝〉이 황금사자상을 수상했다. 〈해프닝〉은 1936년 프랑스의 한 여대생이 의도치 않은 임신을 하고 낙태를 하기까지의 갈등을 다룬 작품이다. 〈노매드랜드〉의 클로이 자오 감독에 이어 2년 연속으로 여성 감독이 황금사자상을 수상하게 되었다.

• 심사위원대상/감독상

〈더 핸드 오브 갓〉   제인 캠피온

심사위원대상은 파울로 소렌티노 감독의 〈더 핸드 오브 갓〉이 차지했고, 감독상은 〈더 파워 오브 더 도그〉를 감독한 제인 캠피온에게 돌아갔다. 〈더 핸드 오브 갓〉은 이탈리아 항구도시 나폴리를 배경으로 감독 자신의 유년시절을 다룬 작품이다. 〈더 파워 오브 더 도그〉는 20세기 초 미국 서부를 배경으로 형제 사이에 나타난 과부와 그녀의 아들을 중심으로 펼쳐지는 서스펜스 영화다.

• 남우주연상/여우주연상

존 아실라   페넬로페 크루즈

남우주연상은 〈온 더 잡 : 더 미싱8〉의 존 아실라가, 여우주연상은 〈페러렐 마더스〉의 페넬로페 크루즈가 수상했다. 〈온 더 잡 : 더 미싱8〉는 필리핀의 두테르테 대통령을 둘러싼 부패와 언론검열을 다룬 작품이며, 〈페러렐 마더스〉는 같은 날 출산하게 된 미혼모와 중년 임산부의 교감과 삶의 변화를 그리고 있다.

02 칸 영화제

개최 장소	프랑스 남부의 도시 칸
개최 시기	매년 5월
시작 연도	1946년

〈2021 제74회 수상내역〉

• 황금종려상

〈티탄〉　　　줄리아 듀코나우

줄리아 듀코나우의 〈티탄〉이 황금종려상을 수상했다. 〈티탄〉은 교통사고로 머리에 티타늄 조각이 박힌 여성이 아들을 잃어버린 아버지를 만나면서 생기는 이야기를 다룬 프랑스-벨기에 합작 스릴러 영화다. 한편 여성감독의 황금종려상 수상은 1993년 제인 캠피온 감독 이후 28년 만의 일이다.

• 심사위원대상/감독상

아쉬가르 파라디　　　레오 카락스

심사위원대상은 아쉬가르 파라디 감독의 〈어 히어로〉와 주호 쿠오스마넨 감독의 〈컴파트먼트 No.6〉가 차지했다. 감독상은 〈아네트〉의 레오 카락스에게 돌아갔다. 〈어 히어로〉는 부채로 감옥에 갇힌 남성이 빚을 탕감받기 위해 펼치는 이틀 동안의 출소 여정을 담았으며, 〈컴파트먼트 No.6〉는 러시아 모스크바에서 기차를 탄 핀란드 여성이 기차 탑승자들을 만나고 생기는 일을 그려냈다. 〈아네트〉는 세계적인 오페라 가수 앤과 스탠드업 코미디언 헨리에게 특별한 딸 아네트가 생기며 일어나는 이야기를 다룬 작품이다.

• 남우주연상/여우주연상

케일럽 랜드리 존스　　　르나트 라인제브

남우주연상은 〈니트람〉의 케일럽 랜드리 존스가 여우주연상은 〈더 워스트 펄슨 인 더 월드〉의 르나트 라인제브가 수상했다. 〈니트람〉은 1990년대 호주에서 발생한 최악의 총기사고를 다뤘으며, 〈더 워스트 펄슨 인 더 월드〉는 새로운 사랑과 인생에 대해 고민하는 30대 여성을 그린 영화다.

03 베를린 영화제

개최 장소	독일 베를린
개최 시기	매년 2월 중순
시작 연도	1951년

〈2021 제71회 수상내역〉

• 황금곰상

〈배드 럭 뱅잉 오어 루니 폰〉　　라두 주드

최우수작품상인 황금곰상은 루마니아 출신의 라두 주드가 감독한 〈배드 럭 뱅잉 오어 루니 폰〉이 수상했다. 남편과의 은밀한 개인 동영상이 인터넷에 유출되면서 사회적 편견과 맞닥뜨리게 된 고등학교 교사의 이야기를 담은 코미디 영화다. 코로나19의 시대상을 반영하여 배우들이 마스크를 쓴 채 연기를 한 것으로 화제를 모았다.

• 심사위원대상/각본상

〈휠 오브 포춘 엔드 판타지〉　　〈인트로덕션〉

은곰상 심사위원대상은 하마구치 류스케 감독이 연출한 〈휠 오브 포춘 엔드 판타지〉가 수상했고, 은곰상 각본상은 홍상수 감독의 〈인트로덕션〉에게 돌아갔다. 〈휠 오브 포춘 엔드 판타지〉는 우연과 상상을 주제로 하여 여성이 주인공인 세 개의 단편을 엮어낸 옴니버스 영화다. 〈인트로덕션〉은 세 개의 단락을 통해서 주인공인 청년이 각각 아버지, 연인, 어머니를 찾아가는 여정들을 따라가는 작품이다. 홍상수 감독은 지난 해 〈도망친 여자〉로 감독상에 오른데 이어 2년 연속 수상의 영광을 안았다.

• 주연상/조연상

마렌 에거트　　릴러 키즐린게르

2021년 시상식부터 남녀의 구분 없이 주연상을 시상하며, 조연상 부문이 신설되었다. 주연상은 〈아임 유어 맨〉의 마렌 에거트가, 조연상은 〈포레스트-아이 씨 유 에브리웨어〉의 릴러 키즐린게르가 수상했다.

01 정치 · 국제 · 법률

01 비토권

사안을 거절할 수 있는 권리

한 사안에 대해서 거부 · 거절할 수 있는 권리를 말한다. 'Veto'는 거부라는 뜻의 영단어다. 국제연합(UN)의 안전보장이사회(안보리)는 비토권 5개국으로 불린다. 만약 5개국 중 1개국이라도 비토권을 행사하면 해당 국가를 제외하고 만장일치를 이뤄도 안건이 통과되지 않는다. 우리나라에도 비토권이 존재한다. 국회, 즉 입법부에서 의결된 안건을 대통령이 재의 요구할 수 있다. 재의라고 명시되어 있지만 비토권과 같은 역할을 한다. 법률안이 재의되더라도 다시 국회로 넘어와 재적의원 과반수 출석과 출석의원 3분의 2 이상의 동의를 얻으면 법률로서 제정된다.

02 대체공휴일법

공휴일과 휴일이 겹치는 경우 다음 비공휴일을 공휴일로 보장하는 법

국정공휴일이 다른 휴일과 겹치는 경우 돌아오는 첫 번째 비공휴일을 공휴일로 보장하는 법을 말한다. 2021년 6월 29일 이러한 내용의 '공휴일에 관한 법률' 제정안이 국회 본회의를 통과했다. 그동안 설날과 추석 연휴, 어린이날에만 대체휴일을 적용했지만 앞으로는 3·1절 등 4개의 국경일에도 적용된다. 대체공휴일법은 이듬해 1월 1일부터 시행되지만 부칙에 따라 2021년에는 광복절부터 시행하여 개천절과 한글날에 대체 공휴일이 적용됐다. 다만 공휴일을 유급휴일로 보장하지 않는 근로기준법의 내용과 충돌하는 부분이 있어 5인 미만의 사업장에는 적용하지 않기로 했다.

03 쿼드 Quad

미국, 일본, 인도, 호주 4국가가 모여 구성한 안보협의체

미국, 일본, 인도, 호주로 구성된 안보협의체다. 2007년 당시 아베 신조 일본총리의 주도로 시작됐으며 2020년 8월 미국의 제안 아래 공식적인 국제기구로 출범했다. '법치를 기반으로 한 자유롭고 개방된 인도·태평양(FOIP ; Free and Open Indo-Pacific)' 전략의 일환으로 시진핑 중국주석이 이끄는 일대일로를 견제하기 위한 목적도 갖고 있다. 이 때문에 반(反)중국의 성격을 가지고 있는데 당시, 미국은 쿼드를 인도-태평양판 나토(NATO, 북대서양조약기구)로 추진했다. 한편 쿼드는 한국, 뉴질랜드, 베트남이 추가로 참가하는 쿼드 플러스로 기구를 확대하려는 의지를 내비치기도 했다.

04 김용균법

산업재해 방지를 위해 산업현장안전과 기업의 책임을 대폭 강화하는 법안

2018년에 태안화력발전소 비정규직 노동자였던 고 김용균 씨 사망사건 이후 입법 논의가 시작되어 고인의 이름을 따서 발의된 법안이다. 고 김용균 씨 사망은 원청관리자가 하청노동자에게 직접 업무지시를 내린 불법파견 때문에 발생한 것으로 밝혀져 '죽음의 외주화' 논란을 일으켰다. 이 사건의 원인이 안전관련법안의 한계에서 비롯되었다는 사회적 합의에 따라 산업안전규제 강화를 골자로 하는 산업안전보건법이 2020년에 개정되었고, 이후 산업재해를 발생시킨 기업에 징벌적 책임을 부과하는 중대재해 기업처벌법이 2021년에 입법됐다.

산업안전보건법 개정안(산업안전법)

산업현장의 안전규제를 대폭 강화하는 방안을 골자로 발의된 법안으로 2020년 1월 16일부터 시행됐다. 주요 내용은 노동자 안전보건 조치 의무 위반 시 사업주에 대한 처벌을 강화하고 하청 가능한 사업의 종류를 축소시키는 등이다. 특히 도급인 산재 예방 조치 의무가 확대되고 사업장이 이를 위반할 경우 3년 이하의 징역 또는 3,000만원 이하의 벌금에 처하도록 처벌 수준을 강화해 위험의 외주화를 방지했다.

중대재해 기업처벌법(중대재해법)

산업안전법이 산업현장의 안전규제를 대폭 강화했다면 중대재해법은 더 나아가 경영책임자와 기업에 징벌적 손해배상책임을 부과한다. 중대한 인명피해를 주는 산업재해가 발생했을 경우 경영책임자 등 사업주에 대한 형사처벌을 강화하는 내용이 핵심이다. 노동자가 사망하는 산업재해가 발생했을 때 안전조치 의무를 미흡하게 이행한 경영책임자에게 징역 1년 이상, 벌금 10억원 이하의 처벌을 받도록 했다. 법인이나 기관도 50억원 이하의 벌금형에 처하도록 했다. 2022년부터 시행되며 50인 미만 사업장에는 공포된 지 3년 후부터 시행된다.

05 임대차 3법

전월세상한제 · 계약갱신청구권제 · 전월세신고제를 핵심으로 하는 법안

임대차 3법은 계약갱신청구권과 전월세상한제를 담은 '주택임대차보호법' 개정안과 전월세신고제를 담은 '부동산 거래신고 등에 관한 법률' 개정안을 말한다. 이 중 '주택임대차보호법' 개정안은 2020년 7월 31일 본회의를 통과한 당일부터 시행됐다. 이에 따라 세입자는 추가 2년의 계약연장을 요구할 수 있고 집주인은 실거주 등의 특별한 이유가 없으면 이를 받아들여야 하는데, 이때 임대료는 종전 계약액의 5% 이내에서만 인상할 수 있다. 계약 당사자가 계약 30일 이내에 임대차 계약정보를 신고해야 하는 '부동산 거래신고 등에 관한 법률' 개정안은 2020년 8월 4일 본회의를 통과해 2021년 6월 1일부터 시행됐다.

06 연동형 비례대표제

정당의 득표율에 따라 의석을 배분하는 제도

총 의석수는 정당득표율로 정해지고, 지역구에서 몇 명이 당선됐느냐에 따라 비례대표 의석수를 조정하는 방식이다. 정당의 득표율에 연동해 의석을 배정하는 방식으로, 예컨대 A정당이 10%의 정당득표율을 기록했다면 전체 의석의 10%를 A정당이 가져갈 수 있도록 하는 것이다. 연동형 비례대표제는 지역구 후보에게 1표, 정당에게 1표를 던지는 '1인 2표' 투표방식이지만, 소선거구에서의 당선 숫자와 무관하게 전체 의석을 정당득표율에 따라 배분한다. 그리고 정당득표율로 각 정당들이 의석수를 나눈 뒤 배분된 의석수보다 지역구 당선자가 부족할 경우 이를 비례대표 의석으로 채우게 된다. 연동형 비례대표제는 '혼합형 비례대표'로도 불리는데, 이를 택하고 있는 대표적 국가로는 독일, 뉴질랜드 등이 있다.

준연동형 비례대표제
원안은 300명의 의석 중 비례대표를 75석으로 늘리는 것을 골자로 하였으나 가결된 수정안은 현행과 같이 300명의 의석 중 지역구 253명, 비례대표 47석을 유지하되 47석 중 30석에만 '연동형 캡'을 적용하여 연동률 50%를 적용하는 것이다. 연동률이 100%가 아닌 50%만 적용하므로 준연동형 비례대표제라고 부른다.

석패율제
지역구와 비례대표에 동시에 출마한 후보 중에서 가장 높은 득표율로 낙선한 후보를 비례대표로 선출하는 제도다. 일본이 지역구 선거에서 가장 아깝게 떨어진 후보를 구제해주자는 취지로 1996년 도입했다.

07 홍콩 국가보안법(홍콩보안법)

홍콩 내 중국 반(反)정부 행위를 처벌하는 법

홍콩보안법은 외국 세력과 결탁, 국가 분열, 국가정권 전복, 테러리즘 행위 등을 금지·처벌하고, 홍콩 내에 이를 집행할 기관인 국가안전처를 설치하는 내용이 담긴 홍콩의 중국 반(反)정부 행위 처벌법이다. 중국전국인민대표회의 상무위원회에서 2020년 6월 30일에 통과되어 홍콩의 실질적 헌법인 기본법 부칙에 삽입됐으며, 홍콩주권 반환일인 7월 1일부터 공식 시행되었다. 중국과 홍콩은 본래 일국양제(一國兩制)를 택하고 있어 홍콩 의회에서 법안을 발의해야 한다. 하지만 2019년 범죄인 인도법(송환법)에 반대한 시위가 6개월 넘게 지속되며 홍콩 민주화를 요구하는 대규모 시위로 번지자 중국 정부가 이를 대처하기 위해 직접 홍콩보안법을 제정했다.

복면금지법

공공 집회나 시위 때 마스크·가면 등의 착용을 금지하는 법으로, 복면 착용으로 신원 확인을 어렵게 하는 것을 금지하는 것이다. 홍콩 정부는 2019년 10월 5일부터 '범죄인 인도법' 반대 시위대의 마스크 착용을 금지하는 '복면금지법'을 전면 시행했다. 복면금지법을 시행할 것이라는 소식이 전해지자 홍콩 시내 곳곳에는 시민들이 쏟아져 나와 항의 시위를 벌였다.

홍콩인권법

미국 상원에서 만장일치로 통과된 홍콩인권법은 홍콩인권·민주주의법과 홍콩보호법으로 나뉜다. 홍콩인권법은 홍콩의 자치 수준을 미국이 1년에 한 번 평가하고 홍콩의 자유를 억압하는 인물을 제재하는 내용이다. 홍콩보호법은 최루탄과 고무탄, 전기충격기 등 집회·군중을 통제하기 위한 일체의 장비를 홍콩에 수출하는 것을 금지하는 것이다.

08 파이브 아이즈 Five Eyes

영어권 5개국이 참여하고 있는 기밀정보 동맹체

미국, 영국, 캐나다, 호주, 뉴질랜드 등 영어권 5개국이 참여하고 있는 기밀정보 동맹체다. 2013년 6월 미국 국가안보국(NSA) 요원이던 에드워드 스노든에 의해 그 실상이 알려졌다. 당시 스노든이 폭로한 NSA의 도·감청 기밀문서를 통해 미국 NSA가 영국·캐나다·호주·뉴질랜드 정보기관과 협력해 벌인 다양한 첩보활동의 실태가 드러났다. 파이브 아이즈는 1946년 미국과 영국이 공산권과의 냉전에 대응하기 위해 비밀 정보교류 협정을 맺은 것이 시초로 1960년에 개발된 에셜론(Echelon)이라는 프로그램을 통해 전 세계 통신망을 취합한 정보를 공유하는 것으로 알려져 있다.

09 고위공직자범죄수사처(공수처)

고위공직자의 범죄 사실을 수사하는 독립된 기관

대통령을 비롯해 국회의원, 국무총리, 검사, 판사, 경무관급 이상 경찰 등 고위공직자들이 직무와 관련해 저지른 범죄에 대한 수사를 전담하는 기구로, 줄여서 '공수처'로 부른다. 공수처 설치는 1996년 참여연대가 고위공직자비리수사처를 포함한 부패방지법안을 입법 청원한 지 23년, 고(故) 노무현 전 대통령이 2002년 대선공약으로 내건 지 17년 만인 2019년 12월 30일 입법화가 이뤄졌다. 2021년 1월 21일에 공수처가 공식 출범되면서 초대 공수처장으로 김진욱 헌법재판소 전 선임연구관이 임명됐다.

고위공직자범죄수사처 설치 및 운영에 관한 법률 주요 내용

수사대상		대통령, 국회의장·국회의원, 대법원장·대법관, 헌재소장·재판관, 검찰총장, 국무총리, 중앙행정기관·중앙선관위·국회·사법부 소속 정무직 공무원, 대통령비서실·국가안보실·대통령경호처·국정원 소속 3급 이상 공무원, 광역자치단체장·교육감, 판사·검사, 경무관급 이상 경찰, 군 장성 등
수사대상 범죄		직무유기·직권남용죄 등 형법상 공무원 직무 관련 범죄, 횡령·배임죄, 변호사법·정치자금법·국정원법·국회증언감정법·범죄수익은닉규제법 위반 등(수사과정에서 인지한 범죄 포함)
구 성		공수처장 및 차장 각 1명(임기 3년, 중임 불가), 검사 23명(임기 3년, 3번 연임 가능), 수사관 40명(임기 6년, 연임 가능)
권 한	원 칙	수사권, 영장청구권, 검찰 불기소처분에 대한 재정신청권
	예 외	기소권 및 공소유지권(판사·검사, 경무관급 이상 경찰 대상)

10 패스트트랙

쟁점 법안의 빠른 본회의 의결을 진행하기 위한 입법 시스템

발의된 국회의 법안 처리가 무한정 미뤄지는 것을 막고, 법안을 신속하게 처리하기 위한 제도이다. 우리나라의 입법 과정은 해당 분야를 담당하는 상임위원회의 의결 → 법제사법위원회의 의결 → 본회의 의결 → 대통령 거부권 행사 여부 결정 순으로 진행된다. 본회의 의석수가 많더라도 해당 상임위 혹은 법사위 의결을 진행시킬 수 없어 법을 통과시키지 못하는 경우가 있는데, 이런 경우 소관 상임위 혹은 본회의 의석의 60%가 동의하면 '신속 처리 안건'으로 지정하여 바로 본회의 투표를 진행시킬 수 있다. 하지만 이를 위해 상임위 심의 180일, 법사위 회부 90일, 본회의 부의 60일, 총 330일의 논의 기간을 의무적으로 갖게 된다.

패스트트랙으로 지정된 사례
- 사회적 참사 특별법
- 유치원 3법
- 2019년 패스트트랙 지정 4개 법안

11 검·경 수사권 조정안

수사·기소를 분리한 검·경 수사권 조정안

검·경 수사권 조정안은 ▲ 검사 수사지휘권 폐지 ▲ 경찰 1차 수사종결권 부여 ▲ 검사 직접 수사범위 제한 등 검찰 권한을 분산하는 내용이 핵심이다. 2020년 1월 13일 이 같은 내용의 검·경 수사권 조정법안 (형사소송법·검찰청법 개정안)이 통과되며 검찰의 수사지휘권은 1954년 형사소송법이 제정된 지 66년 만에 폐지됐다. 그간 형사소송법은 검사를 수사권의 주체로, 사법경찰관은 검사의 지휘를 받는 보조자로 규정해왔다. 그러나 개정안 통과로 검·경 관계는 '지휘'에서 '협력'으로 바뀌었다. 경찰에 1차적 수사종결권 을 부여한 점도 개정안의 핵심이다. 경찰은 혐의가 인정되지 않는다고 판단한 사건을 자체 종결할 수 있다. 2020년 10월 29일 검·경 수사권 조정을 위한 검찰청법과 형사소송법 시행령이 국무회의를 통과해 2021년 1월 1일부터 시행됐다. 검찰의 직접수사 범위도 제한됐다. 시행령에 따르면 검찰 직접 수사 대상은 ▲ 4급 이상 공직자 ▲ 3,000만원 이상의 뇌물 사건 ▲ 5억원 이상의 사기·횡령·배임 등 경제범죄 ▲ 5,000만원 이상의 알선수재·배임수증재·정치자금 범죄 등이다.

국가수사본부(국수본)
검·경 수사권 조정 이후 경찰이 1차적 수사종결권을 갖게 되며 새롭게 설치된 수사기관으로 2021년 출범했 다. 일반 경찰과 수사 경찰을 분리해 경찰의 수사 컨트롤타워 역할을 수행하여 한국판 FBI라 불린다.

국가수사본부 조직도

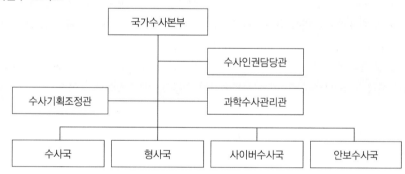

12 슬로벌라이제이션 Slowbalisation

국제 공조와 통상이 점차 느려지는 상황

영국의 경제 전문 주간지 〈이코노미스트〉가 2020년 커버스토리를 통해 진단한 세계경제 흐름이다. 세계화(Globalization)의 속도가 점차 늦어진다(Slow)는 의미를 담고 있다. 2008년 미국발 금융위기로 인해 많은 국가들이 자국 산업의 보호를 위해 부분적 보호무역주의를 실시했고 코로나19 사태 이후 이 같은 경향이 심화되면서 이러한 진단이 나오게 되었다. 개발도상국의 성장으로 무역 시장의 역할 변화가 이뤄지면서 선진국과 개도국의 관계가 상호 호혜적 관계에서 경쟁적 관계로 변화한 것이 큰 요인이라고 평가된다.

13 소프트파워 Soft Power

인간의 이성 및 감성적 능력을 포함하는 문화적 영향력

교육·학문·예술 등 인간의 이성 및 감성적 능력을 포함하는 문화적 영향력을 말한다. 군사력이나 경제력과 같은 하드파워(Hard Power)에 대응하는 개념으로 설득을 통해 자발적 순응을 유도하는 힘을 말한다. 21세기에 들어서며 세계가 군사력을 바탕으로 한 하드파워, 즉 경성국가의 시대에서 소프트파워를 중심으로 한 연성국가의 시대로 접어들었다는 의미로 하버드대 케네디스쿨의 '조지프 나이'가 처음 사용했다. 대중문화의 전파, 특정 표준의 국제적 채택, 도덕적 우위의 확산 등을 통해 커지며, 우리나라를 비롯한 세계 여러 나라에서 자국의 소프트파워를 키우고 활용하기 위한 노력을 계속하고 있다.

14 전범기업

전쟁 당시 침략국에게 군수물품을 납품해 성장한 기업

전쟁 중 군납 물품제조나 강제징용을 통해 침략국으로부터 경제적 이익을 얻어 성장한 기업을 일컫는다. 일제강점기 시절 일본 전범기업들은 조선인을 강제징용해 노동력을 착취하고 이로부터 나오는 막대한 이익을 통해 성장했다. 대표적인 기업으로 미쓰비시와 일본제철이 있다. 우리나라에서는 일본 전범기업이 강제징용 배상을 외면하는 등 반성의 기미가 보이지 않자 불매운동이 진행됐다.

15 샤리아법 Sharia Law

이슬람의 법체계

이슬람의 법체계다. 아랍어로 샤리아는 '물 마시는 곳으로 이끄는 길'이라는 말로 진리 또는 신께 다가가는 길이라는 뜻을 가지고 있다. 샤리아법은 일반적인 법체계와 달리 종교와 세속의 경계가 없어서 종교적인 측면뿐만 아니라 개인과 국가와의 관계, 가족, 생활관습, 사회, 정치 등 훨씬 포괄적인 영역에 대해 규정한다. 19세기 무슬림 사회의 서구화로 많은 변화가 일어났음에도 불구하고 여전히 무슬림들의 삶의 방식에 큰 영향력을 미치고 있다. 그러나 일부 내용을 해석하는 데 있어 학파마다 법을 적용하는 범위가 달라 일부 극단적인 성향의 집단에서는 인권탄압 등의 문제가 꾸준히 제기되고 있다. 지난 2021년 8월 15일 탈레반이 아프가니스탄의 수도 카불을 점령하며 20여 년 만에 정권을 재장악한 후 외국에 협조했던 이들에 대해 '샤리아법'에 따라 대대적 탄압을 단행했다.

16 부동산 3법

부동산과 관련된 종합부동산세법 · 법인세법 · 소득세법

부동산 3법은 부동산과 관련된 종합부동산세법 · 법인세법 · 소득세법을 통칭하여 부르는 말이다. 2020년 8월에는 7 · 10 부동산 대책에 대한 후속 입법절차로 국회에 개정 부동산 3법이 통과됐다. 개정 부동산 3법은 3주택 이상이나 투기조정대상지역 2주택 소유자의 종합부동산세 최고 세율을 6.0%로 높이고, 2년 미만 단기 보유 주택과 다주택자의 투기조정대상지역 내 주택 양도세 중과세율을 올리는 것이 주요 내용이다.

부동산 3법 주요 내용(2020.12.29. 개정)

종합부동산세법	고액의 부동산 보유자에 대하여 개인의 경우 3주택 이상 및 조정대상지역 2주택에 대해 과세표준 구간별로 1.2% ~ 6.0%의 세율을 적용하며, 법인은 다주택 보유 법인에 대해 중과 최고 세율인 6%를 적용한다.
법인세법	법인이 보유한 주택을 양도할 때 추가세율이 인상된다. 또 법인의 주택 양도차익에 대해 기본 법인세율(10 ~ 25%)에 더해 추가 과세되는 세율이 기존 10%에서 20%로 인상된다.
소득세법	양도소득세제상 주택 수 계산 시 분양권이 포함된다. 1세대 1주택(고가주택)에 대한 장기보유특별공제율 적용 요건에 거주기간이 추가된다.

17 SLBM(잠수함발사탄도미사일)

잠수함에서 발사되는 탄도미사일

잠수함에 탑재되어 잠항하면서 발사되는 미사일 무기로, 대륙간탄도미사일(ICBM), 다탄두미사일(MIRV), 전략 핵폭격기 등과 함께 어느 곳이든 핵탄두 공격을 감행할 능력을 갖췄는지를 판단하는 기준 중 하나다. 잠수함에서 발사할 수 있기 때문에 목표물이 본국보다 해안에서 더 가까울 때에는 잠수함을 해안에 근접시켜 발사할 수 있으며, 조기에 모든 미사일을 탐지하기가 어렵다는 장점이 있다. 북한은 2021년 초 미국 바이든 행정부 출범을 앞두고 신형 잠수함발사탄도미사일(SLBM) '북극성-5형'을 공개했다. 우리나라는 지난 2021년 9월 15일 독자개발한 SLBM 발사시험에 성공하면서 세계 7번째 SLBM 운용국이 됐다.

> **대륙간탄도미사일(ICBM)**
> 대륙간탄도미사일은 대륙간탄도탄이라고도 한다. 미국보다 러시아가 먼저 1957년 8월에 개발하였고, 미국은 1959년에 실용화하였다. 일반적으로 5,000km 이상의 사정거리를 가진 탄도미사일을 말하며, 보통 메가톤급의 핵탄두를 장착하고 있다.

18 공정경제 3법

상법·공정거래법·금융그룹감독법 개정에 관한 법률

기업 지배구조 개선과 대기업의 부당한 경제력 남용 근절을 목적으로 발의된 상법 개정안과 공정거래법 개정안, 그리고 금융그룹감독에 관한 법률 개정안이다. 2020년 8월에 국무회의에서 의결되어 같은 해 12월 9일 열린 본회의에서 가결됐다. 공정경제 3법 개정안을 통해 소액주주의 경영감독권이 강화되어 불법적 승계를 위한 기업의 자회사 설립 등을 방지할 수 있게 됐다. 공정경제 3법 도입 이후 규제대상 기업은 607개사에 달하며 금융복합기업집단으로 지정된 경우 별도 감독이 실시된다.

공정경제 3법 주요 내용

상법	소액주주의 경영감독권을 강화하는 '다중대표소송제', 감사위원의 독립성 보장을 위한 '분리선출제', 감사위원 분리선출 시 대주주의 의결권을 3%로 제한하는 '3%룰'이 주 내용이다.
공정거래법	담합 행위에 대한 공정거래위원회의 '전속고발권'을 폐지하고 상장사에 대한 사익편취 규제 기준을 지분율 30%에서 20%로 하향한다.
금융그룹감독법	계열사가 2개 이상의 금융업을 영위하며 소속 금융사 자산이 5조원 이상일 경우 복합금융그룹으로 지정되어 금융당국의 감독을 받는다.

19 오커스 AUKUS

미국, 영국, 호주 등 3국이 출범한 외교안보 3자 협의체

오커스는 미국과 영국, 호주가 2021년 9월 15일 발족한 안보협의체다. 호주(Australia), 영국(United Kingdom), 미국(United States)의 국가명 앞 글자를 따 이름이 붙여졌다. 3국이 정기적으로 교류하며, 인도 태평양 지역의 안보와 평화 구축을 위해 출범했다. 미국과 영국이 호주의 핵잠수함 개발을 지원하는 것이 주요 계획이다. 미국이 태평양 지역에서 중국을 견제하기 위한 목적으로 출범했다는 분석이 나온다.

20 보아오포럼

중국 하이난 보아오에서 개최되는 경제포럼

비영리적·비정부적 기구인 보아오포럼 사무국이 매년 중국 하이난에 위치한 보아오에서 개최하는 경제포럼이다. 스위스 다보스에서 열리는 다보스포럼(WEF ; World Economic Forum)과 비슷한 성격을 가져 아시아판 다보스포럼으로 불리기도 한다. 2001년 처음 개최됐으며, 현재 한국·중국·일본 등 29개의 국가가 보아오포럼에 참여하고 있다. 호크 호주 전 총리와 라모스 필리핀 전 대통령이 함께 아시아판 다보스포럼을 구상한 것이 보아오포럼의 시작이다. 포럼에는 정부 관계자뿐만 아니라 기업, 개인까지 참여하고 있으며 2018년에는 반기문 전 유엔총장이 보아오포럼의 이사장으로 당선됐다.

21 탄소국경세 CBAM ; Carbon Border Adjustment Mechanism

탄소국경조정제도

이산화탄소 배출이 많은 국가에서 생산·수입되는 제품에 부과하는 관세로 '탄소국경조정제도'라고도 한다. 미국 조 바이든 행정부와 유럽연합(EU)이 주도적으로 추진하고 있다. 특히 EU는 2021년 7월, 2030년 유럽의 평균 탄소배출량을 감축하기 위한 입법패키지 '핏포 55(Fit for 55)'를 발표하면서 탄소국경세 입법안도 함께 공개했다. 유럽 역내로 수입되는 제품 가운데 자국 제품보다 탄소배출량이 많은 제품에 관세를 부과하는 조치다. EU는 2023년부터 시멘트, 알루미늄, 전기, 철강, 비료 등 탄소배출이 많은 품목에 탄소국경세를 시범적으로 시행한 뒤 2025년부터 단계적으로 시행한다는 계획이다.

안심Touch

22 브렉시트 Brexit

영국의 유럽연합 탈퇴

영국(Britain)과 탈퇴(Exit)를 합쳐서 만든 합성어로 영국의 유럽연합(EU) 탈퇴를 의미한다. 영국과 EU의 관계는 1973년 EU의 전신인 유럽경제공동체(EEC)에 가입 후 47년간 이어졌으나 2016년 브렉시트 국민투표를 통해 논의가 시작됐다. 테리사 메이 전 총리가 2017년 3월 EU 탈퇴에 서명하며 리스본 조약 50조가 발동됐다. 보리스 존슨 총리가 2019년 10월 EU 탈퇴협정을 최종으로 체결했고, 2020년 1월 31일에는 EU 회원국이 브렉시트를 최종 승인했다. 다만 원활한 브렉시트의 진행을 위해 같은 해 12월 31일까지 영국의 EU 회원국 대우를 유지했다. 영국이 EU와 설정한 브렉시트(Brexit) 전환기간이 종료되며 2021년부터 공식 발효됐다.

리스본 조약
- 모든 회원국은 자국의 헌법규정에 의거해 EU 탈퇴 결정이 가능하다(50조 1항).
- 탈퇴협정 발표일 혹은 탈퇴 통보 후 2년 경과시점부터 리스본 조약 효력이 중단된다. 단, 회원국 만장일치 시 탈퇴 통보 후 주어지는 기간(2년) 연장이 가능하다(50조 3항).

브렉시트 이후 영국과 EU의 새 미래관계 협상

상품교역	무관세·무쿼터 교역은 지속, 검역·관세 국경 신설
이 주	영국인, EU 내 이동의 자유 제한
어 업	• 영국수역 내 EU 어획량 쿼터 25% 삭감 합의(향후 5년간 진행) • EU 어선의 영국 수역접근권은 매년 협상 예정
공정경쟁환경	• 공정경쟁환경을 보장하는 공통의 법적구속력이 있는 원칙에 합의 • 양측 규제가 달라지는 상황에 대비하여 재균형 매커니즘 구축
안 보	영국은 유럽사법협력기구, 유럽경찰청 회원국 탈퇴

02 경제·경영·금융

23 신용점수제

신용등급제를 대체하는 개인신용평가 점수 제도

개인신용평가 기준을 1~1,000점까지의 점수로 부여하는 제도이다. 기존 신용등급제를 대체해 2021년 1월 1일부터 전 금융권에서 전면 시행됐다. 신용점수제가 실시되면서 신용평가를 할 때 등급에 따라 평가하는 것이 아니라 실제 신용상태를 적용해 세분화된 점수를 적용한다. 신용평가사(CB사)인 나이스평가정보와 코리아크레딧뷰로(KCB)는 개인의 신용등급을 산정하지 않고 신용점수만 산정해 금융사와 소비자 등에 제공한다. 근소한 차이로 하위 등급을 받은 사람이 대출 등에 제약을 받았던 문턱 효과가 완화되고 좀 더 정교한 여신심사가 가능해진다.

24 분양가상한제

초강력 주택가격 상승 억제책

건설사가 아파트를 짓고 최초 분양할 때 정부가 나서서 매매가를 일정 이상 넘지 못하도록 제한하는 제도이다. 본래 공공주택의 경우 실시했던 분양가상한제를 투기과열지구의 민간주택에까지 확장시키도록 변경되었다. 분양가상한의 기준은 '감정평가된 아파트 부지의 금액 + 정부가 정해놓은 기본형 건축비 + 가산비용'으로 결정된다.

25 더블딥 Double Dip

회복된 경제가 다시 침체기로 들어가는 현상

침체기를 벗어난 경제가 다시 불황에 빠지는 현상이다. '두 번'이라는 뜻의 '더블(Double)'과 '내려가다'라는 뜻의 '딥(Dip)'을 더한 말이다. 경제하강과 상승을 두 번 반복하는 W자형 경제구조라고 볼 수 있다. 우리말로는 이중하강이라고 부른다. 경기침체에 빠진 뒤 다시 회복해도 기업의 경영부진으로 인한 실업률이 올라가며 소비력이 줄어들어 다시 경기침체에 빠지는 구조다. 1930년대 발생한 미국 대공황이 더블딥의 대표적 사례다. 더블딥에서 한 번 더 경기침체에 빠지면 트리플딥이 된다. 불황을 겪고 재빨리 회복하는 V자형 그래프와 불황에서 머문 뒤 천천히 회복하는 U자형 그래프도 있다.

26 신 파일러 Thin Filer

신용을 평가할 금융 거래 정보가 거의 없는 사람

영어로 얇다는 뜻의 'Thin', 서류라는 뜻의 'File', '~하는 사람'이라는 의미를 가진 접미사 'er'이 합쳐져 만들어진 용어로, 서류가 얇은 사람을 말한다. 이는 신용을 평가할 수 없을 정도로 금융거래 정보가 거의 없는 사람을 지칭한다. 구체적으로는 최근 2년 동안 신용카드 사용 내역이 없고, 3년간 대출 실적이 없을 때를 가리킨다. 20대 사회 초년생이나 60대 이상 고령층이 주로 이에 해당한다. 신용정보가 부족하다는 이유에서 낮은 신용점수로 평가되어 대출 금리를 낮게 적용받기 어렵다.

27 자이낸스 Zinance

디지털 활용 및 모바일 플랫폼 사용에 익숙한 Z세대와 금융을 합한 신조어

디지털 활용 및 모바일 플랫폼 사용에 익숙한 'Z세대'와 '금융(Finance)'을 합한 신조어를 말한다. Z세대는 아직 자산과 소득이 적지만 과감한 레버리지(대출)로 소비와 투자에 적극적인 모습을 보인다. '영끌(영혼을 끌어 모은)대출'로 주식과 암호화폐 상승장을 주도하고 메타버스와 같은 새로운 플랫폼에서 종횡무진하는 등 금융시장에서 매우 큰 영향력을 행사하고 있다. MZ세대를 고객으로 끌어 모은 카카오뱅크, 토스, 카카오페이, 네이버파이낸셜 등은 앱의 편리성과 친숙함을 앞세워 순식간에 '데카콘 기업(기업가치 100억달러 이상 신생기업)'으로 성장했다.

28 뉴 노멀 New Normal

시대 변화에 따라 새롭게 부상하는 기준이나 표준

뉴 노멀은 2008년 글로벌 경제 위기 이후 등장한 새로운 세계 경제질서를 의미한다. 2003년 벤처투자가인 로저 맥너미가 처음 제시하였고 2008년 세계 최대 채권운용회사 '핌코'의 경영자인 무하마드 엘 에리언이 다시 언급하면서 확산됐다. 주로 과거에 대한 반성과 새로운 질서를 모색하는 시점에 등장하는데 2008년 경제 위기 이후 나타난 저성장, 높은 실업률, 규제 강화, 미국 경제 역할 축소 등이 뉴 노멀로 지목된 바 있다. 최근에는 사회 전반적으로 새로운 기준이나 표준이 보편화되는 현상을 이르기도 하며 우리말로는 '새 일상', '새 기준'으로 대체할 수 있다.

29 그린플레이션 Greenflation

탄소규제 등의 친환경정책으로 원자재 가격이 상승하면서 물가가 오르는 현상

친환경을 뜻하는 '그린(green)'과 화폐가치 하락으로 인한 물가상승을 뜻하는 '인플레이션(Inflation)'의 합성어다. 친환경정책으로 탄소를 많이 배출하는 산업을 규제하면 필수원자재 생산이 어려워지고 이것이 생산감소로 이어져 가격이 상승하는 현상을 가리킨다. 인류가 기후변화에 대응하기 위해 노력할수록 사회 전반적인 비용이 상승하는 역설적인 상황을 일컫는 말이다. 대표적인 예로 재생에너지 발전 장려로 화석연료 발전설비보다 구리가 많이 들어가는 태양광·풍력 발전설비를 구축해야 하는 상황이 해당된다. 이로 인해 금속원자재 수요가 급증했으나 원자재 공급량이 줄어들면서 가격이 치솟았다.

30 DSR(총부채원리금상환비율)

대출자의 소득 대비 전체 금융부채의 원리금 상환액 비율

대출을 받고자 하는 사람의 소득 대비 전체 금융부채의 원리금 상환액을 연간 소득으로 나눈 비율을 말한다. DSR(Debt Service Ratio)은 다른 말로 총체적상환능력비율이라고도 한다. 2016년 금융위원회가 대출 상환 능력을 심사하기 위해 마련한 대출심사 지표이며 심사 시 개인의 모든 대출에 대해 원리금 상환부담을 계산한다. 주택담보대출과 신용대출, 카드론 등을 비롯한 모든 금융권에서의 대출원리금 부담을 반영한다. 이 때문에 DSR을 도입하면 연소득은 그대로인 상태에서 금융부채가 커지기 때문에 일반적으로 대출한도가 대폭 축소된다. 우리나라는 2021년 7월 1일부터 개인별 대출규제가 강화되면서 개인 DSR 40%로 규제 적용 대상이 확대됐다.

31 빅테크 Big Tech

대형 정보기술기업

구글이나 아마존, 페이스북, 애플 등의 대형 정보기술(IT) 기업을 뜻한다. 국내에서는 주로 네이버와 카카오 처럼 온라인 플랫폼 제공 사업을 핵심으로 하다가 금융시장에 진입한 기업을 지칭하는 용어로 쓰인다. 이들 은 송금과 결제뿐만 아니라 자산관리, 보험판매 시장까지 진출하는 동시에 조세회피 지역에 법인을 설립해 운영하면서도 독점적인 지위를 강화하고 있다. 최근 빅테크 기업들의 영향력이 커지면서 이들의 과도한 영향력을 우려한 반발작용으로서 '테크래시(Techlash)'가 발생하기도 한다. 이에 미국과 중국 등의 각국 정부는 빅테크 기업을 견제하기 위해서 적극적으로 움직이고 있다.

안심Touch

32 사모펀드

비공개적으로 소수의 투자자로부터 돈을 모아 기업을 사고파는 것을 중심으로 운영되는 펀드

소수의 투자자로부터 모은 자금을 주식·채권 등에 운용하는 펀드로, 49인 이하 투자자에게 비공개로 자금을 모아 투자하는 상품을 말한다. 사모펀드는 자산가를 중심으로 비공개적으로 설정되는 경우가 대부분이어서 가입 기회가 많지 않고 최저 가입액도 많아 문턱이 높은 편이다. 또 금융 당국의 투자자 보호 등의 규제가 가장 느슨하기 때문에 가입자 스스로 상품 구조나 내용을 정확히 파악할 수 있어야 한다. 사모펀드는 절대 수익을 추구하는 전문투자형 사모펀드(헤지펀드)와 회사경영에 직접 참여하거나 경영·재무 자문 등을 통해 기업 가치를 높이는 경영참여형 사모펀드(PEF)로 나뉘게 된다.

사모펀드와 공모펀드 차이점

구 분	사모펀드	공모펀드
투자자	49인 이하	다수
모집방법	비공개	광고 등 공개적인 방법
규 제	증권신고서 제출 의무 없음	상품 출시 전 증권신고서 금감원에 제출 및 승인 필요
투자제한	투자 대상이나 편입 비율 등 제한 있음	제한 없음
투자금액	대개 1억원 고액	제한 없음

33 스팩 SPAC

타 기업과의 합병과 인수를 목적으로 만든 페이퍼컴퍼니

아직 상장하지 않은 타 기업과의 합병 또는 인수를 목적으로 만든 페이퍼컴퍼니를 말한다. 스팩(SPAC)은 'Special Purpose Acquisition Company'의 약자로 특별한 목적을 가진 회사라는 뜻이다. 기업이 몸집을 불리기 위해서는 다른 회사와 인수합병(M&A)이 필요한데 스팩 상장으로 M&A 비용을 조달받는 것이다. 스팩주는 3년 내에 목적을 달성하지 못하면 상장폐지된다. 상장폐지되더라도 투자 원금과 3년 치의 예금이자 수준을 받을 수 있기 때문에 비교적 안전한 투자라는 평가가 있지만, 비우량 기업과 인수합병을 하면 주가하락으로 투자금에 손실이 갈 위험이 존재한다.

34 퀵커머스

유통업계에서 운영하는 즉시배송 서비스

물품을 빠르게 배송한다는 의미의 '퀵(Quick)'과 상거래를 뜻하는 '커머스(Commerce)'의 합성어로 유통업계의 즉시배송, 혹은 빠른배송 서비스를 뜻한다. 소비자가 상품을 주문하는 즉시 배송이 시작되며 일반적으로 30분 이내에 배송을 완료하는 것을 목표로 한다. 식품이나 음료는 물론 신선식품이나 밀키트, 의류, 도서, 애견상품 등을 판매·배송하고 있다. 국내 유통시장에서는 지난 2018년 12월부터 시작한 배달의민족의 'B마트'가 대표적이다. 코로나19의 장기화로 언택트소비가 늘어나면서 퀵커머스 서비스의 수요가 증가하자 관련 기업들이 앞다퉈 퀵커머스 서비스 도입 및 관련 플랫폼 사업을 추진하고 있다.

35 기대 인플레이션

경제주체가 예측하는 미래의 물가상승률

기업, 가계 등의 경제주체가 예측하는 미래 물가상승률을 말한다. 기대 인플레이션은 임금, 투자 등에 영향을 미치는 중요한 지표로 사용되고 있다. 노동자는 임금을 결정할 때 기대 물가수준을 바탕으로 임금상승률을 협상한다. 또한 인플레이션이 돈의 가치가 떨어지는 것이기 때문에 기대 인플레이션이 높아질수록 화폐의 가치가 하락해 부동산, 주식과 같은 실물자산에 돈이 몰릴 확률이 높아진다. 우리나라의 경우 한국은행이 2002년 2월부터 매월 전국 56개 도시 2,200가구를 대상으로, 매 분기 첫째 달에는 약 50명의 경제전문가를 대상으로 소비자물가를 예측하고 있다.

36 쇼퍼블

쇼핑과 결제가 즉시 가능한 온라인 쇼핑 시스템

쇼핑과 결제가 즉시 가능한 온라인 쇼핑 시스템을 말한다. 소비자가 인스타그램, 페이스북과 같은 SNS를 하다가 게시물이나 스토리에 걸린 태그를 통해 상품을 구매하는 것이다. 유튜브 광고 재생 중 바로 구매할 수 있는 링크를 첨부하는 것이 쇼퍼블의 한 예다. 쇼핑몰 홈페이지에 방문하지 않아도 바로 가격을 확인할 수 있고 간편결제 시스템의 발달로 원하는 물건을 쉽게 구매할 수 있는 것이 장점이다. 디지털마케팅이 확대되며 쇼퍼블시장은 더 커질 전망이다.

37 일반특혜관세제도 GSP

개발도상국에서 수입하는 제품에 무관세 또는 낮은 세율을 부과하는 제도

선진국이 개발도상국으로부터 수입하는 농수산품·완제품 및 반제품에 대하여 일반적·무차별적·비상호주의적으로 관세를 철폐 또는 세율을 인하해주는 제도를 의미한다. 여기서 일반적이라 함은 기존특혜가 몇 개 국가에 국한된 데 비하여, 일반특혜관세제도는 범세계적인 것임을 의미한다. 또 무차별적·비상호주의적이란 지역통합·자유무역지역 및 관세동맹으로 동맹에 가입되지 않은 국가들로부터의 수입품에 관세를 부과하는 차별을 배제한다는 것을 내포한다. 특혜관세의 편익은 ① 경제 개발도상 단계에 있는 국가로서, ② 특혜의 편익을 받기를 희망하는 국가 중에서, ③ 공여국이 적당하다고 인정하는 국가에 대해서 공여된다.

38 K자형 회복

코로나19로 심화되는 경제 양극화

코로나19로 경제 양극화가 심화되는 모습을 말한다. 상·하단의 간격이 점차 벌어지는 알파벳 K의 모습처럼 코로나19로 계층과 업종의 격차는 더 뚜렷해져 사회·경제적 불균형이 더 심해지는 것을 의미한다. 코로나19가 장기화되면서 반도체, 바이오 분야와 같은 특정 분야는 호황을 누리는 반면 서비스업, 숙박업, 요식업 등은 경기 침체의 직격탄을 맞고 있다. 또한 고학력·고소득일수록 경제적 타격에 의한 회복 속도가 더 빠른 것으로 나타났다. 이 현상은 국가 간에도 나타나고 있는데 팬데믹에 대응하는 의료·방역 수준이 국가마다 다르기 때문에 글로벌 경기회복 불균형 현상은 더 심해질 것으로 예측하고 있다.

39 캐리트레이드 Carry Trade

국가별 금리 차이를 이용해 수익을 내고자 하는 투자 행위

금리가 낮은 국가에서 자금을 차입해 이를 환전한 후 상대적으로 금리가 높은 국가의 자산에 투자해 수익을 올리고자 하는 거래를 말한다. 이때 저금리국가의 통화를 '조달통화', 고금리국가의 통화를 '투자통화'라고 부른다. 수익은 국가 간의 금리 또는 수익률 차에 의해 발생하는 부분과 환율 변동으로 인해 발생하는 환차익으로 나누어진다. 캐리트레이드가 통상적인 금리 차 거래와 구분되는 점은 금리 차에 의한 수익과 환율 변동에 의해 발생하는 수익을 동시에 추구한다는 데 있다.

40 테이퍼링 Tapering

경제 회복세가 보이면 시중에 푼 돈을 줄이는 것

중앙은행이 국채 매입 등으로 통화량을 늘리는 정책인 양적완화를 점진적으로 축소하는 것을 말한다. 즉, 경제가 침체되면 돈을 풀고 회복세를 보이면 시중에 푼 돈을 점차 줄여 나가는 것이다. 테이퍼링(Tapering)은 '점점 가늘어지는'이라는 뜻의 영단어다. 원래는 마라톤 용어로 사용되었으나 2013년 당시 미국 중앙은행인 연방준비제도(FED, 연준) 의장이었던 벤 버냉키가 처음 언급한 이후 경제용어로 쓰이고 있다. 미국이 테이퍼링을 시행하면 시장에 도는 돈이 줄어들기 때문에 금리와 환율이 상승한다. 또한 주가가 하락하는 모습을 보이기도 한다.

41 펀슈머

소비하는 과정에서 즐거움을 추구하는 소비자

즐기다(Fun)와 소비자(Consumer)의 합성어로, 일반적으로 필요한 상품을 소비하는 과정을 넘어 소비하는 과정에서 즐거움을 찾는 소비자를 의미한다. 펀슈머는 타인이 보기에는 별로 쓸모가 없더라도, 사용하는 과정에서 '내'가 즐거움을 느낄 수 있다면 제품을 선택하는 경향을 보인다. 펀슈머를 대상으로 한 상품의 특징은 SNS를 통한 정보 공유가 활발해 짧은 기간 내에도 입소문이 난다는 특징이 있다. 바나나맛 우유 화장품, 장난감을 좋아하는 아이 취향의 어른인 키덜트의 등장은 각각 펀슈머를 공략하기 위한 제품과 펀슈머 소비자층의 대표적인 사례로 볼 수 있다.

> **키덜트족**
> 키드(Kid)와 어덜트(Adult)의 합성어로, 성인이 되었는데도 여전히 어렸을 적의 분위기와 감성을 간직한 사람들을 일컫는다.

03 사회·노동·환경

42 백래시 Backlash

사회적·정치적 변화에 따라 대중에게서 나타나는 강한 반발

흑인인권운동, 페미니즘, 동성혼 법제화, 세금 정책, 총기 규제 등 사회·정치적 움직임에 대해 반대하는 사람들이 단순한 의견개진부터 시위나 폭력과 같은 행동을 통해 자신의 반발심을 표현하는 것을 뜻한다. 주로 진보적인 사회변화로 인해 기득권의 영향력 및 권력에 위협을 느끼는 사람들에 의해 일어난다. 대표적으로 1960년대 흑인인권운동에 대한 백인 차별주의자들의 반발을 화이트 백래시(White Backlash)라고 불렀으며, 2016년 치러진 미국 대선에서 도널드 트럼프 전 대통령이 당선된 것도 화이트 백래시로 보는 견해가 있다.

43 인구절벽

생산가능인구(만 15 ~ 64세)의 비율이 급속도로 줄어드는 사회경제 현상

한 국가의 미래성장을 예측하게 하는 인구지표에서 생산가능인구인 만 15세 ~ 64세 비율이 줄어들어 경기가 둔화하는 현상을 가리킨다. 이는 경제 예측 전문가인 해리 덴트가 자신의 저서 〈인구절벽(Demographic Cliff)〉에서 사용한 용어로 청장년층의 인구 그래프가 절벽과 같이 떨어지는 것에 비유했다. 그에 따르면 한국 경제에도 이미 인구절벽이 시작돼 2024년부터 '취업자 마이너스 시대'가 도래할 전망이다. 취업자 감소는 저출산·고령화 현상으로 인한 인구구조의 변화 때문으로, 인구 데드크로스로 인해 중소기업은 물론 대기업까지 구인난을 겪게 된다.

> **인구 데드크로스**
> 저출산·고령화 현상으로 출생자 수보다 사망자 수가 많아지며 인구가 자연 감소하는 현상이다. 우리나라는 2020년 출생자 수가 27만명, 사망자 수는 30만명으로 인구 데드크로스 현상이 인구통계상에서 처음 나타났다. 인구 데드크로스가 발생하면 의료 서비스와 연금에 대한 수요가 늘어나며 개인의 공공지출 부담이 증가하게 된다. 또한 국가 입장에서는 노동력 감소, 소비위축, 생산 감소 등의 현상이 동반되어 경제에 큰 타격을 받는다.

44 미닝아웃 Meaning-out

소비에 자신의 신념을 투영하는 것

자신의 신념을 세상 밖에 내비친다는 뜻으로 신념을 뜻하는 '미닝(Meaning)'과 '커밍아웃(Coming Out)'의 합성어다. 소비 하나에도 자신의 정치적·사회적 신념을 내비치는 MZ세대의 소비형태를 말한다. 미닝아웃은 의식주 전반에 걸쳐 나타나는데 착한소비를 위해 비건 음식을 구매하거나 친환경 옷을 골라 산 뒤 SNS에 구매 인증사진을 업로드한다. 타인에게 선한 영향력을 끼친 점주나 브랜드의 매출을 올려주며 돈으로 혼쭐을 내준다는 '돈쭐'도 미닝아웃의 한 형태. 미닝아웃의 소비는 제품 자체를 구매하는 것보다 자신의 신념을 산다는 경향이 강하다.

45 소비기한

식품을 섭취해도 이상이 없을 것으로 판단되는 소비의 최종기한

소비자가 식품을 섭취해도 건강이나 안전에 이상이 없을 것으로 판단되는 소비의 최종기한을 말한다. 식품이 제조된 후 유통과정과 소비자에게 전달되는 기간을 포함한다. 단, 식품의 유통과정에서 문제가 없고 보관방법이 철저하게 지켜졌을 경우에 해당하며, 식품이 제조된 후 유통될 수 있는 기간을 의미하는 유통기한보다 길다. 2021년 6월 기준 우리나라는 일부 품목을 제외한 대부분의 식품에 유통기한을 표기하고 있지만 한국과 미국을 제외한 많은 국가에서는 이미 소비기한 표시제를 시행하고 있거나 소비기한과 유통기한을 병행하여 표기하고 있다.

46 그린워싱 Green Washing

친환경 제품이 아닌 것을 친환경 제품인 척 홍보하는 것

친환경 제품이 아닌 것을 친환경 제품으로 속여 홍보하는 것이다. 초록을 뜻하는 그린(Green)과 영화 등의 작품에서 백인 배우가 유색인종 캐릭터를 맡을 때 사용하는 화이트 워싱(White Washing)의 합성어로 위장 환경주의라고도 한다. 기업이 제품을 만드는 과정에서 환경오염을 유발하지만 친환경 재질을 이용한 제품 포장 등만을 부각해 마케팅하는 것이 그린워싱의 사례다. 2007년 미국 테라초이스가 발표한 그린워싱의 7가지 유형을 보면 ▲ 상충효과 감추기 ▲ 증거 불충분 ▲ 애매모호한 주장 ▲ 관련성 없는 주장 ▲ 거짓말 ▲ 유행상품 정당화 ▲ 부적절한 인증라벨이 있다.

47 라이프로그 Life Log

스마트 기기를 활용해 개인의 일상을 인터넷이나 스마트폰에 기록·저장하는 것

'삶의 기록'을 뜻하는 말로 스마트 기기 등을 활용하여 개인의 일상을 인터넷(SNS)이나 스마트폰 등에 기록·저장하는 것을 말한다. 취미·건강·여가 등에서 생성되는 생활 전반의 기록을 정리·공유하는 활동으로 '일상의 디지털화'라 할 수 있다. 일반적으로 라이프로그 시스템은 사용자가 경험하는 모든 정보를 기록할 수 있는 장치, 수집된 정보를 체계적으로 인식해 분류하는 장치, 분류된 방대한 정보를 저장하는 장치로 구성된다. 라이프로그는 사물인터넷(IoT), 웨어러블 기기, 클라우드 컴퓨팅, 빅데이터 등과 밀접한 관계를 맺고 있으며, 이러한 라이프로그를 남기는 행위를 '라이프로깅(Life Logging)'이라고 한다.

48 텐포켓

출산율 저하로 아이를 위해 온 가족이 지갑을 여는 현상

한 명의 자녀를 위해 부모와 친조부모, 외조부모, 이모, 삼촌 등 8명의 어른들이 주머니에서 돈을 꺼낸다는 의미인 에잇 포켓(Eight Pocket)에 주변 지인들까지 합세하는 것을 뜻하는 용어다. 이러한 경향은 출산율이 줄어들고 외동이 늘면서 남부럽지 않게 키우겠다는 부모의 마음, 조부모의 마음이 반영된 결과로 볼 수 있다. 텐포켓 현상으로 한 명의 아이를 위해 온 가족이 지갑을 열게 되면서 고가의 프리미엄 완구가 인기를 끌고 있다.

골드 키즈(Gold Kids)
최근의 저출산 현상과 맞물려 왕자나 공주와 같은 대접을 받으며 귀하게 자란 아이들을 의미하는 신조어다.

VIB(Very Important Baby)족
한 명의 자녀를 위해 아낌없이 지갑을 여는 부모를 의미하는 신조어다.

49 청년기본자산

경제학자 토마 피케티가 경제 불평등 해소를 위해 내놓은 청년복지 방안

청년기본자산은 프랑스 경제학자 토마 피케티가 경제 불평등 해소를 위해 청년에게 성인 평균자산 60%를 보편적 급여로 제공해 기본자산제를 형성하자고 제안한 방안이다. 2020년 피케티의 저서 〈자본과 이데올로기〉에서 처음 언급됐으며, 경제 양극화 해소를 위해서는 사적 소유에 부과되는 모든 세금을 누진 소유세로 통합하고, 그 재원을 청년 자본지원에 써 모두를 위한 사회적 상속을 실현하자고 주장했다. 우리나라 역시 청년기본소득 도입을 위한 사회정책으로 논의된 바가 있으며 일부 학자들에 의해 연구가 진행됐다. 모든 시민들에게 기본 소득을 보장하는 제도인 음소득세(Negative Income Tax)에 기초한 청년 '안심소득제(Safety Income)'를 도입해야 한다는 주장도 제기됐다.

> **안심소득제(Safety Income)**
> 연간 총소득이 기준소득(4인 가구 기준 5,000만원) 이하인 가구를 대상으로 기준소득에서 실제소득을 뺀 나머지 금액의 40%를 지원하는 제도를 말한다. 소득과 상관없이 지급하는 기본소득제와 달리 소득에 따라 지원을 달리하여 저소득층 중심의 지원을 하는 것이다.

50 그리드 패리티 Grid Parity

신재생에너지 발전비용과 화력발전의 원가가 같아지는 시점

석유, 석탄 등을 사용해 전기를 만드는 화력발전과 풍력, 수력, 태양광 등의 신재생에너지로 전기를 생산하는 원가가 같아지는 균형점을 말한다. 신재생에너지를 사용한 전기발전의 경우 건설비용이 화력발전보다 비싸 초기 경제성이 낮지만 발전비용이 저렴하기 때문에 차츰 경제성을 갖추게 된다. 그리드 패리티는 신재생에너지가 화력발전으로 인한 대기오염과 원료 고갈문제를 해결할 수 있다는 근거가 되기 때문에 중요하다. 그리드 패리티 도달조건으로는 국제유가 상승이 충족돼야 하며, 생산원가의 하락과 관련이 있는 그리드 패리티 기술과 관련된 부품의 가격이 하락해야 한다.

51 MZ세대

디지털 환경에 익숙한 밀레니엄 세대와 Z세대를 부르는 말

1980년대 ~ 2000년대 초 출생해 디지털과 아날로그를 함께 경험한 밀레니얼 세대(Millennials)와 1990년 중반 이후 디지털 환경에서 태어난 Z세대(Generation Z)를 통칭하는 말이다. 이들은 일에 대한 희생보다 스포츠, 취미 활동, 여행 등에서 삶의 의미를 찾으며 여가와 문화생활에 관심이 많다. 경제활동인구에서 차지하는 비율이 점차 높아지고 있으며, 향후 15년간 기존 세대를 뛰어넘는 구매력을 가질 것으로 평가된다. 디지털 미디어에 익숙하며 스포츠, 게임 등 동영상 콘텐츠를 선호한다.

52 P4G Partnering For Green Growth and the Global Goals

녹색성장 및 글로벌목표 2030을 위한 연대

녹색성장 및 글로벌목표 2030을 위한 연대다. 기후변화에 적절하게 대응하면서 식량, 도시, 에너지, 물, 순환경제에 대한 해결책을 만들어 개도국이 지속가능한 발전을 하도록 돕는 것이 목적이다. 2011년 덴마크 주도로 출범한 3GF(Global Green Growth Forum : 글로벌녹색성장포럼)를 모태로 한다. 이후 2015년 채택한 파리협정과 유엔의 지속가능한 발전목표의 내용을 확대해 접목시켰고 2017년 글로벌 이니셔티브인 P4G가 출범했다. 국가뿐만 아니라 국제기구, 기업, 시민사회 등이 참여하고 있다. 참여국은 12개국으로 한국, 인도네시아, 베트남, 방글라데시, 덴마크, 네덜란드, 남아공, 에티오피아, 케냐, 멕시코, 칠레, 콜롬비아다.

53 넷제로 Net Zero

순 탄소배출량을 0으로 만드는 탄소중립 의제

배출하는 탄소량과 흡수·제거하는 탄소량을 같게 함으로써 실질적인 탄소배출량을 '0'으로 만드는 것을 말한다. 즉, 온실가스 배출량(+)과 흡수량(−)을 같게 만들어 더 이상 온실가스가 늘지 않는 상태를 말한다. 기후학자들은 넷제로가 달성된다면 20년 안에 지구 표면온도가 더 상승하지 않을 것이라고 보고 있다. 지금까지 100개 이상의 국가가 2050년까지 넷제로에 도달하겠다고 약속했다. 미국의 조 바이든 대통령은 공약으로 넷제로를 선언했고 우리나라 역시 장기저탄소발전전략(LEDS)을 위한 '넷제로2050'을 발표하고 2050년까지 온실가스 순배출을 '0'으로 만드는 탄소중립 의제를 세웠다.

54 소득 크레바스

은퇴 후 국민연금을 받을 때까지 일정 소득이 없는 기간

크레바스(Crevasse)는 빙하가 흘러내리면서 얼음에 생기는 틈을 의미하는 것으로, 소득 크레바스는 은퇴 당시부터 국민연금을 수령하는 때까지 소득에 공백이 생기는 기간을 말한다. '생애 주된 직장'의 은퇴시기를 맞은 5060세대의 큰 고민거리라 할 수 있다. 소득 크레바스에 빠진 5060세대들은 소득 공백을 메우기 위해, 기본적인 생활비를 줄이고 창업이나 재취업, 맞벌이 같은 수익활동에 다시금 뛰어들고 있는 실정이다.

55 RE100 Renewable Energy 100%

필요한 전력을 재생에너지로만 충당하겠다는 기업들의 자발적인 약속

2050년까지 필요한 전력의 100%를 태양광, 풍력 등 재생에너지로만 충당하겠다는 기업들의 자발적인 약속이다. 2014년 영국의 비영리단체인 기후그룹과 탄소공개프로젝트가 처음 제시했다. RE100 가입 기업은 2021년 1월 말 기준으로 미국(51개), 유럽(77개)에 이어, 아시아 기업(24개) 등 총 284곳에 이른다. 우리나라의 경우 제조업의 에너지 사용량 중 전력에 대한 의존도가 48%나 돼 기업이 부담해야 할 비용이 막대하다는 이유로 2020년 초까지만 해도 RE100 참여 기업이 전무했다. 그러나 RE100의 세계적 확산에 따라 2020년 말부터 LG화학, SK하이닉스, SK텔레콤, 한화큐셀 등이 잇따라 참여를 선언하고 있다.

56 파이어족

경제적으로 자립해 조기에 은퇴한다는 것의 줄임말

'FIRE'는 'Financial Independence, Retire Early'의 약자이다. 젊었을 때 극단적으로 절약한 후 노후 자금을 빨리 모아 이르면 30대, 늦어도 40대에는 퇴직하고자 하는 사람들을 의미한다. 파이어족은 심플한 라이프 스타일을 통해 저축금을 빨리 마련하고 조기에 은퇴함으로써 승진, 월급, 은행 대출 등의 고민에서 벗어나고자 한다. 영국 BBC의 보도에 따르면 파이어족이라는 단어는 〈타이트워드 가제트(Tightwad Gazette)〉라는 한 뉴스레터에서 처음 사용된 후 미국에서 인기를 얻기 시작했다.

57 잡호핑족

자신의 경력을 쌓고 전문성을 발전시키기 위한 목적으로 2 ~ 3년씩 직장을 옮기는 사람

잡호핑(Job-hopping)족은 '폴짝폴짝 여기저기 뛰어다닌다'를 뜻하는 영어단어 'Hop'에서 유래된 용어로 장기간의 경기불황과 저성장 속에 주기적인 이직을 통해 새로운 활로를 개척하려는 젊은 직장인들을 가리킨다. 최근 자신의 경력을 쌓고 전문성을 높이기 위한 목적으로 2 ~ 3년씩 단기간에 직장을 옮기는 '잡호핑족'이 늘고 있다고 한다. 이는 장기간의 경기불황 아래 고용불안이 심화되고 평생 직장의 개념이 사라져가는 사회적 현실을 배경으로 하고 있다고 볼 수 있다.

링크드인(LinkedIn)
유럽과 북미 등지에서 이용 계층이 늘어나고 있는 SNS 형식의 웹 구인구직 서비스이다. 이곳에서는 '1촌 맺기'와 같이 다양한 연결망을 통한 일자리 매칭 서비스를 갖추고 있다. 링크드인에서 개인 정보가 공개된 사람이라면 검색을 통해 특정 사람의 경력을 살펴볼 수 있다.

58 플로깅 Plogging

조깅을 하면서 쓰레기를 줍는 운동

달리거나 산책을 하면서 쓰레기를 줍는 것을 말한다. '이삭을 줍는다'는 뜻인 스웨덴어 'plocka upp'과 천천히 달리는 운동을 뜻하는 영어단어 '조깅(jogging)'의 합성어다. 쓰레기를 줍기 위해 앉았다 일어나는 동작이 스콰 자세와 비슷하다는 데서 생겨났다. 2016년 스웨덴에서 처음 시작돼 북유럽을 중심으로 빠르게 확산했고 최근 기업이나 기관에서도 플로깅을 활용한 마케팅이 활발해지는 추세다. 쓰레기를 담은 봉투를 들고 뛰기 때문에 보통의 조깅보다 열량 소모가 많고 환경도 보호한다는 점에서 호응을 얻고 있다.

04 과학 · 컴퓨터 · IT

59 셰일오일 Shale Oil

미국에서 2010년대 들어서 개발되기 시작한 퇴적암 오일

퇴적암의 한 종류인 셰일층에서 채굴할 수 있는 '액체 탄화수소'를 가리키는 말이다. 이전에는 채굴 불가능하거나 시추 비용이 많이 들어 채산성이 없다고 여겨진 자원들이었다. 그런데 '수압파쇄', '수평시추' 등의 기술 개발로 셰일오일이 채산성을 갖춘 자원이 되면서 2010년 중반부터 생산량이 폭발적으로 늘어나 2018년에는 미국을 최대 산유국으로 만들었다. 현재 발견된 매장량은 향후 200년가량 사용할 것으로 추정된다. 미국은 셰일오일을 통해 에너지 자립을 이뤘고 중동산유국 등 유가에 대한 영향력이 축소됐다. 이를 '셰일혁명'이라고 부른다.

60 인스퍼레이션 4 Inspiration 4

스페이스X의 민간우주관광 프로젝트

일론 머스크가 설립한 스페이스X의 민간우주관광 프로젝트다. 2021년 7월 버진갤럭틱과 블루오리진의 우주관광에 이어 민간업체로는 3번째로 민간인을 태우고 우주관광에 성공했다. 2021년 9월 15일 스페이스X의 우주선 크루 드래건은 민간인 4명만을 태운 채 케네디 우주센터에서 발사됐으며, 3일 동안 575km 고도에서 지구 주위를 1시간 30분에 한 번씩 선회했다는 점에서 그 성과를 인정받고 있다. 한편 버진갤럭틱은 지구 상공 88km까지 올라갔지만 카르만 라인을 넘지 못한 채 4분 동안 무중력 체험을, 블루오리진은 106km까지 올라가 카르만 라인을 돌파한 후 3분간 무중력 체험을 하는 데 성공한 바 있다.

61 바이오디젤 Bio-diesel

재생 기름으로 만들어진 화학 연료

폐기되는 식물성 기름이나 동물성 지방을 원료로 해서 만드는 화학 연료이다. 고갈되는 화석 연료를 대체하고 이산화탄소 배출량을 줄일 친환경적 에너지원으로 지목되지만 아직은 생산비용이 높아 지속적인 연구·개발이 이뤄지고 있다. 바이오디젤은 인화점 또한 150℃로 높아 기존 휘발유(-45℃)나 경유(64℃)에 비해 안전하게 이용할 수 있다.

62 제페토 ZEPETO

한국의 대표적인 메타버스 전용 플랫폼

네이버제트(Z)가 운영하고 있는 증강현실(AR) 아바타 서비스로 한국의 대표적인 메타버스 전용 플랫폼이다. 2018년 출시된 제페토는 얼굴인식 및 3D 기술 등을 이용해 '3D 아바타'를 만들어 다른 이용자들과 소통하거나 다양한 가상현실을 경험할 수 있는 서비스를 제공하고 있다. 유명 브랜드와 연예기획사와의 제휴도 활발히 진행했는데, 국내 대표적인 엔터테인먼트 업체인 SM·YG·JYP·빅히트 등이 제페토를 통해 K-pop과 관련된 다양한 콘텐츠를 내놓으면서 10 ~ 20대 젊은 층을 중심으로 특히 인기를 끌었다. 2021년을 기준으로 2억명 이상의 이용자를 보유한 것으로 알려졌다.

63 딥페이크 Deep Fake

인공지능을 기반으로 한 인간 이미지 합성 기술

인공지능(AI) 기술을 이용해 제작된 가짜 동영상 또는 제작 프로세스 자체를 의미한다. 적대관계생성신경망(GAN)이라는 기계학습 기술을 사용, 기존 사진이나 영상을 원본에 겹쳐서 만들어낸다. '딥페이크'의 단어 유래 역시 동영상 속 등장인물을 조작한 이의 인터넷 아이디에서 비롯됐다. 2017년 12월 온라인 소셜 커뮤니티 레딧(Reddit) 유저인 '딥페이커즈(Deepfakes)'는 포르노 영상 속 인물의 얼굴을 악의적으로 유명인의 얼굴과 교체·합성해 유통시켰다.

64 총유기탄소 Total Oganic Carbon

폐수 내에 유기물 상태로 존재하는 탄소의 양

총탄소(TC)는 총유기탄소(TOC)와 총무기탄소(TIC)로 구성되며, 이중에서 반응성이 없는 총무기탄소를 제외한 물질을 총유기탄소라고 한다. TOC는 시료의 유기물을 측정하기 위하여 시료를 태워 발생되는 CO_2 가스의 양을 측정하여 수질오염도를 측정한다. 시료를 직접 태워 발생되는 CO_2 가스의 양으로 수질오염도를 측정하는 방식이므로 난분해성 유기물의 측정에 매우 적합하며, 유기물에 의한 수질오염도를 측정하는 가장 좋은 방식이다.

> **COD와 BOD의 차이**
> COD는 화학적으로 분해 가능한 유기물을 산화시키기 위해 필요한 산소의 양이며, BOD는 미생물이 유기물을 산화시키는 데 필요한 산소의 양이다.

65 프롭테크 Proptech

빅데이터 분석, VR 등 하이테크 기술을 결합한 서비스

부동산(Property)과 기술(Technology)의 합성어로, 기존 부동산 산업과 IT의 결합으로 볼 수 있다. 프롭테크의 산업 분야는 크게 중개 및 임대, 부동산 관리, 프로젝트 개발, 투자 및 자금조달 부분으로 구분할 수 있다. 프롭테크 산업 성장을 통해 부동산 자산의 고도화와 신기술 접목으로 편리성이 확대되고, 이를 통한 삶의 질이 향상될 전망이다. 무엇보다 공급자 중심의 기존 부동산 시장을 넘어 정보 비대칭이 해소되어 고객 중심의 부동산 시장이 형성될 것으로 보인다.

핀테크(FinTech)
금융(Finance)과 기술(Technology)을 합성한 신조어로, 금융과 기술을 융합한 각종 신기술을 의미한다. 핀테크의 핵심은 기술을 통해 기존의 금융기관이 제공하지 못했던 부분을 채워주고 편의성 증대, 비용 절감, 리스크 분산, 기대 수익 증가 등 고객에게 새로운 가치를 주는 데 있다.

66 펄프스 PULPS

핀터레스트, 우버, 리프트, 팰런티어, 슬랙 등 5개 테크기업

이미지 공유 플랫폼 기업 핀터레스트(Pinterest), 세계 1·2위 차량공유 서비스 업체인 우버(Uber)와 리프트(Lyft), 빅데이터 전문 기업 팰런티어(Palantir), 기업용 메신저 앱 기업인 슬랙(Slack) 등 5개사를 지칭하는 용어다. 펄프스는 기존 미국 증시의 5대 기술주로서 주목받은 '팡'(FAANG)을 대체할 종목으로 관심을 받고 있다. 이들 업체는 큰 범주에서 모두 공유경제와 4차 산업혁명 관련 종목으로 분류되는데, 향후 미국 증시를 새롭게 이끌 것으로 기대되고 있다.

FAANG
페이스북(Facebook), 애플(Apple), 아마존(Amazon), 넷플릭스(Netflix), 구글(Google)의 이니셜을 딴 것으로 미국증시 기술주를 뜻한다. 5개 기업의 시가 총액은 미국 국내 총생산(GDP)의 13% 정도를 차지한다.

67 NTF(대체불가토큰) Non Fungible Token

다른 토큰과 대체·교환될 수 없는 가상화폐

하나의 토큰을 다른 토큰과 대체하거나 서로 교환할 수 없는 가상화폐다. 2017년 처음 시장이 만들어진 이래 미술품과 게임아이템 거래를 중심으로 빠른 성장세를 보이고 있다. NTF가 폭발적으로 성장한 이유는 희소성 때문이다. 기존 토큰의 경우 같은 종류의 코인은 한 코인당 가치가 똑같았고, 종류가 달라도 똑같은 가치를 갖고 있다면 등가교환이 가능했다. 하지만 NTF는 토큰 하나마다 고유의 가치와 특성을 갖고 있어 가격이 천차만별이다. 또한 어디서, 언제, 누구에게 거래가 됐는지 모두 기록되어서 위조가 쉽지 않다는 것이 장점 중 하나다.

68 반도체 슈퍼사이클 Commodities Super-cycle

반도체 기억소재(D램) 가격이 크게 오르는 시장 상황

PC, 스마트폰 등에 들어가는 D램 가격의 장기적인 가격상승 추세 또는 시장상황을 말하며 '슈퍼사이클'은 20년 이상의 장기적 가격상승 추세를 뜻한다. 반도체 슈퍼사이클은 주요 제품인 D램의 평균판매단가(ASP)가 2년 연속 상승하는 구간을 말한다. PC 수요가 급증했던 1994~1995년을 1차, 클라우드와 서버 수요가 컸던 2017~2018년을 2차로 부른다. 코로나19로 비대면경제가 확산하면서 서버나 노트북 수요 등이 늘어나며 2021년 글로벌 반도체시장이 전년 대비 약 8~10% 증가하고, 메모리시장은 약 13~20% 증가할 것으로 전망됐다. 특히 시스템반도체는 5G통신칩·이미지센서 등의 수요 증가와 파운드리 대형고객 확보로 늘어날 것으로 예상됐다.

> **파운드리(Foundry)**
> 반도체 설계만 전문적으로 하는 업체인 팹리스로부터 양산 하청을 받아 위탁생산만 하는 반도체 제작 업체들을 가리킨다. 대표적인 기업으로는 TSMC, UMC 등이 있으며, 파운드리 강국으로 대만이 유명하다.

69 빅블러 Big Blur

산업 간에 경계가 모호해지는 현상

사회 환경이 급격하게 변하면서 기존에 존재하던 산업 간에 경계가 불분명(Blur)해지고 있음을 말한다. 미래학자 스탠 데이비스가 1999년 그의 저서 〈블러 : 연결 경제에서의 변화의 속도〉에서 이 단어를 처음 사용했다. 사물인터넷이나 인공지능 등 기술의 비약적 발전이 산업 생태계를 변화시켜 산업 간의 경계가 허물어지고 있다고 주장한다. IT기술과 금융이 접목된 인터넷은행이 등장하며 카카오그룹은 금융업에 진출했고, 드론이 발전·보급되어 택배산업에도 도입됐으며 스마트폰의 대중화로 차량 공유 서비스를 이용할 수 있게 되는 것 등이 대표적인 예이다.

70 RPA 시스템

로봇이 단순 업무를 대신하는 업무자동화 시스템

RPA란 Robotic Process Automation의 줄임말로 사람이 수행하던 반복적인 업무 프로세스를 소프트웨어 로봇을 적용하여 자동화하는 것을 말한다. 즉 저렴한 비용으로 빠르고 정확하게 업무를 수행하는 디지털 노동을 의미한다. RPA를 도입함으로써 기업이 얻을 수 있는 가장 큰 장점은 로봇이 단순 사무를 대신 처리 해주는 것에 따른 '인건비 절감'과 사람이 고부가가치 업무에 집중할 수 있는 것에 따른 '생산성 향상'이다.

71 분산원장기술 DLT

분산네트워크 참여자가 암호화 기술을 사용하여 공동으로 관리하는 기술

분산네트워크 참여자가 암호화 기술을 사용하여 거래정보를 검증하고 합의한 원장(Ledger)을 공동으로 분산·관리하는 기술이다. 중앙관리자나 중앙데이터 저장소가 없으며, 데이터 관리의 신뢰성을 높이기 위해 분산네트워크 내의 모든 참여자(Peer)가 거래정보를 합의 알고리즘에 따라 서로 복제하여 공유하고 있다. 거래정보를 분산·관리하기 때문에 위조 방지가 가능하다. 분산원장기술(DLT ; Distributed Ledger Technology)을 구현한 대표적인 예로 가지치기를 통해 하나의 블록 연결만 허용하는 블록체인과 그물처럼 거래를 연결하는 방향성 비순환 그래프 분산원장기술 등이 있다.

안심Touch

72 그로스 해킹 Growth Hacking

상품 및 서비스의 개선사항을 계속 점검하고 반영해 성장을 꾀하는 온라인 마케팅 기법

그로스 해커라는 개념은 수많은 스타트업이 인터넷 기반 산업 분야에 뛰어들기 시작하면서 본격적으로 쓰이게 되었다. 마케팅과 엔지니어링, 프로덕트 등 다양한 각도에서 생각해낸 창의적 방법으로 고객에게 마케팅적으로 접근해 스타트업의 고속 성장을 추구하는 것을 의미한다. 페이스북(Facebook), 인스타그램(Instagram), 트위터(Twitter), 에어비앤비(AirBnB), 드롭박스(Dropbox) 등이 그로스 해킹 기술을 사용하고 있다.

> **그로스 해커**
> 2010년대 페이스북, 트위터 등 인터넷에 기반한 스타트업이 본격 성장하기 시작한 미국에서 처음으로 등장했다. Growth(성장), Hacker(해커)의 합성어로 인터넷과 모바일로 제품 및 서비스를 이용하는 소비자들의 사용패턴을 빅데이터로 분석해 적은 예산으로 효과적인 마케팅 효과를 구사하는 마케터를 의미한다.

73 뉴로모픽 반도체

인간의 두뇌 구조와 활동 방법을 모방한 반도체 칩

인공지능, 빅데이터, 머신러닝 등의 발전으로 인해 방대한 데이터의 연산과 처리를 빠른 속도로 실행해야 하는 필요성에 따라 개발되었다. 뇌신경을 모방해 인간 사고과정과 유사하게 정보를 처리하는 기술로 하나의 반도체에서 연산과 학습, 추론이 가능해 인공지능 알고리즘 구현에 적합하다. 또한 기존 반도체 대비 전력 소모량이 1억분의 1에 불과해 전력 확보 문제를 해결할 수 있는 장점이 있다.

구 분	기존 반도체	뉴로모픽 반도체
구 조	셀(저장·연산), 밴드위스(연결)	뉴런(신경 기능), 시냅스(신호 전달)
강 점	수치 계산이나 정밀한 프로그램 실행	이미지와 소리 느끼고 패턴 인식
기 능	각각의 반도체가 정해진 기능만 수행	저장과 연산 등을 함께 처리
데이터 처리 방식	직렬(입출력을 한 번에 하나씩)	병렬(다양한 데이터 입출력을 동시에)

74 데이터마이닝 Datamining

데이터에서 유용한 정보를 도출하는 기술

'데이터(Data)'와 채굴을 뜻하는 '마이닝(Mining)'이 합쳐진 단어로 방대한 양의 데이터로부터 유용한 정보를 추출하는 것을 말한다. 기업 활동 과정에서 축적된 대량의 데이터를 분석해 경영 활동에 필요한 다양한 의사결정에 활용하기 위해 사용된다. 데이터마이닝은 통계학의 분석방법론은 물론 기계학습, 인공지능, 컴퓨터과학 등을 결합해 사용한다. 데이터의 형태와 범위가 다양해지고 그 규모가 방대해지는 빅데이터의 등장으로 데이터마이닝의 중요성은 부각되고 있다.

75 에이징 테크 Aging-tech

고령인구를 대상으로 하는 기술

고령인구를 대상으로 하는 기술로 노인들의 접근 가능성과 용이성을 우선순위로 두며, 실버 기술, 장수 기술 등으로도 불린다. 경제 발전에 따른 영양상태 개선, 의학발달에 따른 평균수명의 연장 등으로 전 세계적으로 고령인구가 급증하면서 기업도 노인들의 삶의 질 향상을 위해 에이징 테크의 발전을 모색하고 있다. 대표적인 예시로 신체활동을 돕고 위치추적 기능을 제공하는 시니어 전용 스마트 워치, GPS기능을 탑재해 착용자의 위치를 파악하고 보호자에게 알림을 전송하는 치매노인 실종예방 신발, 노인들의 친구가 되어 외로움을 달래주는 돌봄로봇 등이 있다.

76 디지털 치료제

디지털을 활용해 질병을 치료하는 것

기존의 의약품이 아닌 VR, 게임, 애플리케이션 등을 활용해 질병을 치료하는 것이다. 디지털 치료제는 이미 1세대 합성신약, 2세대 바이오의약품에 이어 3세대 치료제로 인정받고 있다. 언제든 처방받을 수 있고 기존 의약품보다 저렴해 시간과 비용을 절약할 수 있다. 디지털 치료제가 되기 위해서는 다른 의약품과 마찬가지로 임상시험에서 안정성을 검증받아야 하고 식품의약처 혹은 FDA 등의 기관의 인허가가 필요하다. 2017년에는 미국 식품의약국(FDA)이 페어테라퓨틱스(Pear Therapeutics)가 개발한 모바일 앱 리셋(reSET)을 약물중독 치료제로 허가한 사례가 있다.

77 코드커팅 Cord-cutting

유료 방송 시청자가 가입을 해지하고 새로운 플랫폼으로 이동하는 현상

유료 방송 시청에 필요한 케이블을 '끊는' 것을 빗댄 용어로, 인터넷 속도 증가와 플랫폼 다양화를 바탕으로 전 세계적으로 일어나고 있다. 각자 환경과 취향에 맞는 서비스 선택이 가능해지자 소비자들은 유선방송의 선을 끊는 사회적 현상을 보였다. 미국은 넷플릭스, 구글 크롬 캐스트 등 OTT 사업자가 등장하면서 대규모 코드커팅이 발생했다. 우리나라에서는 코드커팅이라는 말보다는 가전제품인 TV가 없다는 의미에서 '제로 (Zero)TV'가 일반적으로 사용된다. 코드커팅이나 제로TV 현상은 주로 스마트폰 등 모바일 기기의 확산 때문에 일어난다.

78 유전자가위

세포의 유전자를 절삭하는 데 사용하는 기술

동식물 유전자의 특정 DNA부위를 자른다고 하여 '가위'라는 표현을 사용하는데, 손상된 DNA를 잘라낸 후에 정상 DNA로 바꾸는 기술이라 할 수 있다. 1·2세대의 유전자가위가 존재하며 3세대 유전자가위인 '크리스퍼 Cas9'도 개발됐다. 크리스퍼는 세균이 천적인 바이러스를 물리치기 위해 관련 DNA를 잘게 잘라 기억해 두었다가 다시 침입했을 때 물리치는 면역체계를 부르는 용어인데, 이를 이용해 개발한 기술이 3세 대 유전자가위인 것이다. 줄기세포·체세포 유전병의 원인이 되는 돌연변이 교정, 항암세포 치료제와 같이 다양하게 활용될 수 있다.

79 디지털포렌식 Digital Forensic

디지털 정보를 분석해 범죄 단서를 찾는 수사기법

디지털 증거를 수집·보존·처리하는 과학적·기술적인 기법을 말한다. '포렌식(Forensic)'의 사전적 의미 는 '법의학적인', '범죄 과학 수사의', '재판에 관한' 등이다. 법정에서 증거로 사용되려면 증거능력 (Admissibility)이 있어야 하며 이를 위해 증거가 법정에 제출될 때까지 변조 혹은 오염되지 않는 온전한 상태(Integrity)를 유지하는 일련의 절차 내지 과정을 디지털포렌식이라고 부른다. 초기에는 컴퓨터를 중심 으로 증거수집이 이뤄졌으나 최근에는 이메일, 전자결재 등으로 확대됐다.

05 문화·미디어·스포츠

80 골든글로브상 Golden Globe Award

영화와 TV 프로그램과 관련해 시상하는 상

미국의 로스앤젤레스에 있는 할리우드에서 한 해 동안 상영된 영화들을 대상으로 최우수 영화의 각 부분을 비롯하여 남녀 주연, 조연 배우들을 선정해 수여하는 상이다. '헐리우드 외신기자협회(HFPA)'는 세계 각국의 신문 및 잡지 기자로 구성되어 있으며, 골든글로브상은 이 협회의 회원 90여 명의 투표로 결정된다. 1944년 시작된 최초의 시상식은 당시 소규모로 개최되었으나 현재는 세계 영화시장에서 막강한 영향력을 행사하고 있다. 약 3시간 동안 진행되는 시상식은 드라마 부문과 뮤지컬·코미디 부문으로 나뉘어 진행되며 생방송으로 세계 120여 개 국에 방영되어 매년 약 2억 5,000만 명의 시청자들이 이를 지켜본다. 한편, 봉준호 감독의 영화 〈기생충〉이 2020년 1월 5일 열린 제77회 골든글로브 시상식에서 외국어 영화상을 수상하며, 한국 영화 최초의 골든글로브 본상 수상 기록을 달성했고, 2021년에 열린 제78회 시상식에서는 〈미나리〉가 외국어 영화상을 수상하는 쾌거를 이뤘다.

81 디지털 퍼스트

종이 신문보다 온라인에 기사를 먼저 게재하는 것

기사를 온라인에 먼저 게재하는 것으로, 넓은 의미로는 기사의 제작, 유통, 광고 등 전 부문에 걸쳐 디지털 영역을 도입하고 결과적으로 양질의 디지털 상품을 생산·제공하는 것을 뜻한다. 뉴스 소비자들이 종이 신문보다 인터넷 신문을 선호하고 종이 신문을 정기구독하기보다는 스마트폰을 통해 수시로 뉴스를 찾아보는 경향이 확대되면서 등장한 개념이다.

82 리추얼 라이프 Ritual Life

일상에 활력을 불어넣는 규칙적인 습관

규칙적으로 행하는 의식 또는 의례를 뜻하는 '리추얼(Ritual)'과 일상을 뜻하는 '라이프(Life)'를 합친 말이다. 자기계발을 중시하는 MZ세대 사이에 자리 잡은 하나의 트렌드로 코로나 블루와 취업난, 주택난 등에서 오는 무력감을 극복하고, 심리적 만족감과 성취감을 얻으려는 욕구가 반영된 것으로 분석된다. 리추얼 라이프를 실천하는 예로 ▲ 일찍 일어나기(미라클 모닝) ▲ 독서하기 ▲ 운동하기 ▲ 하루 2L 물 마시기 등이 있으며, 리추얼 라이프와 관련된 앱이나 서비스도 다양하게 출시되고 있다.

83 논바이너리 Non-binary

한 성별에만 국한되지 않는 성 정체성

여성과 남성 둘로 구분되는 기존의 성별기준에 속하지 않는 것이다. 여성과 남성 정체성을 다 갖고 있는 바이젠더, 자신이 어떤 성별도 아니라고 생각하는 젠더리스, 남성에서 여성으로나 여성에서 남성으로 전환하는 트랜스젠더 등도 논바이너리에 속한다. 외국에서는 논바이너리의 정체성을 가진 이들에게 She(그녀)/He(그)와 같은 특정성별을 지칭하는 단어를 사용하지 않고 They(그들)라는 중립적인 표현을 쓴다. 논바이너리와 같은 개념으로 젠더퀴어가 사용되고 있다.

84 온택트 Ontact

온라인을 통해 세상과 연결되는 것

온라인(Online)의 'On'과 비대면을 뜻하는 신조어 'Untact'를 합친 말이다. 다른 사람을 직접 만나거나 여가를 즐기기 위해 외부로 나가지 않아도 온라인을 통해 세상과 소통할 수 있는 것을 뜻한다. 온라인으로 진행되는 수업, 공연, 화상회의 등이 모두 온택트의 일환이다. 온택트는 코로나19가 낳은 '뉴 노멀(New Normal)', 즉 새로운 시대의 일상으로 평가받는다. 기업, 지자체를 가리지 않고 온택트 시대에 발맞춰 마케팅을 이어가고 있다.

85 제로웨이스트 Zero Waste

일상생활에서 쓰레기를 줄이기 위한 환경운동

일상생활에서 쓰레기가 나오지 않도록 하는(Zero Waste) 생활습관을 이른다. 재활용 가능한 재료를 사용하거나 포장을 최소화해 쓰레기를 줄이거나 그것을 넘어 아예 썩지 않는 생활 쓰레기를 없애는 것을 의미한다. 비닐을 쓰지 않고 장을 보거나 포장 용기를 재활용하고, 대나무 칫솔과 천연 수세미를 사용하는 등의 방법으로 이뤄진다. 친환경 제품을 사는 것도 좋지만 무엇보다 소비를 줄이는 일이 중요하다는 의견도 공감을 얻고 있다. 환경보호가 중요시되면서 관련 캠페인이 벌어지고 있다.

86 구독경제 Subscription Economy

구독료를 내고 필요한 물건이나 서비스를 이용하는 것

일정 기간마다 비용(구독료)을 지불하고 필요한 물건이나 서비스를 이용하는 경제활동을 뜻한다. 영화나 드라마, 음악은 물론이고 책이나 게임에 이르기까지 다양한 품목에서 이뤄지고 있다. 이 분야는 스마트폰의 대중화로 빠르게 성장하고 있는 미래 유망 산업군에 속한다. 구독자에게 동영상 스트리밍 서비스를 제공하는 넷플릭스의 성공으로 점차 탄력을 받고 있다. 특정 신문이나 잡지 구독과 달리 동종의 물품이나 서비스를 소비자의 취향에 맞춰 취사선택해 이용할 수 있다는 점에서 효율적이다.

87 다크 넛지 Dark Nudge

무의식 중에 비합리적 소비를 하도록 유도하는 상술

팔꿈치로 툭툭 옆구리를 찌르듯 소비자의 비합리적인 구매를 유도하는 상술을 지칭하는 신조어다. '넛지(Nudge)'가 '옆구리를 슬쩍 찌른다'는 뜻으로 상대방을 부드럽게 설득해 현명한 선택을 하도록 돕는다는 개념으로 쓰이는데, 여기에 '다크(Dark)'라는 표현이 더해져 부정적인 의미로 바뀌게 된 것이다. 음원사이트 등에서 무료 체험 기간이라고 유인하고 무료 기간이 끝난 뒤에 이용료가 계속 자동결제 되도록 하는 것이 대표적인 예다. 국립국어원은 이를 대체할 쉬운 우리말로 '함정 상술'을 선정했다.

안심Touch

88 가스라이팅 Gaslighting

상황조작을 통해 판단력을 잃게 만들어 지배력을 행사하는 것

연극 〈가스등(Gas Light)〉에서 유래한 말로 세뇌를 통해 정신적 학대를 당하는 것을 뜻하는 심리학 용어다. 타인의 심리나 상황을 교묘하게 조작해 그 사람이 스스로 의심하게 만들어 타인에 대한 지배력을 강화하는 행위다. 거부, 반박, 전환, 경시, 망각, 부인 등 타인의 심리나 상황을 교묘하게 조작해 그 사람이 현실감과 판단력을 잃게 만들고, 이로써 타인에 대한 통제능력을 행사하는 것을 말한다.

가스라이팅의 유래

1938년 영국에서 상연된 연극 〈가스등(Gas Light)〉에서 유래됐다. 이 연극에서 남편은 집안의 가스등을 일부러 어둡게 만들고는 부인이 "집안이 어두워졌다"고 말하면 그렇지 않다는 식으로 아내를 탓한다. 이에 아내는 점차 자신의 현실 인지 능력을 의심하면서 판단력이 흐려지고, 남편에게 의존하게 된다. 아내는 자존 감이 낮아져 점점 자신이 정말 이상한 사람이라고 생각하게 된다.

89 보편적 시청권

전 국민적 관심을 받는 스포츠를 시청할 수 있는 권리

전 국민적 관심을 받는 스포츠를 시청할 수 있는 권리다. 이 권리가 보장되기 위해서는 무료 지상파 채널이 우선으로 중계권을 소유해야 한다. 해당 제도는 유럽의 '보편적 접근권'을 원용한 것으로 2007년 방송법이 개정되면서 처음 도입됐다. 방송통신위원회는 모호한 의미였던 '국민적 관심이 매우 큰 체육경기대회'를 구체화하면서 2016년 방송수단을 확보해야 하는 시청범위를 90%와 75%를 기준으로 나눴다. 90%는 동·하계 올림픽과 월드컵, 75%는 WBC(월드 베이스볼 챔피언) 등이다.

90 비건 패션 Vegan Fashion

동물의 가죽이나 털을 사용하지 않고 만든 옷이나 가방 등을 사용하는 행위

채식을 추구하는 비거니즘에서 유래한 말로, 동물의 가죽이나 털을 사용하는 의류를 거부하는 패션철학을 뜻한다. 살아있는 동물의 털이나 가죽을 벗겨 옷을 만드는 경우가 많다는 사실이 알려지면서 패션업계에서는 동물학대 논란이 끊이지 않았다. 과거 비건 패션이 윤리적 차원에서 단순한 대용품으로 쓰이기 시작했다면, 최근에는 윤리적 소비와 함께 합리적인 가격, 관리의 용이성까지 더해지면서 트렌드로 자리 잡아가고 있다.

91 인포데믹 Infodemic

거짓정보, 가짜뉴스 등이 미디어, 인터넷 등을 통해 매우 빠르게 확산되는 현상

'정보'를 뜻하는 'Information'과 '유행병'을 뜻하는 'Epidemic'의 합성어로, 잘못된 정보나 악성루머 등이 미디어, 인터넷 등을 통해 무분별하게 퍼지면서 전염병처럼 매우 빠르게 확산되는 현상을 일컫는다. 미국의 전략분석기관 '인텔리브리지' 데이비드 로스코프 회장이 2003년 워싱턴포스트에 기고한 글에서 잘못된 정보가 경제위기, 금융시장 혼란을 불러올 수 있다는 의미로 처음 사용했다. 허위정보가 범람하면 신뢰성 있는 정보를 찾아내기 어려워지고, 이 때문에 사회 구성원 사이에 합리적인 대응이 어려워지게 된다. 인포데믹의 범람에 따라 정보방역이 중요성도 강조되고 있다.

92 멀티 페르소나 Multi-persona

상황에 따라 다양한 형태의 자아를 갖는 것

페르소나는 고대 그리스의 연극에서 배우들이 쓰던 가면을 의미하고, 멀티 페르소나는 '여러 개의 가면'으로 직역할 수 있다. 현대인들이 직장이나 학교, 가정이나 동호회, 친구들과 만나는 자리 등에서 각기 다른 성격을 보인다는 것을 뜻한다. 일과 후 여유와 취미를 즐기는 '워라밸'이 일상화되고, SNS에 감정과 일상, 흥미를 공유하는 사람들이 늘어나면서 때마다 자신의 정체성을 바꾸어 드러내는 경우가 많아지고 있다.

93 사일로효과 Organizational Silos Effect

조직의 부서들이 다른 부서와 교류하지 않고 내부의 이익만 추구하는 현상

조직의 부서들이 다른 부서와 담을 쌓고 내부이익만 추구하는 현상이다. 구성원이나 부서 사이 교류가 끊긴 모습을 홀로 우뚝 서 있는 원통 모양의 창고인 '사일로'에 비유했다. 주로 조직 장벽과 부서 이기주의를 의미한다. 사일로효과의 원인은 내부의 '과열 경쟁' 때문이다. 조직이 제한적인 보상을 걸어 서로 다른 부서 간의 경쟁을 과도하게 부추길 때 사일로효과가 생겨날 수 있다. 조직의 소통이 가로막히면서 내부의 이해관계로만 결집되어 조직의 전체 성장을 방해하게 된다.

94 빈지 워칭 Binge Watching

방송 프로그램이나 드라마, 영화 등을 한꺼번에 몰아보는 현상

'폭식·폭음'을 의미하는 빈지(Binge)와 '본다'를 의미하는 워치(Watch)를 합성한 단어로 주로 휴일, 주말, 방학 등에 콘텐츠를 몰아보는 것을 폭식에 비유한 말이다. 빈지 워칭은 2013년 넷플릭스가 처음 자체 제작한 드라마 '하우스 오브 카드'의 첫 시즌 13편을 일시에 선보이면서 알려졌고, 이용자들은 전편을 시청할 수 있는 서비스를 선호하기 시작했다. 빈지 워칭 현상은 구독경제의 등장으로 확산되고 있다.

95 오팔세대 OPAL ; Old People with Active Lives

활기찬 인생을 사는 신노년층

활기찬 인생을 사는 신노년층으로 경제력을 갖춘 5060세대를 일컫는 말이다. 베이비부머를 대표하는 1958년생을 뜻하기도 한다. 은퇴 이후 경제적, 시간적 여유가 생긴 이들이 자신이 원하는 것을 하기 위해 돈과 시간을 아끼지 않는 적극적인 소비를 추구한다는 점에서 새로운 소비층으로 부각되고 있다. 또한 퇴직 후 그동안 현실적인 문제로 접어두었던 자신의 꿈을 실현하거나 수년간 쌓은 경험과 전문성을 살려 새로운 일자리를 찾는 등 2030세대 못지않은 취업에 대한 열정을 보여주고 있다. 나아가 지금까지 젊은 세대의 영역으로 여겨졌던 문화산업이나 모바일시장에서도 두각을 드러내며 존재감이 커지는 추세다.

96 사이버 렉카 Cyber Wrecker

온라인상에서 화제가 되는 이슈를 자극적으로 포장해 공론화하는 매체

온라인상에서 화제가 되는 이슈를 자극적으로 포장해 공론화하는 매체를 말한다. 빠르게 소식을 옮기는 모습이 마치 사고현장에 신속히 도착해 자동차를 옮기는 견인차의 모습과 닮았다고 해서 생겨난 신조어다. 이들은 유튜브와 인터넷 커뮤니티에서 활동하는데 유튜브의 경우 자극적인 섬네일로 조회수를 유도한다. 사이버 렉카의 가장 큰 문제점은 정보의 정확한 사실 확인을 거치지 않고 무분별하게 다른 사람에게 퍼트린 다는 것이다.

97 넷플릭스신드롬 Netflix Syndrome

OTT서비스인 넷플릭스 콘텐츠에 열광하는 현상

온라인 스트리밍 서비스(OTT)인 넷플릭스의 시리즈물에 사람들이 열광하는 현상이다. TV매체의 선호도가 과거보다 저하되고 넷플릭스에서 송출하는 오리지널 콘텐츠가 강세를 보이며 생겨났다. 국내뿐만 아니라 해외의 유수의 콘텐츠를 공급받을 수 있다는 점에서 더 신드롬을 불러 일으켰다.

98 스낵컬처 Snack Culture

어디서든 즐길 수 있는 문화

어디서든 과자를 먹을 수 있듯이 장소를 가리지 않고 가볍고 간단하게 즐길 수 있는 문화스타일이다. 과자를 의미하는 '스낵(Snack)'과 문화를 의미하는 '컬처(Culture)'를 더한 합성어다. 출퇴근시간, 점심시간은 물론 잠들기 직전에도 향유할 수 있는 콘텐츠로 시간과 장소에 구애받지 않는 것이 스낵컬처의 가장 큰 장점이다. 방영시간이 1시간 이상인 일반 드라마와 달리 10 ~ 15분 분량으로 구성된 웹드라마, 한 회차씩 올라오는 웹툰, 웹소설 등이 대표적인 스낵컬처로 꼽힌다. 스마트폰의 발달로 스낵컬처시장이 확대됐고 현대인에게 시간·비용적으로 부담스럽지 않기 때문에 지속적으로 성장하고 있다.

안심Touch

99 인스타그래머블 Instagrammable

인스타그램에 올릴 만한 게시물

'인스타그램에 올릴 만한'이라는 뜻을 가진 단어다. 사진을 주로 올리는 SNS인 인스타그램(Instagram)과 '할 수 있는'이라는 뜻의 접미사 '−able'을 합친 말이다. 최근 인스타그램은 많은 사람의 의식주에 지대한 영향을 끼치고 있다. 특히 젊은 세대가 카페, 식당 등을 방문할 때는 인스타그램에 사진을 게시할 만한 장소를 찾아가는 것이 중요한 기준이 됐다. 이러한 현상은 마케팅업계에서도 감성 마케팅을 펼치기 위한 핵심적인 요소로 평가받는다.

100 바디포지티브 Body Positive

자기 몸 긍정주의

자신의 몸을 있는 그대로 사랑하고 가꾸자는 취지에서 미국에서 처음 시작된 운동이다. '자기 몸 긍정주의' 라고도 한다. 마른 몸을 아름답다고 여긴 과거의 시각에서 벗어나 신체적 능력, 크기, 성별, 인종, 외모와 관계없이 모든 신체를 동등하게 존중하자는 의미를 담고 있다. MZ세대 소비자를 중심으로 소셜미디어에서 확산되고 있으며, 패션업계에서도 이러한 트렌드를 반영하여 변화를 추구하는 모습을 보여주고 있다. 특히 언더웨어 시장에서는 디자인보다 편안함과 건강함을 추구한 디자인이 주류로 떠오르고 있으며, 관련 제품 에 대한 매출도 크게 올라 여성들의 바디포지티브에 대한 높은 관심을 확인할 수 있다.

PART

3

일반상식

정치 · 국제 · 법률

01 야경국가

시장에 대한 개입을 최소화하고 질서 유지 임무만을 수행하는 국가

독일의 사회주의자 F. 라살이 그의 저서 〈노동자 강령〉에서 당시 영국 부르주아의 국가관을 비판하는 뜻에서 쓴 것으로, 국가는 외적의 침입을 막고 국내 치안을 확보하여 개인의 사유재산을 지키는 최소한의 임무만을 행하며, 나머지는 자유방임에 맡길 것을 주장하는 국가관을 말한다.

02 투키디데스의 함정

신흥 강대국과 기존 강대국의 필연적인 갈등

새로운 강대국이 떠오르면 기존의 강대국이 이를 두려워하여 견제하여 부딪칠 수밖에 없는 상황을 의미하는 이 용어는 아테네와 스파르타의 전쟁에서 유래했다. 미국 정치학자 그레이엄 앨리슨은 2017년 낸 저서 〈예정된 전쟁〉에서 기존 강국이던 스파르타와 신흥 강국이던 아테네가 맞붙었듯이 현재 미국과 중국의 세력 충돌 또한 필연적이라는 주장을 하면서 이런 필연을 '투키디데스의 함정'이라고 명명했다.

03 숙의민주주의

숙의를 바탕으로 한 합의적인 의사결정 방식의 민주주의

'숙의(熟議)'는 '깊이 생각하여 넉넉히 의논함'을 뜻하는 것으로, 이러한 '숙의'가 의사결정의 중심이 되는 형식을 숙의민주주의라고 한다. 직접민주주의적인 형태로서, 다수결로 대표되는 대의민주주의의 한계를 보완하는 기능을 한다. 갈등이 첨예한 사안에 관하여 단순히 찬성 혹은 반대로 의견을 대립하는 것이 아니라 충분한 시간을 두고 전문가가 제공하는 지식과 정보를 바탕으로 한 학습 및 의견 수렴 과정을 거친다.

04 고노 담화

일본군 위안부 모집에 대해 일본군이 강제 연행했다는 것을 인정하는 내용이 담긴 담화

1993년 8월 4일 고노 요헤이 일본 관방장관이 위안부 문제와 관련하여 일본군 및 관헌의 관여와 징집·사역에서의 강제성을 인정하고 문제의 본질이 중대한 인권 침해였음을 인정하면서 사죄한 것으로 일본 정부의 공식 입장이다.

> **무라야마 담화**
> 1995년 당시 일본 무라야마 총리가 식민지 지배와 침략의 역사를 인정하고 사죄하는 뜻을 공식적으로 표명한 담화이다. 하지만 강제동원 피해자에 대한 배상문제와 군 위안부 문제 등에 대한 언급은 없었다.

05 네포티즘 Nepotism

정치권력자가 자신의 가족이나 친족들에게 정치적 특혜를 베푸는 것

중세 로마교황들이 자기 사생아를 '조카(Nephew)'라고 부르면서 등용하던 것에서 유래되었으며, 르네상스 시대의 교황들이 이를 남용하였다. 네포티즘은 가톨릭에만 한정된 것이 아니었고, 사회 각계에서 볼 수 있는 현상이었다. 네포티즘은 권력부패의 온상이자 정실인사의 대명사로 인식되고 있다.

06 엽관제도 Spoils System

선거에서 당선되어 정권을 잡은 사람 또는 정당이 관직을 지배하는 정치적 관행

19세기 중반 미국에서 성행한 공무원 임용제도에서 유래한 것으로 정당에 대한 공헌이나 인사권자와의 친밀도를 기준으로 공무원을 임용하는 인사관행을 말한다.

> **정실주의(情實主義)**
> 1688년 명예혁명 이후 생겨 1870년까지 영국에서 성행하였던 공무원 임용의 관행으로서 엽관주의(Spoils System)와 비슷한 제도이다.

07 미란다 Miranda

피통치자가 맹목적으로 정치권력에 대해 신성함을 표하고 찬미·복종하는 말

피통치자가 정치권력에 대해 무조건적으로 신성함과 아름다움을 느끼고 예찬하는 비합리적 상황을 가리키는 말로 셰익스피어의 희곡 〈템페스트(The Tempest)〉의 여주인공 이름인 '미란다'에서 유래했다. 미란다의 조작 방식으로 국가적 영웅의 이야기, 국가기념일, 국기, 제복 등의 형식을 만들어낸다.

08 조어도 분쟁

조어도를 둘러싼 일본과 중국·대만 간의 영유권 분쟁

조어도는 일본 오키나와에서 약 300km, 대만에서 약 200km 떨어진 동중국 해상 8개 무인도다. 현재 일본이 실효 지배하고 있으나 중국과 대만이 영유권을 주장하고 있다. 조어도의 전체 면적은 6.3㎢에 불과하지만, 배타적 경제수역(EEZ)의 기점으로 경제·전략적 가치가 높다.

> 조어도의 각국 명칭
> 센카쿠(일본), 댜오위다오(중국), 조어대(대만)

09 감사원

행정부의 최고 감사 기관, 합의체 기관, 헌법상의 필수 기관

헌법에 의해 설치된 정부기관으로, 국가의 세입·세출을 결산하고 국가 및 법률이 정한 단체의 회계검사와 행정기관 및 공무원의 직무에 관한 감찰을 하는 기관이다.

> 감사원의 구성
> • 조직 : 감사원장을 포함해 5인 이상~11인 이하의 감사위원으로 구성한다.
> • 임명 : 감사원장은 대통령이 국회의 동의를 얻어 임명하고, 감사위원은 원장의 제청으로 대통령이 임명한다.
> • 임기 : 감사원장·감사위원 모두 4년이며, 1차에 한하여 중임할 수 있다.

10 레임덕 Lame Duck

임기 말 권력누수 현상

절름발이 오리라는 뜻이며, 현직에 있던 대통령의 임기 만료를 앞두고 나타나는 것으로 대통령의 권위나 명령이 제대로 시행되지 않아서 국정 수행에 차질이 생기는 일종의 권력누수 현상이다. 레임덕이 발생하기 쉬운 경우는 임기 제한으로 인해 권좌나 지위에 오르지 못하게 된 경우, 임기 만료가 얼마 남지 않은 경우, 집권당이 의회에서 다수 의석을 얻지 못한 경우 등이 있다.

11 대통령의 지위와 권한

대통령은 국가의 원수이며, 행정권은 대통령을 수반으로 하는 정부에 속함

국가원수로서의 권한	행정부 수반으로서의 권한
• 국가를 대표하여 외국과 조약을 체결함 • 외국에 대하여 전쟁을 선포할 수 있음 • 국회의 동의를 얻어 대법원장, 헌법재판소장, 감사원장, 대법관 등 국가 기관의 장을 임명함 • 헌법 개정이나 국가의 중요 정책을 결정할 때 이를 국민 투표에 부칠 수 있음 • 국가에 위태로운 상황이 생겨 긴급 조치가 필요할 때 긴급 명령이나 계엄을 선포할 수 있음	• 행정부를 지휘·감독함 • 국군을 통수함 • 국무총리, 국무 위원, 행정 각부의 장 등 행정부의 고위 공무원을 임명하거나 해임함 • 법률안 거부권을 통해 국회를 견제함 • 법률에서 위임받은 사항과 법률 집행을 위해 필요한 사항에 대하여 대통령령을 만들 수 있음

12 대통령과 국회의 동의

대통령의 권한 중 국회의 동의, 승인, 통고가 필요한 경우

국회의 동의를 얻어야 하는 경우	조약의 체결·비준/일반사면/국무총리, 감사원장, 대법원장, 헌법재판소장, 대법관의 임명/예비비의 설치/선전포고 및 강화/국군의 해외 파병/외국의 국내 주둔/국채모집
국회의 승인을 받아야 하는 경우	긴급명령/긴급재정경제처분 및 명령/예비비의 지출
국회에 통고하여야 하는 경우	계엄선포

13 섀도캐비닛 Shadow Cabinet

그림자 내각이라는 의미로, 야당에서 정권을 잡았을 경우를 예상하여 조직하는 내각

19세기 이후 영국에서 시행되어온 제도로 야당이 정권획득을 대비하여 총리와 각료로 예정된 멤버를 미리 정해두는 것이다. 즉, 야당 최고 간부들 사이에 외무, 내무, 노동 등 전담부서를 나누고 있으며 이는 집권 뒤에도 연장된다. 그리고 정권을 획득하면 그 멤버가 내각을 구성하여 당 운영의 중추가 된다.

14 옴부즈맨 제도 Ombudsman System

정부의 부당한 행정 조치를 감시하고 조사하는 일종의 행정 통제 제도

입법부와 법원이 가지고 있는 행정 통제의 고유 권한이 제 기능을 발휘하지 못함에 따라 이를 보완하고 보다 적극적으로 국민의 이익을 보호하려는 취지에서 1809년 스웨덴에서 처음 창설된 대국민 절대 보호 제도이다. 옴부즈맨과 비슷한 제도로 우리나라에는 '국민권익위원회'가 있다.

국민권익위원회
국민권익 증진을 위한 정책을 추진하는 중앙행정기관이다. 주요 업무는 국민의 권리보호 및 부패방지를 위한 정책수립 시행, 고충민원의 조사처리, 부패방지 및 권익구제 교육 및 홍보, 부패행위신고 및 보상, 공직자행동강령 시행, 국민신문 및 110콜센터 운영, 중앙행정심판위원회 운영에 관한 사무 등이다.

15 이원집정부제

대통령 중심제와 내각책임제의 절충 형태로 된 제3의 정부 형태

행정부의 권한을 대통령과 내각수반이 나누어 행사하는 정치제도로 전통적으로 대통령은 국민의 직접선거로 선출되어 평상시에는 국무총리가 행정권을 주도하지만 비상사태가 발생하면 대통령이 행정권을 장악하여, 단순한 국가원수로서의 지위뿐 아니라 실질적인 행정을 담당하게 된다.

16 정부형태의 비교

대통령제와 의원내각제의 차이는 의회의 내각불신임권과 행정부의 의회해산권의 존재 여부

구분	대통령제	의원내각제
특징	• 권력 분립 지향(견제와 균형) • 대통령은 국민에 대해 책임 • 국가원수이며 행정부 수반 • 대통령의 법률안 거부권 • 내각은 의결 기관이 아닌 심의 기관임 • 의회는 행정부를 불신임할 수 없고, 행정부도 의회를 해산할 수 없음 • 정부는 법률안 제안권이 없으며, 정부 각료의 의회 출석 발언권도 없음 • 정부 각료는 의회 의원을 겸할 수 없음	• 권력 융합주의 • 의회의 신임에 의해 내각 구성 • 왕, 대통령은 정치적 실권이 없는 상징적 존재 • 의회는 내각불신임의결권을 가지고 있음 • 내각은 의회해산권과 법률안 제안권을 갖고 있음 • 각료는 원칙적으로 의회 의원이어야 하며 의회 출석 발언권을 가짐 • 내각은 의결 기관임
장점	• 대통령 임기 동안 정국 안정 • 정책의 계속성 보장 • 국회 다수당의 횡포 견제	• 정치적 책임에 민감 • 국민의 민주적 요청에 충실 • 정국 안정시 능률적 행정
단점	• 대통령의 독재화 가능성 있음 • 책임 정치의 실현이 곤란	• 다수당의 횡포 가능성 • 정책의 일관성·지속성 결여
공통점	사법부의 독립을 엄격히 보장 → 기본권의 보장	

17 국정조사권

국회 차원에서 중요한 현안에 대해 진상규명과 조사를 할 수 있는 권한

국정조사는 국회 재적의원 4분의 1 이상의 요구가 있을 때 특별위원회 또는 상임위원회로 하여금 국정의 특정사안에 관하여 국회가 주체가 되어 행해지며 공개를 원칙으로 한다. 정기적으로 이루어지는 국정감사와 달리 국정조사는 부정기적이며 수시로 조사할 수 있다.

국정감사권

국회가 상임위별로 국정 전반에 관한 감사를 직접할 수 있는 헌법상의 권한을 말하며, 공개주의를 채택하고 있다. 국회는 국정전반에 관하여 소관 상임위원회별로 매년 정기회 집회일 이전에 감사 시작일로부터 30일 이내의 기간을 정하여 감사를 실시한다.

18 국회가 하는 일

입법에 관한 일, 재정에 관한 일, 일반 국정에 관한 일

입법에 관한 일	법률제정, 법률개정, 헌법개정 제안·의결, 조약체결·비준 동의
재정에 관한 일	예산안 심의·확정, 결산 심사, 재정 입법, 기금심사, 계속비 의결권, 예비비지출승인권, 국채동의권, 국가의 부담이 될 계약 체결에 대한 동의권
일반 국정에 관한 일	국정감사·조사, 탄핵소추권, 헌법기관 구성권, 긴급명령·긴급재정경제처분 명령 승인권, 계엄해제 요구권, 일반사면에 대한 동의권, 국무총리·국무위원 해임건의권, 국무총리·국무위원·정부위원 출석요구권 및 질문권

19 일사부재의의 원칙

한 번 부결된 안건은 같은 회기 중에 다시 발의하거나 제출하지 못한다는 원칙

이 원칙은 회기 중에 이미 한 번 부결된 안건에 대하여 다시 심의하는 것은 회의의 능률을 저해하며, 동일한 안건에 대하여 전과 다른 의결을 하면 어느 것이 회의체의 진정한 의사인지 알 수 없는 문제가 발생할 수 있다는 점에서 시행하는 제도이다. 또한 소수파에 의한 의사 방해를 막기 위한 제도로 인정된 것이기도 하다.

20 주요 공직자의 임기

주요 공직자의 임기는 다음과 같음

- 임기 2년 : 검찰총장, 국회의장, 국회부의장
- 임기 4년 : 감사원장, 감사위원, 국회의원
- 임기 5년 : 대통령
- 임기 6년 : 헌법재판소재판관, 중앙선거관리위원장, 대법원장, 대법관
- 임기 10년 : 일반법관

21 캐스팅보트 Casting Vote

투표 결과 찬성과 반대가 같은 수일 때 의장의 결정권

합의체의 의결에서 가부동수(찬반의 투표가 동일한 상황)인 경우에 의장이 갖는 결정권이다. 또한 양대 당파의 세력이 거의 비슷하여 제3당이 비록 소수일지라도 의결의 가부를 좌우할 경우도 제3당이 캐스팅보트를 쥐고 있다고 말한다. 우리나라는 국회의장의 캐스팅보트를 인정하지 않으며 가부동수인 경우 부결된 것으로 본다.

22 성문법과 불문법

법을 일정한 제정 절차 유무와 존재 형식에 따라 구분한 것

성문법은 헌법, 법률, 명령, 자치법규(조례와 규칙), 조약 등이 있으며 현재 존재하는 가장 오래된 법전인 함무라비 법전이 대표적인 예이다. 현재 대부분의 근대 국가는 법체계의 많은 부분이 성문법화되어 있다. 불문법은 법규범의 존재 형식이 제정되지 않은 법체계에 의하는 것을 말하며, 비제정법이라고도 한다. 성문법에 대응하는 것으로 관습법이나 판례법, 조리 등이 여기에 속한다.

23 로그롤링 Log-rolling

의원끼리 선거를 도와주거나 담합하여 그 대가를 받거나 이권을 챙기는 행위

정치세력이 이익을 위해 경쟁세력의 요구를 수용하거나 암묵적으로 동의하는 정치적 행위를 의미하며 '보트 트랜딩(Vote-tranding)'이라고도 한다. 원래는 '통나무 굴리기'라는 뜻으로 두 사람이 통나무 위에 올라가 굴리면서 목적지까지 운반하되, 떨어지지 않도록 보조를 맞춘다는 말에서 유래되었다. 두 개의 경쟁세력이 적극적으로 담합을 하거나 아니면 묵시적으로 동조하는 것을 의미한다.

24 게리맨더링 Gerrymandering

집권당에 유리하도록 한 기형적이고 불공평한 선거구 획정

1812년 미국 매사추세츠 주지사 게리가 당시 공화당 후보에게 유리하도록 선거구를 재조정하였는데 그 모양이 마치 그리스 신화에 나오는 샐러맨더와 비슷하다고 한 데서 유래한 말이다. 즉, 특정 정당이나 후보자에게 유리하도록 선거구를 인위적으로 조작하는 것을 의미하며, 이를 방지하기 위해 선거구 법정주의를 채택하고 있다.

25 매니페스토 Manifesto

정당이나 후보자가 선거공약의 구체적인 실천안을 문서화하여 공표하는 정책서약서

이탈리아어로 '선언'이라는 뜻이며, 예산 확보 및 구체적인 실행 계획을 마련해 이행 가능한 선거 공약을 뜻한다. 구체적인 정책대안을 공약서에 담아 유권자에게 약속하는 것을 말한다. 이 개념은 1834년 영국 보수당 당수인 로버트 필이 유권자들의 환심을 사기 위한 공약은 결국 실패하기 마련이라면서 구체화된 공약의 필요성을 강조한 데 기원을 둔다.

26 언더독 효과 Underdog Effect

약세 후보가 유권자들의 동정을 받아 지지도가 올라가는 경향

개싸움 중에 밑에 깔린 개가 이기기를 바라는 마음과 절대 강자에 대한 견제 심리가 발동하게 되는 현상으로 선거철에 지지율이 낮은 후보에게 유권자들이 동정표를 주는 현상을 말한다. 여론조사 전문가들은 밴드왜건과 언더독 효과가 동시에 발생하기 때문에 여론조사 발표가 선거 결과에 미치는 영향은 중립적이라고 보고 있다.

밴드왜건 효과
정치에서 특정 유력 후보가 앞서가는 경우 그 후보자에 대해 유권자의 지지가 더욱 커지는 것을 의미한다.

컨벤션 효과
전당대회 같은 대규모 정치 행사 직후에, 행사 주체의 정치적 지지율이 상승하는 현상을 뜻한다.

27 스윙보터 Swing Voter

선거 등의 투표행위에서 누구에게 투표할지 결정하지 못한 유권자

스윙보터란 선거에서 후보자를 정하지 못하고 어느 후보에게 투표할지 결정하지 못한 유권자로 플로팅보터 (Floating Voter)라고도 한다. 예전에는 미결정 투표자라는 뜻의 언디사이디드보터(Undecided Voter)라는 말이 많이 쓰이기도 하였다. 부동층 유권자들은 지지정당이 없기 때문에 여러 가지 요소에 따라 정당을 쉽게 바꿀 수 있다.

28 징고이즘 Jingoism

편협한 애국주의, 맹목적인 주전론, 대외적 강경론

1877년 러시아 투르크 전쟁에서 영국의 대러시아 강경책을 노래한 속가 속에 'By Jingo'는 '어림도 없다'는 뜻에서 유래했다. 자신의 집단(국가, 민족)을 다른 집단보다 우월하다고 여기며 특히 자신의 집단적 이해를 위해 다른 집단들에 대해 실제적 위협을 가하거나 위협적 행위를 보이는 것 등을 일컫는다.

29 코이카 KOICA

대한민국의 대외 무상 협력 사업을 주관하는 외교부 산하의 기관

1991년 4월 1일 설립된 한국국제협력단(KOICA ; Korea International Cooperation Agency)은 대한민국의 대외 무상 협력 사업을 주관하는 외교통상부 산하 정부출연기관이다. 주요 활동으로는 건물, 시설물 및 기자재 등을 이용한 물적 협력과 전문가 파견 및 연수생 초청사업, 월드프렌즈코리아 해외봉사단 파견, 글로벌 연수사업, 국제기구, NGO, 수원국 정부와의 파트너십을 통한 인도적 지원 및 해외긴급구호, ODA연구교육평가, 민간협력사업 등을 전개하고 있다.

30 필리버스터 Filibuster

소수파가 다수파의 독주를 막기 위해 합법적으로 의사진행을 방해하는 행위

의회 내에서 긴 발언을 통해 의사진행을 합법적으로 방해하는 행위를 말한다. 고대 로마 원로원에서 카토가 율리우스 카이사르의 입안 정책을 막는 데 사용한 것에서 유래했다. 우리나라는 1964년 당시 국회의원 김대중이 김준연 의원의 구속동의안 통과를 막기 위해 5시간 19분 동안 연설을 진행한 것이 최초다. 박정희 정권시절에 필리버스터가 금지되었다가, 2012년 국회선진화법이 도입되면서 부활했다.

> **국회선진화법**
> 다수당의 일방적인 법안·안건 처리 방지를 위해 2012년 제정된 국회법 개정안이다. 법안에 대한 국회의장의 직권 상정과 다수당의 날치기 통과를 막기 위해 재적의원 5분의 3 이상의 동의가 있어야만 본회의 상정이 가능하도록 한 국회법이다.

31 이어도 분쟁

이어도를 둘러싼 한국과 중국 간의 영유권 분쟁

이어도는 한국과 중국이 주장하는 배타적경제수역(EEZ)이 중첩되는 곳으로 1996년부터 해상경계 획정 협상을 벌이고 있지만 경계선을 정하지 못해 한·중 갈등을 빚는 곳이다. 중국이 한국 관할 지역인 이어도를 포함한 동중국해 상공에 방공식별구역을 선포하자, 한국 정부도 15일 만에 제주도 남단의 이어도까지 확대한 새로운 한국방공식별구역(KADIZ)을 선포했다. 이에 따라 KADIZ는 1951년 3월 미 태평양 공군이 설정한 이후 62년 만에 재설정됐다.

32 방공식별구역

자국의 영토와 영공을 방어하기 위한 구역

국가 안보 목적상 자국 영공으로 접근하는 군용 항공기를 조기에 식별하기 위해 설정되는 공중구역이다. 자국 공군이 국가 안보를 위해 일방적으로 설정하여 선포하지만, 영공은 아니므로 외국 군용기의 무단 비행이 금지되지는 않는다. 다만, 자국 국가 안보에 위협이 되면 퇴각을 요청하거나 격추할 수 있다고 사전에 국제 사회에 선포해 놓은 구역이다.

33 헌법재판소

법령의 위헌 여부를 일정한 소송 절차에 따라 심판하기 위하여 설치한 특별 재판소

헌법재판소장은 대통령이 국회의 동의를 얻어 임명하며, 재판관은 총 9명으로 대통령과 국회·대법원장이 각각 3명씩 선출하고 대통령이 임명한다. 헌법재판소 재판관의 임기는 6년이며 연임이 가능하고 정년은 만 70세이다. 헌법재판소 재판관은 정당에 가입하거나 정치에 관여할 수 없고, 탄핵 또는 금고 이상의 형의 선고에 의하지 아니하고는 해임되지 않는다.

> 헌법재판소의 권한
> 탄핵심판권, 위헌법률심사권, 정당해산심판권, 기관쟁의심판권, 헌법소원심판권

34 치킨게임 Chicken Game

어느 한쪽이 양보하지 않을 경우 양쪽 모두 파국으로 치닫게 되는 극단적인 게임 이론

1950 ~ 1970년대 미국과 소련 사이의 극심한 군비경쟁을 꼬집는 용어로 사용되면서 국제정치학 용어로 정착되었다. 그 예로는 한 국가 안의 정치나 노사협상, 국제외교 등에서 상대의 양보를 기다리다가 파국으로 끝나는 것 등이 있다.

35 UN 국제연합 United Nations

전쟁을 방지하고 평화를 유지하기 위해 설립된 국제기구

설립일	1945년 10월 24일
설립목적	전쟁 방지 및 평화 유지, 정치·경제·사회·문화 등 모든 분야의 국제 협력 증진
주요활동	평화유지 활동, 군비축소 활동, 국제협력 활동
본부	미국 뉴욕
가입국가	193개국

주요 기구	총회	• 국제연합의 최고 의사결정기관 • 9월 셋째주 화요일에 정기총회 개최(특별한 안건이 있을 경우에는 특별총회 또는 긴급총회 소집)
	안전보장이사회 (안보리, UNSC)	• UN 회원국의 평화와 안보 담당 • 5개의 상임이사국(미국·영국·프랑스·러시아·중국)과 10개의 비상임이사국으로 구성됨
	경제사회이사회 (ECOSOC)	• 국제적인 경제·사회 협력과 개발 촉진, UN 총회를 보조하는 기구 • 유엔가입국 중 총회에서 선출된 54개국으로 구성
	국제사법재판소 (ICJ)	• 국가 간의 법률적 분쟁을 재판을 통해 해결 • 네덜란드 헤이그에 있음
	신탁통치이사회	신탁통치를 받던 팔라우가 1994년 독립국이 된 이후로 기능이 중지됨
	사무국	UN의 운영과 사무 총괄
전문 기구		국제노동기구(ILO), 국제연합식량농업기구(FAO), 국제연합교육과학문화기구(UNESCO), 세계보건기구(WHO), 국제통화기금(IMF), 국제부흥개발은행(세계은행, IBRD), 국제금융공사(IFC), 국제개발협회(IDA), 국제민간항공기구(ICAO), 만국우편연합(UPU), 국제해사기구(IMO), 세계기상기구(WMO), 세계전기통신연합(ITU), 세계지적재산권기구(WIPO), 국제농업개발기금(IFAD), 국제연합공업개발기구(UNIDO) 등

36 공동경비구역 JSA ; Joint Security Area

비무장지대 안에 있는 특수지역

1953년 10월 군사정전위원회 본부구역 군사분계선(MDL) 상에 설치한 지대로 판문점이라고도 한다. 비무장지대에 남과 북의 출입은 제한적이지만 양측이 공동으로 경비하는 공동경비구역은 비무장지대 내 특수지역으로, 양측의 허가받은 인원이 출입할 수 있다. 이 구역 내에 군사정전위원회와 중립국감시위원단이 있다. 2018년 11월부터 남북 양측의 합의로 민간인 출입이 가능해졌다.

37 군사분계선 MDL ; Military Demarcation Line

휴전 협정에 의해 두 교전국 간에 그어지는 군사활동의 경계선

한국의 경우 1953년 7월 유엔군 측과 공산군 측이 합의한 정전협정에 따라 규정된 휴전의 경계선을 말하며, 휴전선이라 한다. 휴전선의 길이는 약 240km이며, 남북 양쪽 2km 지역을 비무장지대로 설정하여 완충구역으로 둔다. 정전협정 제1조는 양측이 휴전 당시 점령하고 있던 지역을 기준으로 군사분계선을 설정하고 상호간에 이 선을 침범하거나 적대행위를 하는 것을 금지하고 있다.

38 북방한계선 NLL ; Northern Limit Line

남한과 북한 간의 해양경계선

해양의 북방한계선은 서해 백령도·대청도·소청도·연평도·우도의 5개 섬 북단과 북한 측에서 관할하는 옹진반도 사이의 중간선을 말한다. 북한은 1972년까지 이 한계선에 이의를 제기하지 않았으나 1973년부터 북한이 서해 5개 섬 주변 수역을 북한 연해라고 주장하며 NLL을 인정하지 않고 침범하여 남한 함정들과 대치하는 사태가 발생하기도 했다.

39 사드 THAAD ; Terminal High Altitude Area Defense

고고도 미사일 방어체계

미국 미사일방어 체계의 핵심 전력 중 하나로 탄도미사일이 발사되었을 때 인공위성과 지상 레이더에서 수신한 정보를 바탕으로 요격미사일을 발사하여 40～150km의 높은 고도에서 직접 충돌하여 파괴하도록 설계되었다.

40 상록수부대

동티모르에 파견된 한국의 평화유지활동 부대

1993년 7월～1994년 3월까지 소말리아에 공병대대로 파견되어 한국군 최초로 평화유지활동(PKO)에 참여해 도로보수공사 및 주민지원 활동을 수행했고, 1999년에는 '상록수부대' 제1진을 다국적군의 일원으로 동티모르 로스팔로스 일대에 파병했다. 2000년 2월에는 유엔평화유지군(PKF)으로 임무가 전환됐으며 6개월 단위로 교대해 8진까지 치안유지, 국경선 통제와 민사작전 등의 임무를 수행했고 2003년 10월 완전히 철수했다.

41 이지스함

이지스 전투체계를 탑재한 구축함

이지스함은 이지스 시스템을 탑재한 구축함으로, 동시에 최고 200개의 목표를 탐지 · 추적하고 그중 24개의 목표를 동시에 공격할 수 있다. 이지스 레이더는 최대 1,000km 밖의 적 항공기를 추적할 수 있고, 탄도미사일의 궤적까지 탐지할 수 있다. 현재 이지스함 보유국은 우리나라를 포함해 미국, 일본, 스페인, 노르웨이 등 5개국밖에 없다. 우리나라의 이지스함에는 세종대왕함, 율곡이이함, 서애류성룡함이 있다.

42 스핀닥터 Spin Doctor

정부 수반에게 유리한 여론 조성을 담당하는 정치 전문가

정부 고위관료와 국민 간의 의사소통을 돕는 전문가로 정책을 시행하기 전에 국민들의 의견을 대통령에게 전달하여 설득하고, 대통령의 의사를 국민에게 설명하는 역할을 한다. 이러한 과정에서 대통령에게 유리한 여론을 조성하거나 왜곡할 수 있다.

43 교섭단체

국회에서 중요한 안건을 협의하기 위하여 일정 수 이상의 의원들로 구성하는 단체

소속 국회의원의 20인 이상을 구성 요건으로 하며 하나의 정당으로 교섭단체를 구성하는 것이 원칙이지만 복수의 정당이 연합해 구성할 수도 있다. 매년 임시회와 정기회에서 연설을 할 수 있고 국고보조금 지원도 늘어난다.

44 비례대표제

각 정당의 총 득표수에 비례하여 당선자를 결정하는 제도

사표(票)를 방지하고 소수표를 보호하는 동시에 국민의 의사를 정확 · 공정하게 반영하는 것이 목적이다. 비례대표제의 장점은 투표권자들이 투표하는 한 표의 가치를 평등하게 취급한다는 점에서 참다운 선거권의 평등을 보장하고 정당 정치 확립에 유리하며 소수 의견을 존중하고 다양한 여론을 반영한다는 것이다. 단점으로는 군소정당이 난립하고, 정당 간부의 횡포가 우려된다는 점이 있다.

45 배타적 경제수역 EEZ : Exclusive Economic Zone

자국 연안으로부터 200해리까지의 모든 자원에 대해 독점적 권리를 행사할 수 있는 수역

자국 연안으로부터 200해리까지의 수역에 대해 천연자원의 탐사·개발 및 보존, 해양 환경의 보존과 과학적 조사활동 등 모든 주권적 권리를 인정하는 유엔해양법상의 개념이다. 배타적 경제수역은 영해와 달리 영유권은 인정되지 않기 때문에 어업행위 등 경제활동의 목적이 없는 외국 선박의 항해와 통신 및 수송을 위한 케이블이나 파이프의 설치는 허용된다.

> **영해**
>
> 영토에 인접한 해역으로서 한 나라의 절대적인 주권이 미치는 범위이다. 해수면이 가장 낮은 썰물(간조) 때의 해안선을 기준으로 폭 3해리까지가 보통이지만 나라에 따라 6해리, 12해리를 주장하기도 한다. 우리나라는 1978년 4월부터 영해를 12해리로 선포하였다. 영해 지역은 외국 국적의 선박이나 항공기가 그 나라의 허가 없이 통행할 수 없다.

46 정기국회

매년 1회 정기적으로 소집되는 국회

국회의 정기회는 매년 9월 1일에 열리며 회기는 100일을 초과할 수 없다. 정기회의 업무는 예산안을 심의·확정하고 법안을 심의·통과시키는 일을 한다. 정기회에서는 법률안 등 안건을 처리하는 것 외에 매년 정기회 다음날부터 20일 간 소관 상임 위원회별로 감사를 한다.

> **임시국회**
>
> 국회의 임시회는 대통령 또는 국회 재적의원 4분의 1 이상의 요구에 의하여 집회하도록 되어 있으며, 의사진행 등 모든 회의방식과 절차는 정기회와 동일하다. 단, 대통령이 요구하여 열리는 국회의 임시회에서는 정부가 제출한 의안에 한해서만 처리할 뿐만 아니라 대통령은 기간과 집회요구의 이유를 명시해야 한다.

47 국제사법재판소 ICJ ; International Court of Justice

국가 간의 분쟁을 법적으로 해결하는 국제연합 기관

국제연합의 주요 사법기관으로, 국가 간 분쟁의 법적 해결을 위해 설치되었다. 재판소는 국제연합 총회·안전보장이사회에서 선출된 15명의 재판관으로 구성되며, 국제법을 원칙으로 적용하여 심리한다. 법원 판결의 집행은 헌장에 따라 구속력을 갖지만 판결의 불이행이 국제평화와 안전을 해친다고 인정되는 경우에 한하기 때문에 판결집행의 제도적 보장은 미흡하다. 재판소는 네덜란드 헤이그에 있다.

48 조세법률주의

조세의 종목과 세율을 법률로써 정해야 한다는 원칙

근대 세제의 기본원칙 중 하나이자 법률의 근거 없이 조세를 부과하거나 징수할 수 없다는 원칙으로, 근대국가는 모두 이 주의를 인정하고 있다(헌법 제59조). 조세법률주의는 국민의 재산권 보호와 법률생활의 안정 도모를 목적으로 하며 과세요건법정주의, 과세요건명확주의, 소급과세의 금지, 합법성의 원칙을 그 내용으로 한다.

49 호르무즈해협 Hormuz Strait

페르시아만에서 생산되는 석유의 주요 운송로이자 국제 에너지 안보의 중심지

페르시아만과 오만만을 잇는 좁은 해협으로, 북쪽으로는 이란과 접하며 남쪽으로는 아랍에미리트에 둘러싸인 오만의 월경지이다. 이 해협은 페르시아만에서 생산되는 석유의 주요 운송로로 세계원유 공급량의 30% 정도가 영향을 받는 곳이기도 하다. 미국이 이란에 대해 경제제재 조치를 가하자 이 해협을 봉쇄하겠다고 맞선 분쟁지이다.

50 전시작전통제권 WOC ; Wartime Operational Control

한반도 유사시 주한미군사령관이 한국군의 작전을 통제할 수 있는 권리

평상시에는 작전통제권은 우리가 갖고 있지만 전투준비태세인 '데프콘'이 적의 도발 징후가 포착되는 상황인 3단계로 발령되면 한미연합사령관에게 통제권이 넘어가도록 되어 있다. 다만, 수도방위사령부 예하부대 등 일부 부대는 작전통제권이 이양에서 제외돼 유사시에도 한국군이 독자적으로 작전권을 행사할 수 있다. 한미 양국은 여러 차례 연례안보협의회(SCM)를 거쳐 전작권 이양시기를 논의해 왔다. 전작권을 미국에서 우리나라로 전환하기 위해서는 한국군이 주도하는 미래연합사령부가 1단계 기본운용능력(IOC), 2단계 완전운용능력, 3단계 완전임무수행능력(FMC)을 갖추었는지 검증하는 절차를 거쳐야 한다.

51 ICBM Intercontinental Ballistic Missile

대륙간 탄도 미사일

5,500km 이상 사정거리의 탄도미사일로 핵탄두를 장착하고 한 대륙에서 다른 대륙까지 공격이 가능하다. 1957년 러시아는 세계 최초의 ICBM인 R-7을 발사했고, 미국은 1959년부터 배치하기 시작했다. 현재 미국, 러시아, 중국, 인도, 이스라엘 등 5개국이 공식적으로 ICBM을 보유하고 있다. 북한 역시 1990년대부터 ICBM 개발에 나섰다. 우리 군은 2018년 ICBM 타격이 가능한 최신예 스텔스 전투기인 F-35A를 도입했다.

52 7·4 남북공동성명

1972년 통일의 원칙에 대해 남북한이 동시에 발표한 공동성명

남북한 당국이 국토분단 이후 최초로 통일문제를 합의, 발표한 역사적인 공동성명이다. 이 성명은 통일에 대한 국민적 합의 없이 정부당국자들 간의 비밀회담만을 통해 이루어졌다는 한계가 있지만, 기존의 외세의존적이고 대결지향적인 통일노선을 거부하고 통일의 기본원칙을 도출해냈다는 점에서 의의가 있다. 주요 내용은 외세 간섭 없이 자주적 통일, 무력행사 없이 평화적 방법으로 통일 실현, 민족 대단결의 도모이다.

53 법 적용의 원칙

상위법우선의 원칙, 특별법우선의 원칙, 신법우선의 원칙, 법률불소급의 원칙

상위법우선의 원칙	실정법상 상위의 법규는 하위의 법규보다 우월하며, 상위의 법규에 위배되는 하위의 법규는 정상적인 효력이 발생하지 않는다는 원칙
특별법우선의 원칙	특정한 사람, 사물, 행위 또는 지역에 국한되는 특별법이 일반법보다 우선적으로 적용된다는 원칙
신법우선의 원칙	법령이 새로 제정 또는 개정되어 법령 내용에 충돌이 생겼을 때, 신법이 구법에 우선적으로 적용된다는 원칙
법률불소급의 원칙	새롭게 제정 또는 개정된 법률은 그 법률이 효력을 가지기 이전에 발생한 사실에 대해 소급하여 적용할 수 없다는 원칙. 기득권의 존중 또는 법적 안정성을 반영한 것이며 특히 형법에서 강조됨

54 죄형법정주의

범죄와 형벌에 대하여 미리 법률로 정해놓아야 한다는 기본 원칙

어떠한 행위가 범죄에 해당하고, 그에 따르는 형벌은 무엇인지를 반드시 국회에서 제정한 법률에 의해 규정되어야 한다는 형사법의 대원칙을 말한다. '법률 없으면 범죄 없고 형벌 없다'는 근대형법의 기본원리를 죄형법정주의라 한다. 죄형법정주의는 국가의 자의적인 형벌권의 남용으로부터 국민의 자유를 보장하고, 법률에 의해 국가 형벌권을 통제하기 위한 원칙이다.

55 보궐선거

대통령이나 국회의원 또는 기초·광역단체장 등의 자리가 비었을 때 실시하는 선거

보궐선거는 재선거와 보궐선거로 나뉘는데, 재선거는 공직선거가 당선인의 선거법 위반 등으로 공정하게 치러지지 않았을 경우 당선을 무효화하고 다시 선거를 치르는 선거이다. 보궐선거는 선거에 의해 선출된 의원 등이 임기 중 사퇴, 사망, 실형 선고 등으로 인해 그 직위를 잃어 공석 상태가 되는 경우에 치르는 선거이다.

56 데프콘 Defcon ; Defense Readiness Condition

대북 전투준비태세로, 전쟁 발발 가능성의 정도에 따라 1~5단계로 나뉨

북한의 군사활동을 감시하는 대북 정보감시태세인 '워치콘(Watch Condition)'의 분석에 따라 '정규전'에 대비해 전군에 내려지는 전투준비태세이다. 1~5단계로 나눠져 있고 숫자가 낮을수록 전쟁 발발 가능성이 높다는 의미이다. 데프콘의 발령권한은 한미연합사령관에게 있으며 우리나라는 평상시 4인 상태가 유지된다.

> 워치콘(Watch Condition)
> 북한의 군사 활동을 추적하는 대북 정보감시태세로 평상시에는 '4' 수준에 있다가 전쟁위험이 커지면 '3, 2, 1'로 올라간다. 워치콘 2단계와 데프콘 3단계의 상태에서 미국은 한반도에 증원군을 파병할 수 있다.

57 헌법 개정 절차

제안 → 공고 → 국회의결 → 국민투표 → 공포 → 시행

- 제안
  - 대통령은 국무회의 심의를 거친다.
  - 국회 재적의원 과반수 또는 대통령의 발의로 헌법개정안을 제안한다.
- 공고 : 제안된 개정안은 대통령이 20일 이상의 기간 동안 이를 공고하여야 한다(의무규정).
- 국회의결
  - 국회는 헌법개정안이 공고된 날로부터 60일 이내에 의결하여야 한다.
  - 국회의 의결은 재적의원 3분의 2 이상의 찬성을 얻어야 한다.
- 국민투표
  - 국회를 통과한 개정안은 30일 이내에 국민투표에 붙여야 한다.
  - 국회의원선거권자 과반수의 투표와 투표자 과반수의 찬성을 얻어야만, 헌법 개정이 확정된다.
- 공포 : 헌법 개정이 확정되면 대통령은 즉시 이를 공포하여야 한다.
- 시행

58 한미 방위비분담 특별협정 SMA

주한미군 방위비의 한국 분담금을 결정하는 협정

한미가 주한미군 주둔 비용의 분담을 위해 1991년부터 하고 있는 협정이다. 영어로는 SMA(Special Measures Agreement)다. 방위비 분담금은 미군이 한국에서 고용하는 근로자의 인건비(비중 약 40%), 군사건설 및 연합방위 증강사업(40%), 군수지원비(20%) 등의 명목으로 지원된다. 한국은 1991년부터 방위비분담 특별협정에 따라 주한미군 주둔비용 일부를 분담해오고 있다.

59 신원권

죽은 가족을 대신해 억울함을 밝혀주는 제도

국가에 의해 개인의 인권이 침해된 경우 이에 대한 진실을 밝혀 사면과 배상을 가능하게 하고, 적법한 사후처리를 시행하게 한다. 1993년 故 박종철 군의 유족들이 국가를 상대로 낸 손해배상청구소송 항소심 선거공판에서 신원권의 개념을 처음 도입하였다. 신원권의 목적은 인권에 대한 부당한 침해 전의 상태인 '원상회복'과 부당한 침해의 '재발방지'에 대한 신원권을 인정하려는 것에 있다.

60 퍼블리시티권

재산권적 성격을 갖는 초상권

프라이버시권이 사적이고 비밀성을 요하는 내용을 보호하는 것임에 비하여, 퍼블리시티권은 타인의 이름이나 유사성을 자신의 경제적인 이익을 위하여 활용하는 것을 금지하는 것이다. 초기에는 유명인의 퍼블리시티권이 문제되었으나, 최근에는 유명인이 아닌 경우에도 퍼블리시티권이 문제되고 있다.

61 죄수의 딜레마 Prisoner's Dilemma

합리적인 선택이 오히려 불리한 결과로 이어진다는 모순 이론

게임 이론의 유명한 사례로, 2명이 참가하는 비제로섬 게임의 일종이다. 두 공범자를 심문할 때, 상대방의 범죄 사실을 밝히면 형량을 감해준다는 수사관의 말에 넘어가 상대방의 죄를 말함으로써 무거운 형량을 선고받게 되는 현상이다. 죄수의 딜레마는 두 당사자 간 이익이 상반되는 상황에서는 언제든 나타날 수 있다.

> 비제로섬 게임
> 한쪽의 이득과 다른 쪽의 손실을 합했을 때 제로가 되지 않는 현상으로 서로 협력하여 동시에 이득을 증가시키거나 자신의 이득을 일방적으로 증대시킬 수도 있다.

62 특검법 특별검사의 임명 등에 관한 법률

수사가 공정하게 이루어졌다고 볼 수 없는 사건에 대해 특별검사에게 수사권을 맡기는 제도

대통령 측근이나 고위공직자 등 국민적 관심이 집중된 대형 비리사건에 있어 검찰 수사의 공정성과 신뢰성 논란이 생길 때마다 특별검사제도를 도입·운용했다. 그러나 특별검사제도의 도입에는 여러 논란이 있어 이를 해소하고자 미리 특별검사제도의 발동경로와 수사대상, 임명절차 등을 법률로 제정해두고 대상사건이 발생하면 곧바로 특별검사를 임명하여 최대한 공정하고 효율적으로 수사하기 위해 마련한 법률이다.

> 특검법 수사기간(특별검사의 임명 등에 관한 법률 제10조)
> 준비기간이 만료된 날의 다음 날부터 60일 이내에 담당사건에 대한 수사를 완료하고 공소제기 여부를 결정한다. 기간 내에 수사를 완료하지 못하거나 공소제기 여부를 결정하기 어려운 경우에는 대통령의 승인을 받아 수사 기간을 한 차례만 30일까지 연장이 가능하다.

63 징계

공무원 등 특별신분관계에 있는 사람에게 직무태만 등의 이유로 책임을 부과하는 행위

- **파면** : 공무원을 강제퇴지하는 중징계처분의 하나다. 파면되면 5년간 공무원에 임용될 수 없고, 퇴직급여 액의 1/2이 삭감된다.
- **해임** : 공무원 관계를 해제하는 점에서 파면과 같으나, 퇴직급여액의 감액이 없는 점에서 파면의 경우보다 가볍다. 해임을 당한 자는 3년간 공무원에 임용될 수 없다.
- **정직** : 1개월 이상~3개월 이하의 기간 동안 정직처분을 받은 자는 그 기간 중 공무원의 신분은 보유하나 직무에 종사하지 못하며, 보수의 2/3를 감한다.
- **감봉** : 1개월 이상~3개월 이하의 기간 동안 보수의 1/3을 감하는 처분이다.
- **견책** : 전과에 대해 훈계하고 반성하게 하는 것에 그치는 가장 가벼운 처분이다.

64 반의사불벌죄

피해자가 가해자의 처벌을 원하지 않는다는 것을 표시하면 처벌할 수 없는 범죄

피해자의 의사에 관계없이 공소를 제기할 수 있으나, 피해자의 명시한 의사에 반하여 처벌할 수 없는 범죄이 다. 반의사불벌죄는 처벌을 원하는 피해자의 의사표시 없이도 공소할 수 있다는 점에서 고소·고발이 있어 야만 공소를 제기할 수 있는 친고죄(親告罪)와 구별된다.

> **친고죄**
> 공소제기를 위하여 피해자 기타 고소권자의 고소가 있을 것을 요하는 범죄

65 구속적부심사

구속 영장의 집행이 적법한지의 여부를 법원이 심사하는 일

피구속자 또는 관계인의 청구가 있으면, 법관이 즉시 본인과 변호인이 출석한 공개법정에서 구속의 이유(주 거부정, 증거인멸의 염려, 도피 등)를 밝히도록 하고, 구속의 이유가 부당하거나 적법한 것이 아닐 때에는 법관이 직권으로 피구속자를 석방하게 하는 제도를 말한다.

66 인 두비오 프로 레오 In Dubio Pro Leo

의심스럽기만 하고 유죄를 입증할 증거가 없다면 무죄로 판결함

'의심스러울 때는 피고인에게 유리하게 판결하라(무죄 추정의 원칙)'는 것으로, 형사소송에서 피고에게 죄가 있다는 사실을 논증해야 할 의무는 원칙적으로 검사가 부담한다. 이는 법치국가 원리로서 'In Dubio Pro Leo'의 원리 내지 무죄추정의 원칙에서 도출된다. 다시 말해 요증사실의 존재 유무에 대하여 증명이 불충분할 경우에 불이익을 받는 것은 결코 피고가 될 수 없으며, 검사가 피고의 죄를 입증하지 못하는 한 모든 피고는 무죄이고, 피고측에서 자신의 유죄 아님을 증명할 의무는 없다.

67 집행유예

죄의 선고를 즉시 집행하지 않고 일정 기간 그 형의 집행을 유예하는 제도

유예기간 중 특정한 사고 없이 그 기간을 경과한 때에는 선고한 유죄의 판결, 자체의 효력을 상실하게 하여 형의 선고가 없었던 것과 동일한 효과를 발생하게 하는 제도이다. 한국 형법의 집행유예 요건은, ① 3년 이하의 징역이나 금고 또는 500만원 이하의 벌금형을 선고할 경우이어야 하고, ② 그 정상에 참작할 만한 사유가 있어야 한다. 다만, 금고 이상의 형을 선고한 판결이 확정된 때부터 그 집행을 종료하거나 면제된 후 3년까지의 기간에 범한 죄에 대하여 형을 선고하는 경우에는 그러하지 아니하다(제62조 제1항).

68 공소시효

어떤 범죄사건이 일정한 기간의 경과로 형벌권이 소멸하는 제도

수사기관이 법원에 재판을 청구하지 않는 불기소처분의 한 유형이다. 즉, 일정 기간이 지나면 범죄 사실에 대한 국가의 형벌권을 완전히 소멸시키는 것이다. 따라서 공소시효가 완성되면 설령 범죄를 저질렀어도 수사 및 기소 대상이 되지 않는다. 하지만 2013년 6월 19일부터 13세 미만의 사람 및 신체적인 또는 정신적 장애가 있는 사람을 대상으로 한 강간죄, 강제추행죄, 준강간 및 준강제추행죄, 강간 등 상해·치상죄, 강간 등 살인·치사죄 등의 범죄를 저지른 경우에는 공소시효가 적용되지 않게 됐다. 이어 2015년 7월 24일에는 살인죄의 공소시효를 폐지하는 내용이 담긴 형사소송법 개정안(이른바 '태완이법')이 통과됐다.

69 구속영장

피의자나 피고인을 일정한 장소에 가두는 것을 허가하는 영장

피의자를 구속하기 위해서는 검사의 청구에 의하여 법관이 적법한 절차에 따라 발부한 영장을 제시해야 한다. 피의자가 죄를 지었다고 생각할 만한 상당한 의심이 있고, 주거가 일정하지 않거나 증거를 없앨 이유가 있는 경우 또는 도망이나 도주의 우려가 있는 경우에 검사는 관할 지방법원 판사에게 청구하여 구속영장을 발부받아 피의자를 구속할 수 있다.

70 국민참여재판

우리나라에서 2008년 1월부터 시행된 배심원 재판제도

만 20세 이상의 국민 중 무작위로 선정된 배심원(예비배심원)이 참여하는 형사재판으로, 배심원으로 선정된 국민은 피고인의 유무죄에 관하여 평결을 내리고 유죄 평결이 내려진 피고인에게 선고할 적정한 형벌을 토의하는 등 재판에 참여하는 기회를 갖게 된다. 국회의원이나 변호사, 법원·검찰공무원, 경찰, 군인 등은 배심원으로 선정될 수 없다. 배심원의 의견은 원칙적으로 만장일치제로 하되, 의견 통일이 되지 않을 경우 법관과 함께 토론한 뒤 다수결로 유·무죄 여부를 가린다. 이와 함께 배심원 의견의 '강제력'은 인정하지 않고, 권고적인 효력만 인정한다.

01 선거에 출마한 후보가 내놓은 공약을 검증하는 운동을 무엇이라 하는가?

① 아그레망   ② 로그롤링

③ 플리바게닝   ④ 매니페스토

해설

매니페스토는 선거와 관련하여 유권자에게 확고한 정치적 의도와 견해를 밝히는 것으로, 연설이나 문서의 형태로 구체적인 공약을 제시한다.

02 전당대회 후에 정당의 지지율이 상승하는 현상을 뜻하는 용어는?

① 빨대효과   ② 컨벤션효과

③ 메기효과   ④ 헤일로효과

해설

② 컨벤션효과(Convention Effect) : 대규모 정치 행사 직후에, 행사 주체의 정치적 지지율이 상승하는 현상을 뜻한다.

① 빨대효과(Straw Effect) : 고속도로와 같은 교통수단의 개통으로 인해, 대도시가 빨대로 흡입하듯 주변 도시의 인구와 경제력을 흡수하는 현상을 가리키는 말이다.

③ 메기효과(Catfish Effect) : 노르웨이의 한 어부가 청어를 싱싱한 상태로 육지로 데리고 오기 위해 수조에 메기를 넣었다는 데서 유래한 용어다. 시장에 강력한 경쟁자가 등장했을 때 기존의 기업들이 경쟁력을 잃지 않기 위해 끊임없이 분투하며 업계 전체가 성장하게 되는 것을 가리킨다.

④ 헤일로효과(Halo Effect) : 후광효과로, 어떤 대상(사람)에 대한 일반적인 생각이 그 대상(사람)의 구체적인 특성을 평가하는 데 영향을 미치는 현상

03 노래, 슬로건, 제복 등을 통해 정치권력을 신성하고 아름답게 느끼는 현상을 무엇이라 하는가?

① 플레비사이트   ② 옴부즈맨

③ 크레덴다   ④ 미란다

해설

선거에서 미란다는 피통치자가 맹목적으로 정치권력에 대해 신성함을 표하고 찬미·복종함을 뜻하는 말이다.

04 다음 중 우리나라가 채택하고 있는 의원내각제적 요소는?

① 대통령의 법률안 거부권
② 의원의 각료 겸직
③ 정부의 의회해산권
④ 의회의 내각 불신임 결의권

해설

우리나라가 채택하고 있는 의원내각제적 요소
행정부(대통령)의 법률안 제안권, 의원의 각료 겸직 가능, 국무총리제, 국무회의의 국정 심의, 대통령의 국회 출석 및 의사표시권, 국회의 국무총리·국무위원에 대한 해임건의권 및 국회 출석 요구·질문권

05 '인 두비오 프로 레오(In Dubio Pro Reo)'는 무슨 뜻인가?

① 의심스러울 때는 피고인에게 유리하게 판결해야 한다.
② 위법하게 수집된 증거는 증거능력을 배제해야 한다.
③ 범죄용의자를 연행할 때 그 이유와 권리가 있음을 미리 알려 주어야 한다.
④ 재판에서 최종적으로 유죄 판정된 자만이 범죄인이다.

해설

② 독수독과 이론
③ 미란다 원칙
④ 형사 피고인의 무죄추정

06 다음 중 재선거와 보궐선거에 대한 설명으로 옳지 않은 것은?

① 재선거는 임기 개시 전에 당선 무효가 된 경우 실시한다.
② 보궐선거는 궐위를 메우기 위해 실시된다.
③ 지역구 국회의원의 궐원시에는 보궐선거를 실시한다.
④ 전국구 국회의원의 궐원시에는 중앙선거관리위원회가 궐원통지를 받은 후 15일 이내에 궐원된 국회의원의 의석을 승계할 자를 결정해야 한다.

해설

전국구 국회의원의 궐원시에는 중앙선거관리위원회가 궐원통지를 받은 후 10일 이내에 의석을 승계할 자를 결정해야 한다.

07 선거에서 약세 후보가 유권자들의 동정을 받아 지지도가 올라가는 현상을 무엇이라 하는가?

① 밴드왜건 효과   ② 언더독 효과

③ 스케이프고트 현상   ④ 레임덕 현상

> **해설**
> 언더독 효과는 절대 강자가 지배하는 세상에서 약자에게 연민을 느끼며 이들이 언젠가는 강자를 이겨주기를 바라는 현상을 말한다.

08 헌법재판소에서 위헌법률심판권, 위헌명령심판권, 위헌규칙심판권은 무엇을 근거로 하는가?

① 신법우선의 원칙   ② 특별법우선의 원칙

③ 법률불소급의 원칙   ④ 상위법우선의 원칙

> **해설**
> 법률보다는 헌법이 상위법이므로, 법률은 헌법에 위배되어서는 안 된다. 이는 상위법우선의 원칙에 근거한다.

09 다음 중 국정조사에 대한 설명으로 틀린 것은?

① 비공개로 진행하는 것이 원칙이다.

② 재적의원 4분의 1 이상의 요구가 있는 때에 조사를 시행하게 한다.

③ 특정한 국정사안을 대상으로 한다.

④ 부정기적이며, 수시로 조사할 수 있다.

> **해설**
> 국정조사는 공개를 원칙으로 하고, 비공개를 요할 경우에는 위원회의 의결을 얻도록 하고 있다.

10 다음 직위 중 임기제가 아닌 것은?

① 감사원장   ② 한국은행 총재

③ 검찰총장   ④ 국무총리

> **해설**
> ① 감사원장 4년, ② 한국은행 총재 4년, ③ 검찰총장 임기는 2년이다.
> 국무총리는 대통령이 지명하나 국회 임기종료나 국회의 불신임 결의에 의하지 않고는 대통령이 임의로 해임할 수 없도록 규정하고 있을 뿐 임기는 명시하고 있지 않다.

11 다음 내용과 관련 있는 용어는?

> 영국 정부가 의회에 제출하는 보고서의 표지가 흰색인 데서 비롯된 속성이다. 이런 관습을 각국이 모방하여 공식 문서의 명칭으로 삼고 있다.

① 백 서　　　　　　　　　　② 필리버스터
③ 캐스팅보트　　　　　　　　④ 레임덕

해설
백서는 정부의 소관사항에 대한 공식 문서다.

12 정부의 부당한 행정 조치를 감시하고 조사하는 일종의 행정 통제 제도는?

① 코커스　　　　　　　　　　② 스핀닥터
③ 란츠게마인데　　　　　　　④ 옴부즈맨

해설
옴부즈맨은 스웨덴을 비롯한 북유럽에서 발전된 제도로서, 정부의 부당한 행정 조치를 감시하고 조사하는 일종의 행정 통제 제도다.

13 범죄피해자의 고소나 고발이 있어야만 공소를 제기할 수 있는 범죄는?

① 친고죄　　　　　　　　　　② 무고죄
③ 협박죄　　　　　　　　　　④ 폭행죄

해설
형법상 친고죄에는 비밀침해죄, 업무상 비밀누설죄, 친족 간 권리행사방해죄, 사자명예훼손죄, 모욕죄 등이 있다.

14 퍼블리시티권에 대한 설명으로 바르지 못한 것은?

① 개인의 이름·얼굴·목소리 등을 상업적으로 이용할 수 있는 배타적인 권리다.
② 법률에 의해 생존 기간과 사후 30년 동안 보호받을 수 있다.
③ 재산권이라는 측면에서 저작권과 비슷하다.
④ 상표권이나 저작권처럼 상속도 가능하다.

> **해설**
> 퍼블리시티권에 대한 뚜렷한 법률 규정이 없지만 저작권법에서 보호기간을 저자의 사망 후 70년으로 규정하고 있으므로
> 사후 70년으로 유추적용하고 있다.

15 다음이 설명하는 원칙은?

> 범죄가 성립되고 처벌을 하기 위해서는 미리 성문의 법률에 규정되어 있어야 한다는 원칙

① 불고불리의 원칙   ② 책임의 원칙
③ 죄형법정주의   ④ 기소독점주의

> **해설**
> 죄형법정주의는 범죄와 형벌이 법률에 규정되어 있어야 한다는 원칙이다.

16 우리나라 대통령과 국회의원의 임기를 더한 합은?

① 8   ② 9
③ 10   ④ 11

> **해설**
> 대통령의 임기는 5년으로 하며 중임할 수 없고(헌법 제70조), 국회의원의 임기는 4년으로 한다(헌법 제42조). 따라서
> 5와 4를 더한 합은 9이다.

17 그림자 내각이라는 의미로 야당에서 정권을 잡았을 경우를 예상하여 조직하는 내각을 일컫는 용어는?

① 키친 캐비닛   ② 이너 캐비닛
③ 캐스팅 캐비닛   ④ 섀도 캐비닛

> **해설**
> 섀도 캐비닛은 19세기 이후 영국에서 시행되어온 제도로, 야당이 정권획득을 대비하여 총리와 각료로 예정된 내각진을
> 미리 정해두는 것이다.

18 다음과 관련 있는 것은?

> 이 용어는 독일의 사회주의자 F. 라살이 그의 저서 〈노동자 강령〉에서 당시 영국 부르주아의 국가관을 비판하는 뜻에서 쓴 것으로 국가는 외적의 침입을 막고 국내 치안을 확보하며 개인의 사유재산을 지키는 최소한의 임무만을 행하며, 나머지는 자유방임에 맡길 것을 주장하는 국가관을 말한다.

① 법치국가 ② 사회국가
③ 복지국가 ④ 야경국가

해설

야경국가는 시장에 대한 개입을 최소화하고 국방과 외교, 치안 등의 질서 유지 임무만 맡아야 한다고 보았던 자유방임주의 국가관이다.

19 대통령이 국회의 동의를 사전에 얻어야 할 경우를 모두 고른 것은?

> ㉠ 헌법재판소장 임명 ㉡ 국군의 외국 파견
> ㉢ 대법관 임명 ㉣ 예비비 지출
> ㉤ 대법원장 임명 ㉥ 감사원장 임명

① ㉠, ㉡, ㉢, ㉤, ㉥ ② ㉡, ㉢, ㉣, ㉤
③ ㉠, ㉣, ㉤, ㉥ ④ ㉡, ㉢, ㉤, ㉥

해설

국회의 사전 동의 사항
조약의 체결·선전 포고와 강화, 일반 사면, 국군의 외국 파견과 외국 군대의 국내 주류, 대법원장·국무총리·헌법재판소장·감사원장·대법관 임명, 국채 모집, 예비비 설치, 예산 외의 국가 부담이 될 계약 체결 등

20 다음 빈칸 안에 공통으로 들어갈 말로 적당한 것은?

> • (　　　)는 주로 소수파가 다수파의 독주를 저지하거나 의사진행을 막기 위해 합법적인 방법을 이용해 고의적으로 방해하는 것이다.
> • (　　　)는 정국을 불안정하게 만드는 요인이 되기도 하기 때문에 우리나라 등 많은 나라들은 발언 시간 제한 등의 규정을 강화하고 있다.

① 필리버스터 ② 로그롤링
③ 캐스팅보트 ④ 치킨게임

해설

필리버스터는 의회 안에서 합법적·계획적으로 수행되는 의사진행 방해 행위를 말한다.

21 우리나라 국회가 채택하고 있는 제도를 모두 고른 것은?

> ㉠ 일사부재의의 원칙　　　　　　　　㉡ 일사부재리의 원칙
> ㉢ 회의공개의 원칙　　　　　　　　　㉣ 회기계속의 원칙

① ㉠, ㉢, ㉣　　　　　　　　　　　　② ㉠, ㉡, ㉣
③ ㉡, ㉢, ㉣　　　　　　　　　　　　④ ㉠, ㉡, ㉢, ㉣

해설

일사부재리의 원칙은 확정 판결이 내려진 사건에 대해 두 번 이상 심리·재판을 하지 않는다는 형사상의 원칙으로, 국회가 채택하고 있는 제도나 원칙과는 상관이 없다.

22 원래의 뜻은 의안을 의결하는 데 있어 가부동수인 경우의 투표권을 말하는데, 의회에서 2대 정당의 세력이 거의 비등할 때 그 승부 또는 가부가 제3당의 동향에 따라 결정되는 뜻의 용어는 무엇인가?

① 캐스팅보트　　　　　　　　　　　　② 필리버스터
③ 게리맨더링　　　　　　　　　　　　④ 프레임 업

해설

캐스팅보트는 합의체의 의결에서 가부(可否)동수인 경우 의장이 가지는 결정권을 뜻한다. 우리나라에서는 의장의 결정권은 인정되지 않으며, 가부동수일 경우 부결된 것으로 본다.

23 다음 중 선거에서 누구에게 투표할지 결정하지 못한 유권자를 가리키는 말은?

① 로그롤링　　　　　　　　　　　　　② 매니페스토
③ 캐스팅보트　　　　　　　　　　　　④ 스윙보터

해설

① 로그롤링 : 정치세력들이 상호지원을 합의하여 투표거래나 투표담합을 하는 행위
② 매니페스토 : 구체적인 예산과 실천방안 등 선거와 관련한 구체적 방안을 유권자에게 제시하는 공약
③ 캐스팅보트 : 양대 당파의 세력이 비슷하게 양분화된 상황에서 결정적인 역할을 수행하는 사람

24 다음 설명에서 밑줄 친 '이 용어'는 무엇인가?

> • <u>이 용어</u>는 '어림도 없다'는 뜻에서 유래하였다.
> • 1878년 조지 홀리오크가 '데일리 뉴스' 기고문에서 <u>이 용어</u>를 쓰면서 정치적 의미를 획득했다.
> • 미국 대통령 테어도어 루스벨트는 <u>이 용어</u>를 정치적으로 이용한 대표적 인물로 손꼽힌다.

① 쇼비니즘　　　　　　　　　② 애니미즘
③ 징고이즘　　　　　　　　　④ 샤머니즘

해설

징고이즘(Jingoism)
1877년 러시아와 투르크의 전쟁에서 영국의 대러시아 강경책을 노래한 속가 속에 'By Jingo'는 '어림도 없다'는 뜻에서 유래하여 공격적인 외교정책을 만들어내는 극단적이고 맹목적이며 배타적인 애국주의 혹은 민족주의를 말한다.

25 정치상황과 이슈에 따라 선택을 달리하는 부동층 유권자를 의미하는 스윙보터와 유사한 의미를 가진 용어가 아닌 것은?

① 언디사이디드보터(Undecided Voter)
② 플로팅보터(Floating Voter)
③ 미결정 투표자
④ 코테일(Cottail)

해설

코테일은 미국 정치에서 인기 있는 공직자나 후보자가 자신의 인기에 힘입어 같은 정당 출신인 다른 후보의 승리 가능성을 높여주는 것을 말한다.

26 다음 중 UN 산하 전문기구가 아닌 것은?

① 국제노동기구(ILO)　　　　　② 국제연합식량농업기구(FAO)
③ 세계기상기구(WMO)　　　　④ 세계무역기구(WTO)

해설

1995년 출범한 세계무역기구는 1947년 이래 국제 무역 질서를 규율해오던 GATT(관세 및 무역에 관한 일반협정) 체제를 대신한다. WTO는 GATT에 없었던 세계무역분쟁 조정, 관세 인하 요구, 반덤핑규제 등 막강한 법적 권한과 구속력을 행사할 수 있다. WTO의 최고의결기구는 총회이며 그 아래 상품교역위원회 등을 설치해 분쟁처리를 담당한다. 본부는 스위스 제네바에 있다.

27 다음 괄호 안에 공통으로 들어갈 말로 적당한 것은?

> • (   )은/는 1970년대 미국 청년들 사이에서 유행한 자동차 게임이론에서 유래되었다.
> • (   )의 예로는 한 국가 안의 정치나 노사 협상, 국제 외교 등에서 상대의 양보를 기다리다가 파국으로 끝나는 것 등이 있다.

① 필리버스터　　　　　　　　　② 로그롤링
③ 캐스팅보트　　　　　　　　　④ 치킨게임

해설

치킨게임(Chicken Game)
어느 한쪽이 양보하지 않을 경우 양쪽 모두 파국으로 치닫게 되는 극단적인 게임이론이다. 1950 ~ 1970년대 미국과 소련 사이의 극심한 군비경쟁을 꼬집는 용어로 사용되면서 국제정치학 용어로 정착되었다.

28 대통령이 선출되나, 입법부가 내각을 신임할 권한이 있는 정부 형태를 무엇이라 하는가?

① 입헌군주제　　　　　　　　　② 의원내각제
③ 대통령중심제　　　　　　　　④ 이원집정부제

해설

이원집정부제
국민투표로 선출된 대통령과 의회를 통해 신임되는 내각이 동시에 존재하는 국가이다. 주로 대통령은 외치와 국방을 맡고 내치는 내각이 맡는다. 반(半)대통령제, 준(準)대통령제, 분권형 대통령제, 이원정부제, 혼합 정부 형태라고도 부른다.

29 다음 방공식별구역에 대한 설명으로 옳지 않은 것은?

① 타국의 항공기에 대한 방위 목적으로 각 나라마다 독자적으로 설정한 지역이다.
② 영공과 같은 개념으로 국제법적 기준이 엄격하다.
③ 한국의 구역임을 명시할 때는 한국방공식별구역(KADIZ)이라고 부른다.
④ 방공식별구역 확대 문제로 현재 한·중·일 국가 간의 갈등이 일고 있다.

해설

방공식별구역은 영공과 별개의 개념으로, 국제법적인 근거가 약하다. 따라서 우리나라는 구역 내 군용기의 진입으로 인한 충돌을 방지하기 위해 1995년 한·일 간 군용기 우발사고방지 합의서한을 체결한 바 있다.

30 다음 중 일본·중국·대만 간의 영유권 분쟁을 빚고 있는 곳은?

① 조어도   ② 대마도

③ 남사군도   ④ 북방열도

해설

• 남사군도 : 동으로 필리핀, 남으로 말레이시아와 브루나이, 서로 베트남, 북으로 중국과 타이완을 마주하고 있어 6개국이 서로 영유권을 주장하고 있다.

• 북방열도(쿠릴열도) : 러시아연방 동부 사할린과 홋카이도 사이에 위치한 화산열도로 30개 이상의 도서로 이루어져 있다. 러시아와 일본 간의 영유권 분쟁이 일고 있는 곳은 쿠릴열도 최남단의 4개 섬이다.

31 다음 중 수중 암초인 이어도와 관계없는 것은?

① 도리시마   ② 파랑도

③ 쑤옌자오   ④ 소코트라 록

해설

이어도의 중국명은 '쑤옌자오'이며 '파랑도'라고도 불린다. 1900년 영국 상선 소코트라호가 처음 수중암초를 확인한 후 국제해도에 소코트라 록(Socotra Rock)으로 표기된 바 있다. ①의 도리시마는 일본의 도쿄에서 남쪽으로 600km 떨어진 북태평양에 있는 무인도이다.

32 UN의 193번째 가입 국가는?

① 동티모르   ② 몬테네그로

③ 세르비아   ④ 남수단

해설

남수단은 아프리카 동북부에 있는 나라로 2011년 7월 9일 수단으로부터 분리 독립하였고 193번째 유엔 회원국으로 등록되었다.

33 UN상임이사국에 속하지 않는 나라는?

① 중 국   ② 러시아

③ 프랑스   ④ 스웨덴

해설

유엔안전보장이사회는 5개 상임이사국(미국, 영국, 프랑스, 중국, 러시아) 및 10개 비상임이사국으로 구성되어 있다. 비상임이사국은 평화유지에 대한 회원국의 공헌과 지역적 배분을 고려하여 총회에서 2/3 다수결로 매년 5개국이 선출되고, 임기는 2년이며, 연임이 불가하다.

34 원래는 '통나무 굴리기'라는 뜻으로 두 사람이 나무 위에 올라가 그것을 굴려 목적지까지 운반하되, 떨어지지 않도록 보조를 맞춘다는 말에서 유래된 것으로 선거운동을 돕고 대가를 받거나 이권을 얻는 행위는?

① 포크배럴(Pork Barrel)　　　　　② 로그롤링(Log-rolling)
③ 게리맨더링(Gerrymandering)　　④ 매니페스토(Manifesto)

> **해설**
>
> 로그롤링(Log-rolling)
> 정치세력이 자기의 이익을 위해 경쟁세력의 요구를 수용하거나 암묵적으로 동의하는 정치적 행위를 의미하며 '보트트랜딩(Vote-tranding)'이라고 한다. 원래는 서로 협력해서 통나무를 모으거나 강물에 굴려 넣는 놀이에서 유래된 용어로 통나무를 원하는 방향으로 굴리기 위해 통나무의 양쪽, 즉 두 개의 경쟁 세력이 적극적으로 담합을 하거나 아니면 묵시적으로 동조하는 것을 말한다.

35 다음 중 레임덕에 관한 설명으로 옳지 않은 것은?

① 대통령의 임기 만료를 앞두고 나타나는 권력누수 현상이다.
② 대통령의 통치력 저하로 국정 수행에 차질이 생긴다.
③ 임기 만료가 얼마 남지 않은 경우나 여당이 다수당일 때 잘 나타난다.
④ '절름발이 오리'라는 뜻에서 유래된 용어이다.

> **해설**
>
> 대통령의 임기 말 권력누수 현상을 나타내는 레임덕(Lame Duck)은 집권당이 의회에서 다수 의석을 얻지 못한 경우에 발생하기 쉽다.

36 다음 중 코이카(KOICA)에 대한 설명으로 옳지 않은 것은?

① 정부 차원의 대외무상협력사업을 전담실시하는 기관이다.
② 한국과 개발도상국의 우호협력관계 및 상호교류 증진을 목적으로 한다.
③ 주요 활동으로 의사, 태권도 사범 등의 전문인력 및 해외봉사단 파견, 국제비정부기구(NGO) 지원 등을 전개하고 있다.
④ 공식 로고에 평화와 봉사를 상징하는 비둘기를 그려 넣어 국제협력단이 세계평화와 인류번영에 이바지하고 있음을 나타내고 있다.

> **해설**
>
> 한국국제협력단(KOICA)
> 한국국제협력단은 대한민국의 대외무상협력사업을 주관하는 외교부 산하 정부출연기관이다. 대개 영문 명칭인 코이카(KOICA)로 불린다. 한국국제협력단법에 의해 1991년 4월 1일 설립됐다. 공식 로고에 평화와 봉사를 상징하는 월계수를 그려 넣어 국제협력단이 세계평화와 인류번영에 이바지하고 있음을 나타내고 있다.

37 우리나라가 해외로 파병한 부대 이름 중 잘못 연결된 것은?

① 레바논 - 동명부대
② 동티모르 - 상록수부대
③ 아이티 - 자이툰부대
④ 아프가니스탄 - 오쉬노부대

> **해설**
>
> • 단비부대 : 아이티의 지진 피해 복구와 재건을 돕기 위한 임무 외에도 의료서비스, 민사작전, 인도주의적 활동 지원
>   등 다양한 임무를 수행하였다.
> • 자이툰부대 : 이라크 전쟁 후 미국의 요청으로 자이툰부대를 파병하였다.

38 다음의 용어 설명 중 틀린 것은?

① JSA - 공동경비구역
② NLL - 북방한계선
③ MDL - 남방한계선
④ DMZ - 비무장지대

> **해설**
>
> MDL(Military Demarcation Line, 군사분계선)
> 두 교전국 간에 휴전협정에 의해 그어지는 군사활동의 경계선으로 한국의 경우 1953년 7월 유엔군 측과 공산군 측이
> 합의한 정전협정에 따라 규정된 휴전의 경계선을 말한다.

39 구속적부심사 제도에 대한 설명으로 옳지 않은 것은?

① 심사의 청구권자는 구속된 피의자, 변호인, 친족, 동거인, 고용주 등이 있다.
② 구속적부심사가 기각으로 결정될 경우 구속된 피의자는 항고할 수 있다.
③ 법원은 구속된 피의자에 대하여 출석을 보증할 만한 보증금 납입을 조건으로 석방을 명할 수
   있다.
④ 검사 또는 경찰관은 체포 또는 구속된 피의자에게 체포·구속적부심사를 청구할 수 있음을 알려
   야 한다.

> **해설**
>
> 구속적부심사는 처음 기각을 당한 뒤 재청구할 경우 법원은 심문 없이 결정으로 청구를 기각할 수 있다. 또한 공범 또는
> 공동피의자의 순차 청구로 수사를 방해하려는 목적이 보일 때 심문 없이 청구를 기각할 수 있다. 이러한 기각에 대하여
> 피의자는 항고하지 못한다(형사소송법 제214조의2).

40 다음 중 국가공무원법상의 징계의 종류가 아닌 것은?

① 감 봉 ② 견 책
③ 좌 천 ④ 정 직

> **해설**
>
> 국가공무원법은 감봉, 견책(경고), 정직, 해임 등의 징계 방법을 제시하고 있다. 좌천은 징계로 규정되지 않는다.

41 엽관제의 설명으로 옳지 않은 것은?

① 정당에 대한 충성도와 기여도에 따라 공직자를 임명하는 인사제도를 말한다.
② 정실주의라고도 한다.
③ 정당정치의 발전에 기여한다.
④ 공직 수행에 있어서 중립성을 훼손할 수 있다.

> **해설**
>
> ② 공무원 임명의 기준을 정치적 신조나 정당관계에 두고 있다는 점에서 정실주의(Patronage System)와 구분된다.
>
> 엽관제의 장단점

장점	단점
• 관직의 특권화를 배제함으로써 정실인사 타파에 기여 • 공직자의 적극적인 충성심 확보 • 정당정치 발전에 기여	• 공직수행의 중립성 훼손 • 관료가 국가나 사회보다 정당이나 개인의 이익에 치중 • 능력과 자격을 갖춘 인사가 관직에서 배제될 가능성 • 정권교체기마다 공직자가 교체되면 행정의 전문성 및 기술성 확보가 어려움

42 다음 중 우리나라 최초의 이지스함은?

① 서애류성룡함 ② 세종대왕함
③ 율곡이이함 ④ 권율함

> **해설**
>
> 우리나라는 2007년 5월 국내 최초의 이지스함인 '세종대왕함'을 진수한 데 이어 2008년 두 번째 이지스함인 '율곡이이함'을 진수했고, 2012년 '서애류성룡함'까지 총 3척의 이지스함을 보유하고 있다.

43 세계 주요 석유 운송로로 페르시아 만과 오만 만을 잇는 중동의 해협은?

① 말라카해협　　　　　　　　　② 비글해협
③ 보스포러스해협　　　　　　　④ 호르무즈해협

해설

호르무즈해협(Hormuz Strait)
페르시아 만과 오만 만을 잇는 좁은 해협으로, 북쪽으로는 이란과 접하며, 남쪽으로는 아랍에미리트에 둘러싸인 오만의 월경지이다. 이 해협은 페르시아 만에서 생산되는 석유의 주요 운송로로 세계 원유 공급량의 30% 정도가 영향을 받는 곳이기도 하다.

44 다음 중 대한민국 국회의 권한이 아닌 것은?

① 긴급명령권　　　　　　　　　② 불체포특권
③ 예산안 수정권　　　　　　　　④ 대통령 탄핵 소추권

해설

긴급명령권은 대통령의 권한이며, 대통령은 내우 · 외환 · 천재 · 지변 또는 중요한 재정 · 경제상의 위기에 있어서 국가의 안전보장 또는 공공의 안녕질서를 유지하기 위한 조치가 필요하고 국회의 집회를 기다릴 여유가 없을 때에 한하여 최소한으로 필요한 재정 · 경제상의 처분을 하거나 이에 관하여 법률의 효력을 가지는 명령을 발할 수 있다(대한민국 헌법 제76조).

45 록히드 마틴사가 개발한 공중방어시스템으로, 미국을 향해 날아오는 미사일을 고(高)고도 상공에서 격추하기 위한 목적으로 개발된 방어 체계는?

① 사드(THAAD)
② 중거리탄도미사일(IRBM)
③ 레이저빔(Laser Beam)
④ 대륙간탄도미사일(ICBM)

해설

사드(THAAD)는 미국의 고(高)고도 미사일 방어체계다. 록히드 마틴이 개발한 공중방어시스템으로 미사일로부터 미국의 군사기지를 방어하기 위해 만들었다. 박근혜 정부 시절 우리나라 성주에 사드 배치를 두고 국내외 정세에 큰 파장을 몰고 왔었다.

46 일사부재리의 원칙에 대한 설명으로 옳은 것은?

① 국회에서 일단 부결된 안건을 같은 회기 중에 다시 발의 또는 제출하지 못한다는 것을 의미한다.
② 판결이 내려진 어떤 사건(확정판결)에 대해 두 번 이상 심리·재판을 하지 않는다는 형사상의 원칙이다.
③ 일사부재리의 원칙은 민사사건에도 적용된다.
④ 로마시민법에서 처음 등장했으며 라틴어로 '인 두비오 프로 레오(In Dubio Pro Leo)'라고 한다.

해설
① 일사부재의의 원칙을 설명한 지문이다.
③ 일사부재리의 원칙은 형사사건에만 적용된다.
④ '인 두비오 프로 레오(In Dubio Pro Leo)'는 '형사소송법에서 증명을 할 수 없으면 무죄'라는 의미를 담고 있다.

47 다음 보기에 나온 사람들의 임기를 모두 더한 것은?

국회의원, 대통령, 감사원장, 대법원장, 국회의장

① 18년   ② 19년
③ 20년   ④ 21년

해설
• 국회의원 4년   • 대통령 5년
• 감사원장 4년   • 대법원장 6년
• 국회의장 2년

48 다음 세 키워드와 관련 있는 단어는 무엇인가?

• 테러방지법	• 국회	• 랜드 폴 미국 상원의원

① 딥스로트   ② 게리맨더링
③ 필리버스터   ④ 캐스팅보트

해설
필리버스터는 소수 의견을 가진 의원들이 의결 강행을 막기 위해 발언 시간을 이어감으로써 합법적으로 표결을 저지하는 행위이다. 각국의 법령에 따라 다소 다른 형태로 나타나지만 대부분의 민주주의 국가에서 각 의원들에게 보장되어 있다. 한국에서는 테러방지법을 반대하기 위해 2016년 당시 야당인 더불어민주당 의원들이 필리버스터를 했으며, 미국에서는 미국 내 드론 사용 허가를 막기 위해 2013년에 랜드 폴의원이 13시간 동안 필리버스터를 펼친 바 있다.

49 헌법 개정 절차로 올바른 것은?

① 공고 → 제안 → 국회의결 → 국민투표 → 공포
② 제안 → 공고 → 국회의결 → 국민투표 → 공포
③ 제안 → 국회의결 → 공고 → 국민투표 → 공포
④ 제안 → 공고 → 국무회의 → 국회의결 → 국민투표 → 공포

해설

헌법 개정 절차는 '제안 → 공고 → 국회의결 → 국민투표 → 공포' 순이다.

50 다음 중 반의사불벌죄가 아닌 것은?

① 존속폭행죄　　　　　　　　② 협박죄
③ 명예훼손죄　　　　　　　　④ 모욕죄

해설

반의사불벌죄는 처벌을 원하는 피해자의 의사표시 없이도 공소할 수 있다는 점에서 고소·고발이 있어야만 공소를 제기할 수 있는 친고죄(親告罪)와 구별된다. 폭행죄, 협박죄, 명예훼손죄, 과실치상죄 등이 이에 해당한다. 모욕죄는 친고죄이다.

51 다음 중 불문법이 아닌 것은?

① 판례법　　　　　　　　② 관습법
③ 조 리　　　　　　　　④ 조 례

해설

조례는 성문법이다.

52 **정당해산심판에 대한 설명으로 옳지 않은 것은?**

① 정당해산심판은 헌법재판소의 권한 중 하나이다.
② 민주적 기본질서에 위배되는 경우 국무회의를 거쳐 해산심판을 청구할 수 있다.
③ 일반 국민도 헌법재판소에 정당해산심판을 청구할 수 있다.
④ 해산된 정당의 대표자와 간부는 해산된 정당과 비슷한 정당을 만들 수 없다.

> **해설**
> 정당해산심판은 정부만이 제소할 수 있기 때문에, 일반 국민은 헌법재판소에 정당해산심판을 청구할 수 없다. 다만, 정부에 정당해산심판을 청구해달라는 청원을 할 수 있다.

53 **다음 중 헌법재판소의 관장사항이 아닌 것은?**

① 법률에 저촉되지 아니하는 범위 안에서 소송에 관한 절차 제정
② 탄핵의 심판
③ 정당의 해산심판
④ 헌법소원에 관한 심판

> **해설**
> 대법원은 법률에서 저촉되지 아니하는 범위 안에서 소송에 관한 절차, 법원의 내부규율과 사무처리에 관한 규칙을 제정할 수 있다(헌법 제108조).
>
> 헌법재판소법 제2조(관장사항)
> • 법원 제청에 의한 법률의 위헌 여부 심판
> • 탄핵의 심판
> • 정당의 해산심판
> • 국가기관 상호 간, 국가기관과 지방자치단체 간 및 지방자치단체 상호 간의 권한쟁의에 관한 심판
> • 헌법소원에 관한 심판

54 **다음 우리나라의 배심제에 대한 설명 중 바르지 못한 것은?**

① 미국의 배심제를 참조했지만 미국처럼 배심원단이 직접 유·무죄를 결정하지 않는다.
② 판사는 배심원의 유·무죄 판단과 양형 의견과 다르게 독자적으로 결정할 수 있다.
③ 시행 초기에는 민사 사건에만 시범적으로 시행되었다.
④ 피고인이 원하지 않을 경우 배심제를 시행할 수 없다.

> **해설**
> 시행 초기에는 살인죄, 강도와 강간이 결합된 범죄, 3,000만원 이상의 뇌물죄 등 중형이 예상되는 사건에만 시범적으로 시행되었다.

55 다음 중 죽은 가족을 대신해서 억울함을 풀어주는 제도는?

① 신원권   ② 공중권

③ 청원권   ④ 추징권

> **해설**
>
> ② 공중권 : 타인의 소유에 관계되는 건물·구조물의 옥상 이상의 공간을 이용하는 권리
> ③ 청원권 : 국민이 국가기관에 대하여 문서로써 어떤 희망사항을 청원할 수 있는 기본권

56 다음 중 특별검사제에 대한 설명으로 옳지 않은 것은?

① 고위층 권력형 비리나 수사기관이 연루된 사건에 특별검사를 임명해 수사·기소권을 준다.

② 특검보는 15년 이상 판사·검사·변호사로 재직한 변호사 중 2명을 특검이 추천하면 대통령이 1명을 임명한다.

③ 이명박 전 대통령이 직접적으로 관여된 특검은 두 차례 시행됐다.

④ 특검팀 수사는 준비기간 만료일 다음 날부터 30일 이내이며 1회에 한해 10일 연장할 수 있다.

> **해설**
>
> 특검팀 수사는 특검 임명 후 10일간 준비기간을 두고, 준비기간 만료일 다음 날부터 60일 이내이며 1회에 한해 대통령의 승인을 받아 30일까지 연장할 수 있다.

57 형벌의 종류 중 무거운 것부터 차례로 나열한 것은?

① 사형 – 자격상실 – 구류 – 몰수

② 사형 – 자격상실 – 몰수 – 구류

③ 사형 – 몰수 – 자격상실 – 구류

④ 사형 – 구류 – 자격상실 – 몰수

> **해설**
>
> 형벌의 경중 순서
> 사형 → 징역 → 금고 → 자격상실 → 자격정지 → 벌금 → 구류 → 과료 → 몰수

01 양적완화

경기부양을 위해 중앙은행이 발권력을 동원해 시중에 돈을 공급하는 정책

금리중시 통화정책을 시행하는 중앙은행이 정책금리가 0%에 근접하거나 혹은 다른 이유로 시장경제의 흐름을 정책금리로 제어할 수 없는 이른바 유동성 저하 상황에서, 유동성을 충분히 공급함으로써 중앙은행의 거래량을 확대하는 정책이다.

02 레몬마켓

쓸모없는 재화나 서비스 등 저급품만 거래되는 시장

레몬은 '시큼하고 맛없는 과일'로 통용되며 속어로 불량품을 뜻하는데, 이에 빗대어 경제 분야에서는 쓸모없는 재화나 서비스가 거래되는 시장을 말한다. 정보의 비대칭성으로 인해 소비자들은 판매자보다 제품에 대한 정보가 적을 수밖에 없는데, 소비자들은 자신들이 속아서 구매할 것을 우려해 싼값만 지불하려 하고, 이로 인해 저급품만 유통되는 시장을 의미한다.

> 피치마켓
> • 레몬마켓의 반대 용어이다.
> • 가격에 비해 고품질의 상품이나 서비스가 거래되는 시장을 의미한다.

03 재화

인간에 도움이 되는 효용을 가지고 있는 모든 물체와 물질

• **정상재** : 소득이 증가(감소)했을 때 수요가 증가(감소)하는 재화
• **열등재** : 소득이 증가(감소)했을 때 수요가 감소(증가)하는 재화
• **경제재** : 희소성이 있어 대가를 지불하지 않고는 얻을 수 없는 경제적 가치가 있는 것

- **자유재** : 사용가치는 있으나 무한하여 교환가치가 없는 비경제재 예 공기, 물
- **대체재** : 한 재화에 대한 수요와 다른 재화의 가격이 같은 방향으로 움직이는 관계에 있는 재화
  예 커피-홍차, 소고기-돼지고기
- **보완재** : 하나의 소비활동을 위해 함께 소요되는 경향이 있는 재화 예 커피-설탕, 만년필-잉크
- **기펜재** : 열등재의 한 종류로, 재화가격이 하락할 때 수요량이 오히려 감소하는 재화

04 유로존 Eurozone

유럽연합의 단일화폐인 유로를 국가통화로 도입하여 사용하는 국가나 지역

오스트리아, 핀란드, 독일, 에스토니아, 프랑스, 아일랜드, 스페인, 라트비아, 벨기에, 키프로스, 그리스, 슬로바키아, 이탈리아, 룩셈부르크, 몰타, 네덜란드, 포르투갈, 슬로베니아 등 총 18개국이 가입되어 있었으나 2015년 1월 1일부터 리투아니아가 추가로 유로존에 포함됨에 따라 19개국이 되었다. 유로존 가입 조건은 정부의 재정적자 규모가 국내총생산의 3% 미만, 정부의 공공부채 규모가 국내총생산의 60% 이내, 인플레율(물가상승률)이 유로존 회원국 최저 3개국보다 1.5%를 초과하지 않을 것 등 재정·부채·물가·환율 등의 조건을 충족해야 한다.

05 세이프가드 Safeguard

자국의 산업 보호를 위한 긴급 조치

한국어로는 '긴급 수입 제한 조치'라 한다. 수입 품목 중 특정 상품이 매우 경쟁력이 있어 자국 시장을 잠식하고 자국 산업에 큰 피해를 입힐 우려가 있을 경우 긴급 수입 제한을 하거나 해당 상품에 큰 관세를 매길수 있다. 세계무역기구는 각 국가의 이러한 긴급 수입 제한 권리를 인정하고 있다.

06 구글세 Google Tax

세금을 내지 않는 다국적 IT기업에 부과하는 각종 세금

특허료 등 막대한 이익을 올리고도 조세 조약이나 세법을 악용해 세금을 내지 않았던 다국적 기업에 부과하기 위한 세금을 말한다. 디지털세(Digital Tax)라고도 한다. 그동안 구글 등 다국적 IT기업들은 전 세계로부터 특허료 등 막대한 이익을 얻었음에도 합당한 세금을 내지 않았기 때문에 이를 방지하겠다는 취지이다.

07 경기확산지수 DI ; Diffusion Index

경기동향요인이 다른 부문으로 점차 확산·파급되어 가는 과정을 파악하기 위한 지표

경기의 변화방향만을 지수화한 것으로 경기동향지수라고도 한다. 즉, 경기국면의 판단 및 예측, 경기전환점을 식별하기 위한 지표이다.

경기동향지수
- 0<DI<50 ☞ 경기수축국면
- DI = 50 ☞ 경기전환점
- 50<DI<100 ☞ 경기확장국면

08 앳킨슨지수 Atkinson Index

사회 구성원의 주관적인 가치판단을 반영하여 소득 분배의 불평등도를 측정하는 지표

평가자의 주관적 가치판단을 고려하여 소득 분배의 불평등 정도를 나타내는 지수로 소득 분배가 불평등하다고 여길수록 지수가 커진다. 즉, 균등분배라는 전제에서 지금의 사회후생수준을 가져다줄 수 있는 평균소득이 얼마인가를 주관적으로 판단하고 그것과 한 나라의 1인당 평균소득을 비교하여 그 비율을 따져보는 것이다.

09 칵테일리스크 Cocktail of Risk

국제 유가 급락, 신흥국 경제위기 등 각종 악재가 동시다발적으로 한꺼번에 터지는 것

여러 가지 악재가 동시에 발생하는 경제위기 상황을 칵테일리스크라고 하는데, 다양한 술과 음료를 혼합해 만드는 칵테일에 빗대 표현한 말이다. 세계적인 경기침체, 이슬람 무장단체의 테러 등이 혼재된 경제위기를 의미한다.

10 유동성 함정 Liquidity Trap

금리를 낮추고 통화량을 늘려도 경기가 부양되지 않는 상태

경제주체들이 돈을 움켜쥐고 시장에 내놓지 않는 상황으로, 기업의 생산·투자와 가계의 소비가 늘지 않아 경기가 나아지지 않고 저성장의 늪으로 빠지는 것처럼 보이는 현상이다.

11 베블런 효과 Veblen Effect

가격이 오르는데도 수요가 줄어들지 않고, 오히려 증가하는 현상

가격이 오르는데도 일부 계층의 과시욕이나 허영심 등으로 인해 수요가 줄어들지 않는 현상으로 상류층 소비자들의 소비 심리를 표현한 말이다. 미국의 경제학자이자 사회학자인 소스타인 베블런(Thorstein Bunde Veblen)의 저서 〈유한계급론〉(1899)에서 유래했다.

12 독점적 경쟁시장

기업들이 독점적 입장의 강화를 꾀하면서도 서로 경쟁하는 시장

진입장벽이 없어 많은 경쟁자가 시장에 있지만 제품 차별화를 통해 생산자가 일시적으로 독점력을 행사하는 시장을 말한다. 즉, 독점적 경쟁시장은 진입과 퇴거가 자유롭고, 다수의 기업이 존재하며, 개별 기업들이 차별화된 재화를 생산하는 시장 형태이다.

- 완전경쟁시장 : 수많은 판매자와 구매자가 주어진 조건에서 동일한 재화를 사고파는 시장
- 독점시장 : 특정 기업이 생산과 시장을 지배하고 있는 시장
- 과점시장 : 소수의 몇몇 대기업들이 시장의 대부분을 지배하는 형태
- 독과점시장 : 독점과 과점시장을 합친 형태

13 리디노미네이션 Redenomination

한 나라에서 통용되는 화폐의 액면가를 동일한 비율의 낮은 숫자로 변경하는 조치

화폐의 가치적인 변동 없이 액면을 동일 비율로 하향 조정하는 것을 말한다. 경제 규모가 커지고 물가가 상승함에 따라 거래되는 숫자의 자릿수가 늘어나는 계산상의 불편을 해소하기 위해 도입한다.

14 스텔스 세금 Stealth Tax

납세자들이 세금을 낸다는 사실을 잘 체감하지 못하고 내는 세금

스텔스 세금은 부가가치세, 판매세 등과 같이 납세자들이 인식하지 않고 내는 세금을 레이더에 포착되지 않고 적진에 침투하는 스텔스 전투기에 빗대 표현한 것이다. 담배세가 대표적이다.

15 AIIB Asian Infrastucture Investment Bank

아시아 인프라 투자은행

미국과 일본이 주도하는 세계은행(World Bank)과 아시아개발은행(ADB) 등에 대항하기 위해 중국의 주도로 설립된 국제은행으로 아시아·태평양 지역 국가들의 도로, 철도, 항만 등의 인프라(사회간접자본) 건설 자금 지원을 목적으로 한다.

16 엥겔계수 Engel Coefficient

총가계 지출액 중에서 식료품비가 차지하는 비율

저소득 가계일수록 가계 지출 중 식료품비가 차지하는 비율이 높고, 고소득 가계일수록 식료품비가 차지하는 비율이 낮은 것을 엥겔의 법칙이라고 한다. 식료품은 필수품이기 때문에 소득수준과 관계없이 반드시 일정한 비율을 소비해야 하며 동시에 어느 수준 이상은 소비할 필요가 없는 재화이다. 따라서 엥겔계수는 소득 수준이 높아짐에 따라 점차 감소하는 경향이 있다.

$$엥겔계수 = \frac{식료품비}{총가계지출액} \times 100$$

17 지니계수 Gini Coefficient

빈부격차와 계층 간 소득분포 불균형 정도를 나타내는 수치

계층 간 소득분포의 불균형 정도를 나타내는 수치로, 소득이 어느 정도 균등하게 분배돼 있는지를 평가하는 데 주로 이용된다. 지니계수는 0에서 1 사이의 수치로 표시되는데 소득분배가 완전평등한 경우가 0, 완전불평등한 경우가 1이다. 즉, 낮은 수치는 더 평등한 소득 분배를, 반면에 높은 수치는 더 불평등한 소득 분배를 의미한다.

18 스태그플레이션 Stagflation

경기침체기에 발생하는 인플레이션으로, 저성장·고물가의 상태

경기침체를 의미하는 '스태그네이션(Stagnation)'과 물가상승을 의미하는 '인플레이션(Inflation)'을 합성한 용어로, 경제활동이 침체되고 있는 상황에서도 물가는 지속적으로 상승하고 있는 현상이다.

- 초인플레이션(하이퍼인플레이션) : 인플레이션의 범위를 초과하여 경제학적 통제를 벗어난 인플레이션이다.
- 디스인플레이션 : 인플레이션이 발생해 통화가 팽창하여 물가가 상승할 때, 그 시점의 통화량-물가수준은 유지한 채 안정을 도모하며 서서히 인플레이션을 수습하는 경제정책을 의미한다.
- 애그플레이션 : 농산물 상품의 가격 급등으로 일반 물가도 덩달아 상승하는 현상이다.

19 소프트패치 Soft Patch

경기 회복 국면에서 일시적인 어려움을 겪는 상황

경기가 상승하는 국면에서 본격적인 침체국면에 접어들거나 후퇴하는 것은 아니지만 일시적으로 성장세가 주춤해지며 어려움을 겪는 현상을 의미한다.

러프패치(Rough Patch)
소프트패치 국면이 상당기간 길어질 수 있다는 뜻으로, 소프트패치보다 더 나쁜 경제상황을 의미한다.

20 G7

세계 정치와 경제를 주도하는 주요 7개국의 모임

1975년 프랑스가 G6 정상회의를 창설했다. 미국, 프랑스, 독일, 영국, 이탈리아, 일본 등 서방 선진 6개국의 모임으로 출범하였으며, 그 다음해 캐나다가 추가되어 서방 선진 7개국 정상회담(G7)으로 매년 개최되었다. 1990년대 이후 냉전 구도 해체로 세계에서 가장 큰 나라인 러시아가 옵서버 형식으로 참가하기 시작하였고, 1997년 이후 러시아가 정식 멤버가 되면서 세계 주요 8개국의 모임(G8)으로 불렸으나 2014년 이후 제외됐다.

21 북미자유무역협정 USMCA

미국·캐나다·멕시코가 기존의 북미무역협정(NAFTA)을 대체하기 위해 합의한 협정

USMCA는 1994년 1월 발효된 NAFTA를 대체하기 위한 협정으로 2018년 10월 1일에 3국이 합의했다. 교역 규모가 1조 2,000억달러에 이르며 2020년 7월 1일에 발효됐다. 핵심 자동차부품의 역내 원산지비율 규정을 강화하고 자동차 노동자 임금을 인상하는 것 등이 주요 내용이다.

22 세계무역기구 WTO

세계의 교역 증진과 경제 발전을 목적으로 설립된 국제기구

1994년 우루과이라운드 협상이 마무리되고 마라케시 선언을 공동으로 발표함으로써 1995년 1월 정식 출범하였고, 1947년 이래 국제무역질서를 규율해 오던 '관세 및 무역에 관한 일반협정(GATT)' 체제를 대신하게 되었다. WTO는 세계무역 분쟁조정, 관세인하 요구, 반덤핑규제 등 막강한 국제적인 법적권한과 구속력을 행사한다. 1995년에 설립되었으며, 본부는 제네바에 있다. 우리나라에서는 WTO 비준안 및 이행방안이 1994년 통과되었다.

23 경제협력개발기구 OECD

경제발전과 세계무역 촉진을 위하여 발족한 국제기구

제2차 세계대전 뒤 유럽 각국은 협력체제의 정비가 필요하여 1948년 4월 마셜플랜을 수용하기 위한 기구로서 유럽경제협력기구(OEEC)를 출범시켰다. 이후 1960년 12월 OEEC의 18개 회원국과 미국 · 캐나다를 포함하여 20개국 각료와 당시 유럽경제공동체(EEC), ECSC(유럽석탄철강공동체), EURATOM(유럽원자력공동체)의 대표들이 모여 '경제협력개발기구조약'(OECD조약)에 서명하고, 1961년에 협정문이 발효됨으로써 탄생하였다. 우리나라는 1996년 12월에 29번째 회원국으로 가입하였다.

24 BCG 매트릭스

상대적 시장점유율과 사업성장률을 기초로 구성된 분석기법

보스턴컨설팅그룹에 의해 1970년대 초반 개발된 것으로, 기업의 경영전략 수립에 있어 하나의 기본적인 분석도구로 활용되는 사업포트폴리오 분석기법이다. BCG 매트릭스는 자금의 투입, 산출 측면에서 사업(전략사업 단위)이 현재 처해 있는 상황을 파악하여 상황에 알맞은 처방을 내리기 위한 분석도구이다.

- 스타(Star) 사업 : 성공사업. 수익성과 성장성이 크므로 계속적 투자가 필요하다.
- 캐시카우(Cash Cow) 사업 : 수익창출원. 기존의 투자에 의해 수익이 계속적으로 실현되므로 자금의 원천사업이 된다. 시장성장률이 낮으므로 투자금액이 유지 · 보수 차원에서 머물게 되어 자금투입보다 자금산출이 많다.
- 물음표(Question Mark) 사업 : 신규사업. 상대적으로 낮은 시장점유율과 높은 시장성장률을 가진 사업으로 기업의 행동에 따라서는 차후 스타(Star) 사업이 되거나, 도그(Dog) 사업으로 전락할 수 있는 위치에 있다.
- 도그(Dog) 사업 : 사양사업. 성장성과 수익성이 없는 사업으로 철수해야 한다.

25 상계관세

타국 수출상품의 가격경쟁력이 높은 경우, 수입국이 국내의 산업경쟁력을 유지하기 위해 부과하는 관세

국내 산업의 경쟁력을 유지하기 위한 제도로, 수출을 하는 나라가 수출기업에 보조금이나 장려금을 지급하여 수출상품의 경쟁력을 높일 경우 수입국이 보조금이나 장려금에 해당하는 금액만큼 수입상품에 대해 추가로 부과하는 특별관세를 의미한다.

26 니치 마케팅 Niche Marketing

시장의 빈틈을 공략하는 새로운 상품을 내놓아 경쟁력을 제고시키는 마케팅

니치란 틈새를 비집고 들어가는 것을 의미하는 것으로 세분화된 시장이나 소비 상황을 설명하는 말이기도 하다. 니치 마케팅은 특정한 성격을 가진 소규모의 소비자를 대상으로 판매목표를 설정하는 것인데 국내 사례로는 남성 전용 미용실 '블루클럽'이나 왼손잡이용 가위 등이 니치 마케팅에 해당한다.

27 코즈 마케팅 Cause Marketing

기업과 사회적 이슈가 연계되어 상호이익을 추구하는 것

기업이 일방적으로 기부나 봉사활동을 하는 것에서 나아가 기업이 공익을 추구하면서도 이를 통해 실질적인 이익을 얻을 수 있도록 공익과의 접점을 찾는 것이다.

28 프로슈머 마케팅 Prosumer Marketing

기업의 생산자(Producer)와 소비자(Consumer)의 합성어

1980년 엘빈 토플러가 〈제3의 물결〉에서 처음 사용한 용어로 생산자적 기능을 수행하는 소비자를 말한다. 소비자들이 자신들의 욕구에 따라 직접 상품의 개발을 요구하고 심지어 유통에까지 관여하는 마케팅을 말한다.

29 사외이사

회사 영향력 밖의 이사

전문적인 지식이나 풍부한 경험을 바탕으로 기업경영 전반에 걸쳐 폭넓은 조언과 전문 지식을 구하기 위해 선임되는 기업 외부의 비상근이사를 말한다. 회사 내에서 어느 정도 독립성이 필요한 일을 맡게 되며 일반적으로 대학교수, 변호사, 공인회계사, 언론인, 퇴직관료나 기업인 등 일정 요건을 갖춘 전문가들이 사외이사가 된다.

30 경영진 매수

현 경영진이 중심이 되어 회사 또는 사업부를 인수하는 것

일반적인 M&A는 외부 제3자에 의해 이루어지지만 MBO는 회사 내부의 임직원에 의해 이루어진다. 따라서 MBO는 기존 임직원이 신설회사의 주요 주주이면서 동시에 경영인이 된다. 이는 기존 경영자가 그대로 사업을 인수함으로써 경영의 일관성을 유지하고, 고용안정과 기업의 효율성을 동시에 추구할 수 있는 장점을 갖고 있다.

31 버즈 마케팅 Buzz Marketing

입소문 마케팅

소비자가 자발적으로 상품에 대해 주위 사람들에게 긍정적인 입소문을 내게 하는 마케팅 기법이다. 이 마케팅 기법을 잘 활용하려면 우선 고객과의 상호작용이 중요하다. SNS를 통해 빠르게 확산되는 바이럴 마케팅(Viral Marketing)도 비슷한 의미로 쓰인다.

> 하이엔드 마케팅(High-end Marketing)
> 전 세계 1~3% 안에 드는 최상류 부유층의 소비자를 겨냥하여 따로 프리미엄 제품을 내놓는 마케팅이다.

32 기업공개 IPO ; Initial Public Offering

회사가 발행한 주식을 대중에게 분산하고 재무내용을 공시하여 주식회사 체제를 갖추는 것

형식적으로 주식회사가 일반 대중에게 주식을 분산시킴으로써 기업공개 요건을 갖추는 것을 의미하며, 실질적으로 소수의 대주주가 소유한 주식을 일반 대중에게 분산시켜 증권시장을 통해 자유롭게 거래될 수 있게 함으로써 자금 조달의 원활화를 기하고 자본과 경영을 분리하여 경영합리화를 도모하는 것을 말한다.

33 포이즌 필 Poison Pill

기존 주주에게 시가보다 훨씬 싼 가격에 지분을 매입하도록 미리 권리를 부여하는 제도

기업 M&A에 대한 방어전략의 일종으로 적대적 M&A가 시도될 경우 기존 주주들에게 시가보다 싼값에 신주를 발행해 기업인수에 드는 비용을 증가시키는 방법이다.

34 스톡옵션 Stock Option

직원이 일정 수량의 주식을 살 수 있는 권한

기업이 임직원에게 자기회사의 주식을 일정 수량, 일정 가격으로 매입할 수 있는 권리를 부여하는 제도이다. 주가가 상승할 때에는 직원의 충성심과 사기의 향상을 기대할 수 있다.

35 O2O 마케팅 Online to Offline

온라인과 오프라인이 결합된 마케팅

오프라인을 위한 온라인 마케팅으로 모바일 서비스를 기반으로 한 오프라인 매장의 마케팅 방법이다. 스마트기기가 이제는 없어서는 안 될 필수품으로 자리 잡으면서 새로운 융합 산업인 'O2O 마케팅' 시장 선점을 위한 주요 기업들의 소리 없는 전쟁이 시작되고 있다.

36 BIS 비율 자기자본비율

국제결제은행(BIS)에서 일반은행에 권고하는 자기자본비율 수치

은행의 건전성과 안정성을 확보할 목적으로 은행의 위험자산에 대해 일정비율 이상의 자기자본을 보유하도록 하는 것으로, 은행의 신용위험과 시장위험에 대비해 최소한 8% 이상이 되도록 권고하고 있으며, 10% 이상이면 우량은행으로 평가받는다.

37 세계 3대 신용평가기관

영국의 피치 레이팅스 · 미국의 무디스 · 스탠더드 앤드 푸어스(S&P)

세계 3대 신용평가기관은 각국의 정치 · 경제 상황과 향후 전망 등을 고려하여 국가별 등급을 매김으로써 국가신용도를 평가한다.

피치 레이팅스 (FITCH Ratings)	• 1913년 존 놀스 피치(John Knowles Fitch)가 설립한 피치퍼블리싱(Fitch Publishing Company)에서 출발 • 1924년 'AAA ~ D'까지 등급을 매기는 평가방식 도입 • 뉴욕 · 런던에 본사 소재
무디스 (Moody's Corporation)	• 1909년 존 무디(John Moody)가 설립 • 기업체 및 정부를 대상으로 재무에 관련된 조사 및 분석 • 뉴욕 증권거래소 상장기업
스탠더드 앤드 푸어스 (Standard & Poor's)	• 1860년 헨리 바늄 푸어(Henry Varnum Poor)가 설립한 후 1942년 스탠더드와 합병하며 지금의 회사명으로 변경 • 미국의 3대 지수로 불리는 S&P 500지수 발표 • 뉴욕에 본사 소재

38 총부채원리금상환비율 DSR ; Debt Service Ratio

총체적 상환능력 비율

주택에 대한 대출 원리금뿐만 아니라 전체 금융 부채에 대한 원리금 상환액 비율을 말한다. DSR은 모든 대출금 상환액을 연간소득으로 나눠 계산하며, 차주의 종합부채 상환능력을 따지는 지표이다.

신(新)DTI와 DSR의 비교

구분	신(新)DTI	DSR
명칭	총부채상환비율	총체적 상환능력비율
산정방식	(모든 주택담보대출 원리금 상환액 + 기타 대출이자 상환액)/연간소득	모든 대출 원리금 상환액/연간소득

39 사이드카 Side Car

현물시장을 안정적으로 운용하기 위해 도입한 프로그램 매매호가 관리제도

프로그램 매매호가 관리제도의 일종으로 선물가격이 기준가 대비 5% 이상(코스닥은 6% 이상)인 상황이 1분간 지속하는 경우 선물에 대한 프로그램 매매만 5분간 중단한다. 5분이 지나면 자동으로 해제되며 1일 1회만 발동될 수 있다.

> ### 서킷브레이커(CB ; Circuit Breaker)
> 주식시장에서 주가가 급등 또는 급락하는 경우 주식매매를 일시 정지하는 제도다. 코스피나 코스닥지수가 전일 대비 10% 이상 폭락한 상태가 1분간 지속하는 경우 시장 모든 종목의 매매거래를 중단한다. 20분간의 매매정지가 풀리면 10분간 동시호가로 접수해서 매매를 재개한다. 1일 1회만 발동할 수 있다.

40 콘체른 Konzern

법률적으로 독립된 기업들이 하나의 기업처럼 결합하는 형태

여러 개의 기업이 주식교환이나 출자 등 금융적 결합에 의해 하나의 기업처럼 수직적으로 결합하는 기업집단을 의미한다. 일반적으로 하나의 거대한 기업이 계통이 다른 다수의 기업을 지배하기 위해 형성하며, 법률적으로 독립되어 있지만 실질적으로는 결합되어 있는 형태이다. 개개의 기업의 독립성을 보장하는 카르텔, 동일산업 내의 기업합동으로 이루어진 트러스트와 구별되며 각종 산업에 걸쳐 독점력을 발휘한다.

> ### 지주회사
> 콘체른형 복합기업의 대표적인 형태로서 모자회사 간의 지배관계를 형성할 목적으로 자회사의 주식총수에서 과반수 또는 지배에 필요한 비율을 소유·취득하여 해당 자회사의 지배권을 갖고 자본적으로나 관리기술적인 차원에서 지배관계를 형성하는 기업을 말한다.

41 숏커버링 Short Covering

주식시장에서 매도한 주식을 다시 사들이는 것

공매도한 주식을 되갚기 위해 다시 사는 환매수를 말한다. 주식시장에서 주가가 하락할 것이 예상될 때 공매도를 하게 되는데, 이후 주가가 하락하면 싼 가격에 사서 돌려줌으로써 차익을 챙길 수 있지만 주가가 상승할 때는 손실을 줄이기 위해 주식을 매수하게 된다. 이러한 숏커버링은 주가 상승을 가져온다.

42 배드뱅크 Bad Bank

금융기관의 부실자산을 인수하여 전문적으로 처리하는 기구

신용불량자에게는 채권추심에 대한 부담을 덜어주면서 신용회복의 기회를 제공해주고, 금융기관 입장에서는 채권추심 일원화에 따라 채권추심비용을 절약하면서 채권 회수 가능성도 제고하는 등 부실채권을 효율적으로 정리할 수 있게 한다.

43 MICE산업

부가가치가 큰 복합전시산업

MICE는 기업회의(Meeting), 인센티브관광(Incentive tour), 국제회의(Convention), 전시(Exhibition) 및 이벤트(Event)의 각 영어 앞 글자를 딴 말로서, 국제회의·전시회와 포상관광을 주축으로 하는 산업을 의미한다. MICE를 유치하는 도시는 지역경제를 활성화하고 고용을 창출하며, 개최지의 이미지를 각인시킬 수 있는 장점을 갖고 있다.

44 리쇼어링 Reshoring

싼 인건비나 시장을 찾아 해외로 진출한 기업들이 본국으로 되돌아오는 현상

해외에 나가 있는 자국기업들을 각종 세제혜택과 규제 완화 등을 통해 자국으로 불러들이는 정책을 말한다. 특히 미국은 리쇼어링을 통해 세계의 패권을 되찾는다는 전략을 추진 중이다.

오프쇼어링(Off-shoring)
- 기업업무의 일부를 인건비 등이 싼 해외 기업에 맡겨 처리하는 것으로 리쇼어링의 반대개념이다.
- 국내 자본과 설비가 해외로 빠져나가기 때문에 국내 근로자의 일자리가 부족하게 되는 사회 문제가 있다.

45 하이브리드 채권 Hybrid Bonds

은행이나 기업이 주로 자본조달수단을 목적으로 발행하는 것

채권처럼 매년 확정이자를 받을 수 있고, 주식처럼 만기가 없으면서도 매매가 가능한 신종자본증권이다. 채권과 주식의 특징을 지니며, 일정한 조건하에서 기업이 만기를 연장할 수 있기 때문에 일반 채권에 비해서 이자율이 높다.

46 환율

자국과 외국통화 간의 교환 비율

한 나라의 통화가치는 대내가치(구매력인 물가로 표시)와 대외가치(외국통화를 대가로 매매할 수 있는 환율)가 있으며, 표시방법으로는 다국통화표시방법과 외국통화표시방법이 있다.

- 환율하락(평가절상) : 한 국가의 통화가치가 상대적으로 상승하는 것으로 수입증대, 수출감소, 외채부담감소, 국제적인 영향력 강화 제고 현상이 나타난다.
- 환율상승(평가절하) : 한 국가의 통화가치가 상대적으로 하락하는 것으로 수출증대, 수입감소, 외채부담증가, 국내 인플레이션 현상이 나타난다.

47 환매조건부채권 RP ; Repurchase Agrement

금융기관이 일정 기간 후 확정금리를 보태어 되사는 조건으로 발행하는 채권

일정기간이 지난 후에 정해진 가격으로 같은 채권을 다시 구매하거나 판매하는 조건으로 채권을 거래하는 방식을 말한다. RP거래는 콜거래, 기업어음거래 등과 같이 단기자금의 대차거래이지만 그 거래대상이 장기 금융자산인 채권이며, 이 채권이 담보의 성격을 지닌다는 점에서 다른 금융거래와는 다르다.

48 MMF Money Market Funds

단기금융상품에 집중투자하여 얻는 수익률을 되돌려주는 초단기형 실적배당상품

투자신탁회사가 고객들의 자금으로 펀드를 구성한 다음 금리가 높은 1년 미만의 기업어음(CP), 양도성예금증서(CD), 콜 등 단기금융상품에 집중투자를 하여 얻은 수익을 고객에게 돌려주는 만기 30일 이내의 초단기 금융상품이다.

기업어음(CP)
신용상태가 양호한 기업이 상거래와 관계없이 단기자금을 조달하기 위하여 자기신용을 바탕으로 발행하는 만기가 1년 이내인 융통어음이다.

49 뱅크런 Bank Run

금융시장이 불안한 상황일 때 은행에 돈을 맡긴 사람들이 대규모로 예금을 인출하는 사태

대규모 예금 인출사태를 의미한다. 금융시장이 불안정하거나 거래은행의 재정 상태가 좋지 않다고 판단할 때, 많은 사람들이 한꺼번에 예금을 인출하려고 하면서 은행은 위기를 맞는다.

펀드런
펀드 투자자들이 펀드에 투자한 돈을 회수하려는 사태가 잇따르는 것

50 규제 샌드박스

신기술 분야에서 일정 기간 동안 규제를 면제 또는 유예하는 제도

'샌드박스(Sand Box)'는 모래로 채워진 상자에서 어린이들이 자유롭게 노는 것에서 따온 용어로 기업이 새로운 기술이나 서비스를 자유롭게 시도할 수 있게 일정 기간 규제를 유예하거나 면제해주는 제도다. 영국에서 핀테크 산업을 빠르게 발전시키기 위해 이 제도를 처음 도입했다.

51 윔블던 효과

외국 자본이 국내 시장을 지배하는 현상

국내 시장에서 외국 기업이 자국 기업보다 잘 나가는 현상이다. 영국의 유명 테니스대회인 '윔블던 대회'가 외국 선수에게 문호를 개방한 이후 대회 자체의 명성은 올라갔지만, 영국인 우승자를 배출하는 것이 어려워진 것에 빗댄 것으로 금융시장을 개방하고 나서 외국계 자본이 국내 자본을 몰아내고 오히려 안방을 차지하는 현상을 말한다.

52 스키밍 가격전략 Skimming Pricing Strategy

신제품을 고가로 출시한 후 점차 가격을 낮추는 전략

시장에 신제품을 선보일 때 고가로 출시한 후 점차적으로 가격을 낮추는 전략으로, 초기 고가전략이라고도 한다. 브랜드의 충성도가 높거나 제품의 차별점이 확실할 때 사용한다.

> **침투 가격전략**
> 스키밍 가격전략과 반대되는 가격전략으로, 저가로 출시한 뒤 점차 가격을 높이는 전략
>
> **단일 가격전략**
> 판매처나 판매방식에 관계없이 제품가격을 동일하게 판매하는 전략
>
> **적응 가격전략**
> 소비자의 구매를 유도하기 위해 유사상품의 가격을 다르게 적용하는 전략

53 벌처펀드 Vulture Fund

파산위기에 놓인 부실기업이나 부실채권에 투자하는 자금

사냥해서 먹이를 얻지 않고 동물의 사체를 먹는 대머리독수리(Vulture)에서 유래한 표현으로, 거의 회생가능성이 없는 파산위기의 기업이나 부실채권에 투자해 수익을 내는 자금을 말한다. 싼 값에 매수하여 정상화시킨 후 비싼 값에 팔아 고수익을 노린다는 전략인데, 그만큼 위험성도 크다.

54 헤지펀드

투자 위험 대비 고수익을 추구하는 투기성 자본

소수의 고액투자자를 대상으로 하는 사모펀드다. 주가의 장·단기 실적을 두루 고려해 장·단기 모두에 투자하는 식으로 포트폴리오를 구성하여 위험은 분산시키고 수익률은 극대화한다. 또한, 헤지펀드는 원래 조세회피 지역에 위장거점을 설치하고 자금을 운영하는 투자신탁으로 자금은 투자 위험을 회피하기 위해 펀드로 사용한다.

> **사모펀드**
> 소수의 투자자들로부터 자금을 모아 주식이나 채권 등에 운용하는 펀드

55 인덱스펀드

특정 지수들을 따라가도록 설계되고 운용되는 펀드

인덱스펀드는 주가지표의 변동과 동일한 투자성과를 내기 위해 구성된 포트폴리오로 증권시장의 장기적 성장추세를 전제로 한다. 그러므로 인덱스펀드의 목표수익률은 시장수익률 자체가 주된 목적이 되며 지수 추종형 펀드 또는 패시브형 펀드라고도 한다.

56 어닝 시즌 Earning Season

기업들의 분기별 · 반기별 실적 발표 시기

기업은 일정기간(1년에 4번, 분기별) 동안 실적을 발표하여 이를 종합하여 반기보고서, 연간결산보고서를 발표한다. 이때가 보통 12월인데, 실적 발표가 집중되는 만큼 주가의 향방이 결정되는 중요한 시기이기 때문에 투자자들은 어닝 시즌에 집중하게 된다.

> **어닝 서프라이즈(Earnings Surprise)**
> 시장 예상치를 뛰어 넘는 '기대 이상의 실적'을 말한다. 기업의 실적에 의하여 주가의 방향이 달라지는데, 발표한 실적이 예상보다 높을 때는 주가가 큰 폭으로 오르는 경우가 더욱 많다. 그러나 반대로, 예상보다 훨씬 낮을 때는 주가에 충격을 준다는 의미로 어닝 쇼크(Earning Shock)라고 한다.

57 필립스 곡선 Phillip's Curve

임금상승률과 실업률과의 관계를 나타낸 그래프

실업률이 낮으면 임금상승률이 높고 실업률이 높으면 임금상승률이 낮다는 관계를 나타낸 곡선이다. 영국 경제학자 필립스가 실제 영국의 사례를 토대로 분석한 결과에서 $x=$ 실업률, $y=$ 임금상승률로 하여 $\log(y+0.9)=0.984-1.394x$ 라는 관계를 도출하였다. 이 경우 실업률이 5.5%일 때 임금상승률은 0이 된다. 최근에는 임금상승률과 실업률의 관계보다는 물가상승률과 실업률의 관계를 보는 것이 일반적이다.

01 값싼 가격에 질 낮은 저급품만 유통되는 시장을 가리키는 용어는?

① 레몬마켓

② 프리마켓

③ 제3마켓

④ 피치마켓

해설

레몬마켓은 저급품만 유통되는 시장으로, 불량품이 넘쳐나면서 소비자의 외면을 받게 된다. 피치마켓은 레몬마켓의 반대어로, 고품질의 상품이나 우량의 재화·서비스가 거래되는 시장을 의미한다.

02 전세가와 매매가의 차액만으로 전세를 안고 주택을 매입한 후 부동산 가격이 오르면 이득을 보는 '갭 투자'와 관련된 경제 용어는 무엇인가?

① 코픽스

② 트라이슈머

③ 레버리지

④ 회색 코뿔소

해설

• 갭 투자 : 전세를 안고 하는 부동산 투자이다. 부동산 경기가 호황일 때 수익을 낼 수 있으나 부동산 가격이 위축돼 손해를 보면 전세 보증금조차 갚지 못할 수 있는 위험한 투자이다.

• 레버리지(Leverage) : 대출을 받아 적은 자산으로 높은 이익을 내는 투자 방법이다. '지렛대효과'를 낸다 하여 레버리지라는 이름이 붙었다.

03 경기상황이 디플레이션일 때 나타나는 현상으로 옳은 것은?

① 통화량 감소, 물가하락, 경기침체

② 통화량 증가, 물가상승, 경기상승

③ 통화량 감소, 물가하락, 경기상승

④ 통화량 증가, 물가하락, 경기침체

해설

디플레이션은 통화량 감소와 물가하락 등으로 인하여 경제활동이 침체되는 현상을 말한다.

04 다국적 ICT기업들이 세계 각국에서 막대한 이익을 얻고도 조약이나 세법을 악용해 세금을 내지 않는 것을 막기 위해 도입한 것은?

① 스텔스 세금   ② 법인세
③ 구글세   ④ 국경세

> **해설**
> 구글, 애플, 마이크로소프트 등 다국적 ICT기업들은 전 세계적으로 막대한 수익을 얻는 반면 세금을 회피해왔다. 이에 유럽 국가를 중심으로 이러한 기업들에 세금을 부과하자는 움직임이 시작됐는데, 구글세는 그 명칭에 대표적인 포털사이트인 구글 이름을 붙인 것이다.

05 특정 품목의 수입이 급증할 때, 수입국이 관세를 조정함으로써 국내 산업의 침체를 예방하는 조치는 무엇인가?

① 세이프가드   ② 선샤인액트
③ 리쇼어링   ④ 테이퍼링

> **해설**
> 특정 상품의 수입 급증이 수입국의 경제 또는 국내 산업에 심각한 타격을 줄 우려가 있는 경우 세이프가드를 발동한다.
> ② 선샤인액트 : 제약사와 의료기기 제조업체가 의료인에게 경제적 이익을 제공할 경우 해당 내역에 대한 지출보고서 작성을 의무화한 제도
> ③ 리쇼어링 : 해외로 진출했던 기업들이 본국으로 회귀하는 현상
> ④ 테이퍼링 : 양적완화 정책의 규모를 점차 축소해가는 출구전략

06 다음 중 유로존 가입국이 아닌 나라는?

① 오스트리아   ② 프랑스
③ 아일랜드   ④ 스위스

> **해설**
> 유로존(Eurozone)은 유럽연합의 단일화폐인 유로를 국가통화로 도입하여 사용하는 국가나 지역을 가리키는 말로 오스트리아, 핀란드, 독일, 포르투갈, 프랑스, 아일랜드, 스페인 등 총 19개국이 가입되어 있다. 스위스는 유로존에 포함되어 있지 않기 때문에 자국 통화인 스위스프랑을 사용한다.

07 물가상승이 통제를 벗어난 상태로, 수백 퍼센트의 인플레이션율을 기록하는 상황을 말하는 경제용어는?

① 보틀넥인플레이션   ② 하이퍼인플레이션
③ 디맨드풀인플레이션   ④ 디스인플레이션

> **해설**
> ① 생산능력의 증가속도가 수요의 증가속도를 따르지 못함으로써 발생하는 물가상승
> ③ 초과수요로 인하여 일어나는 인플레이션
> ④ 인플레이션을 극복하기 위해 통화증발을 억제하고 재정·금융긴축을 주축으로 하는 경제조정정책

08 다음 중 리디노미네이션(Redenomination)에 대한 설명으로 옳지 않은 것은?

① 나라의 화폐를 가치의 변동 없이 모든 지폐와 은행권의 액면을 동일한 비율의 낮은 숫자로 표현하는 것을 말한다.
② 리디노미네이션의 목적은 화폐의 숫자가 너무 커서 발생하는 국민들의 계산이나 회계 기장의 불편, 지급상의 불편 등의 해소에 있다.
③ 리디노미네이션은 인플레이션 기대심리를 유발할 수 있다는 문제점이 있다.
④ 화폐단위가 변경되면서 새로운 화폐를 만들어야 하기 때문에 화폐제조비용이 늘어난다.

> **해설**
> 리디노미네이션은 인플레이션의 기대심리를 억제시키고, 국민들의 거래 편의와 회계장부의 편리화 등의 장점이 있다.

09 사회 구성원의 주관적인 가치판단을 반영하여 소득분배의 불평등도를 측정하는 지표는?

① 지니계수   ② 빅맥지수
③ 엥겔계수   ④ 앳킨슨지수

> **해설**
> 불평등에 대한 사회구성원의 주관적 판단을 반영한 앳킨슨지수는 앤토니 앳킨슨 런던정경대 교수가 개발한 불평등 지표로 균등분배와 대등소득이라는 가정 하에서 얼마씩 똑같이 나누어주면 현재와 동일한 사회후생을 얻을 수 있는지 판단하고 비율을 따져본다. 보통 지니계수와 비슷하게 움직인다.

10 납세자들이 세금을 낸다는 사실을 잘 인식하지 못하고 내는 세금을 무엇이라 하는가?

① 시뇨리지   ② 인플레이션 세금

③ 스텔스 세금   ④ 버핏세

해설

스텔스 세금은 부가가치세, 판매세 등과 같이 납세자들이 인식하지 않고 내는 세금을 레이더에 포착되지 않고 적진에 침투하는 스텔스 전투기에 빗대어 표현한 것이다.

11 복잡한 경제활동 전체를 '경기'로서 파악하기 위해 제품, 자금, 노동 등에 관한 통계를 통합·정리해서 작성한 지수는?

① 기업경기실사지수   ② 엔젤지수

③ GPI   ④ 경기동향지수

해설

경기동향지수는 경기의 변화방향만을 지수화한 것으로 경기확산지수라고도 한다. 즉, 경기국면의 판단 및 예측, 경기전환점을 식별하기 위한 지표이다.

12 다음과 같은 현상을 무엇이라 하는가?

> 국제 유가 급락, 신흥국 경제위기, 유럽 디플레이션 등 각종 악재가 동시다발적으로 한꺼번에 터지는 것

① 세컨더리 보이콧   ② 칵테일리스크

③ 염소의 저주   ④ 스태그플레이션

해설

여러 가지 악재가 동시에 발생하는 경제위기 상황을 칵테일리스크라고 하는데, 다양한 술과 음료를 혼합해 만드는 칵테일에 빗대 표현한 말이다. 세계적인 경기침체, 이슬람 무장단체의 테러 등이 혼재된 경제위기를 의미한다.

13 제품의 가격을 인하하면 수요가 줄어들고 오히려 가격이 비싼 제품의 수요가 늘어나는 것을 무엇이라고 하는가?

① 세이의 법칙
② 파레토최적의 법칙
③ 쿠즈의 U자 가설
④ 기펜의 역설

해설

기펜의 역설(Giffen's Paradox)
한 재화의 가격 하락(상승)이 도리어 그 수요의 감퇴(증가)를 가져오는 현상이다. 예를 들어 쌀과 보리는 서로 대체재인 관계에 있는데, 소비자가 빈곤할 때는 보리를 많이 소비하나, 부유해짐에 따라 보리의 수요를 줄이고 쌀을 더 많이 소비하는 경향이 있다.

14 돈을 풀고 금리를 낮춰도 투자와 소비가 늘지 않는 현상을 무엇이라 하는가?

① 유동성 함정
② 스태그플레이션
③ 디멘드풀인플레이션
④ 애그플레이션

해설

유동성 함정(Liquidity Trap)은 경제주체들이 돈을 움켜쥐고 시장에 내놓지 않는 상황으로, 기업의 생산·투자와 가계의 소비가 늘지 않아 경기가 나아지지 않고 저성장의 늪으로 빠지는 것처럼 보이는 현상이다. 케인스는 한 나라 경제가 유동성 함정에 빠졌을 때는 금융·통화정책보다는 재정정책을 펴는 것이 효과적이라고 주장했다.

15 다음 보기에서 설명하고 있는 효과는?

> • 가격이 오르는데도 일부 계층의 과시욕이나 허영심 등으로 인해 수요가 줄어들지 않는 현상
> • 상류층 소비자들의 소비 행태를 가리키는 말

① 바넘 효과
② 크레스피 효과
③ 스놉 효과
④ 베블런 효과

해설

미국의 경제학자이자 사회학자인 소스타인 베블런(Thorstein Bunde Veblen)이 자신의 저서 〈유한계급론〉(1899)에서 "상류층계급의 두드러진 소비는 사회적 지위를 과시하기 위하여 자각 없이 행해진다"고 지적한 데서 유래했다.

16 다음 글이 설명하고 있는 시장의 유형으로 적절한 것은?

> • 주변에서 가장 많이 볼 수 있는 시장의 유형이다.
> • 공급자의 수는 많지만, 상품의 질은 조금씩 다르다.
> • 소비자들은 상품의 차별성을 보고 기호에 따라 재화나 서비스를 소비하게 된다. 미용실, 약국 등이 속한다.

① 과점시장
② 독점적 경쟁시장
③ 생산요소시장
④ 완전경쟁시장

해설

다수의 공급자, 상품 차별화, 어느 정도의 시장 지배력 등의 특징을 갖고 있는 시장은 독점적 경쟁시장이다. 과점시장은 소수의 기업이나 생산자가 시장을 장악하고 비슷한 상품을 제조하며 동일한 시장에서 경쟁하는 시장형태이다. 우리나라 이동통신회사가 대표적인 예이다.

17 아시아 개발도상국들이 도로, 학교와 같은 사회간접자본을 건설할 수 있도록 자금 등을 지원하는 국제기구로, 중국이 주도한다는 점이 특징인 조직은?

① IMF
② AIIB
③ ASEAN
④ World Bank

해설

AIIB(아시아인프라투자은행)는 2013년 시진핑 주석이 창설을 처음 제의하였으며, 2014년 10월 아시아 21개국이 설립을 위한 양해각서(MOU)에 서명함으로써 자본금 500억 달러 규모로 출범했다.

18 총 가계지출액 중에서 식료품비가 차지하는 비율, 즉 엥겔(Engel)계수에 대한 설명과 가장 거리가 먼 것은?

① 농산물 가격이 상승하면 엥겔계수가 올라간다.
② 엥겔계수를 구하는 식은 식료품비/총가계지출액×100이다.
③ 엥겔계수는 소득 수준이 높아짐에 따라 점차 증가하는 경향이 있다.
④ 엥겔계수 상승에 따른 부담은 저소득층이 상대적으로 더 커진다.

해설

식료품은 필수품이기 때문에 소득 수준과 관계없이 반드시 일정한 비율을 소비해야 하며 동시에 어느 수준 이상은 소비할 필요가 없는 재화이다. 따라서 엥겔계수는 소득 수준이 높아짐에 따라 점차 감소하는 경향이 있다.

19 경기침체 속에서 물가상승이 동시에 발생하는 상태를 가리키는 용어는?

① 디플레이션　　　　　　　　　　　② 하이퍼인플레이션
③ 스태그플레이션　　　　　　　　　　④ 애그플레이션

> **해설**
> ① 경제 전반적으로 상품과 서비스의 가격이 지속적으로 하락하고 경제활동이 침체되는 현상
> ② 물가 상승 현상이 통제를 벗어난 초인플레이션 상태
> ④ 곡물 가격이 상승하면서 일반 물가도 오르는 현상

20 서방 선진 7개국 정상회담(G7)은 1975년 프랑스가 G6 정상회의를 창설하고 그 다음해 캐나다가 추가 · 확정되면서 매년 개최된 회담이다. 다음 중 G7 회원국이 아닌 나라는?

① 미 국　　　　　　　　　　　　　　② 영 국
③ 이탈리아　　　　　　　　　　　　　④ 중 국

> **해설**
> 1975년 프랑스가 G6 정상회의를 창설했다. 미국, 프랑스, 독일, 영국, 이탈리아, 일본 등 서방 선진 6개국의 모임으로 출범하였으며, 그 다음해 캐나다가 추가되어 서방 선진 7개국 정상회담(G7)으로 매년 개최되었다. 1990년대 이후 냉전 구도 해체로 러시아가 옵서버 형식으로 참가하였으나, 2014년 이후 제외됐다.

21 다음 중 지니계수에 대한 설명으로 옳지 않은 것은?

① 0과 1 사이의 값을 가지며 1에 가까울수록 불평등 정도가 낮다.
② 로렌츠곡선에서 구해지는 면적 비율로 계산한다.
③ 계층 간 소득분포의 불균형 정도를 나타낸 수치다.
④ 소득이 어느 정도 균등하게 분배되는지 평가하는 데 이용된다.

> **해설**
> 지니계수는 계층 간 소득분포의 불균형 정도를 나타내는 수치로, 소득이 어느 정도 균등하게 분배돼 있는 지를 평가하는데 주로 이용된다. 지니계수는 0과 1 사이의 값을 가지며 1에 가까울수록 불평등 정도가 높은 것을 뜻한다.

22 일할 수 있는 젊은 세대인 생산가능인구(만 15 ~ 64세)의 비중이 하락하면서 부양해야 할 노년층은 늘어나고, 이로 인해 경제 성장세가 둔화되는 시기를 가리키는 것은?

① 인구 보너스(Demographic Bonus)
② 인구 플러스(Demographic Plus)
③ 인구 센서스(Demographic Census)
④ 인구 오너스(Demographic Onus)

해설

① 인구 보너스(Demographic Bonus) : 전체 인구에서 생산가능인구가 차지하는 비중이 높아지고, 유년 인구와 고령 인구 비율이 낮은 상황
③ 인구 센서스(Demographic Census) : 인구주택총조사

23 다음 중 임금상승률과 실업률 사이의 상충관계를 나타낸 것은?

① 로렌츠곡선
② 필립스곡선
③ 지니계수
④ 래퍼곡선

해설

실업률과 임금 · 물가상승률의 반비례 관계를 나타낸 곡선은 필립스곡선(Phillips Curve)이다. 실업률이 낮으면 임금이나 물가의 상승률이 높고, 실업률이 높으면 임금이나 물가의 상승률이 낮다는 것이다.

24 다음 중 경기가 회복되는 국면에서 일시적인 어려움을 겪는 상황을 나타내는 것은?

① 스크루플레이션
② 소프트패치
③ 러프패치
④ 그린슈트

해설

경기가 상승하는 국면에서 본격적으로 침체되거나 후퇴하는 것은 아니지만 일시적으로 성장세가 주춤해지면서 어려움을 겪는 현상을 소프트패치(Soft Patch)라 한다.
① 스크루플레이션 : 쥐어짤 만큼 어려운 경제상황에서 체감 물가가 올라가는 상태
③ 러프패치 : 소프트패치보다 더 나쁜 경제상황으로, 소프트패치 국면이 상당기간 길어질 수 있음을 의미
④ 그린슈트 : 경제가 침체에서 벗어나 조금씩 회복되면서 발전할 조짐을 보이는 것

25 미국 보스턴 컨설팅 그룹이 개발한 BCG 매트릭스에서 기존 투자에 의해 수익이 계속적으로 실현되는 자금 공급 원천에 해당하는 사업은?

① 스타(Star) 사업
② 도그(Dog) 사업
③ 캐시카우(Cash Cow) 사업
④ 물음표(Question Mark) 사업

해설

캐시카우 사업은 시장점유율이 높아 안정적으로 수익을 창출하지만 성장 가능성은 낮은 사업이다. 스타 사업은 수익성과 성장성이 모두 큰 사업이며, 그 반대가 도그 사업이다. 물음표 사업은 앞으로 어떻게 될 지 알 수 없는 사업이다.

26 다음 보기와 관련 있는 마케팅 방법은?

- 남성 전용 미용실 '블루클럽'
- 모유, 우유 등에 알레르기를 보이는 유아용 분유
- 왼손잡이용 가위

① 니치 마케팅
② 스텔스 마케팅
③ 앰부시 마케팅
④ 매스 마케팅

해설

틈새를 비집고 들어가는 것처럼 시장의 빈틈을 공략하는 것으로, 시장 세분화를 통해 특정한 성격을 가진 소규모의 소비자를 대상으로 하는 니치 마케팅에 대한 설명이다.

27 다음 중 기업이 공익을 추구하면서도 실질적인 이익을 얻을 수 있도록 공익과의 접점을 찾는 마케팅은?

① 바이럴 마케팅
② 코즈 마케팅
③ 니치 마케팅
④ 헤리티지 마케팅

해설

기업이 일방적으로 기부나 봉사활동을 하는 것에서 나아가 기업이 공익을 추구하면서도 이를 통해 실질적인 이익을 얻을 수 있도록 공익과의 접점을 찾는 것을 코즈 마케팅이라 한다.

28 다음 중 BCG 매트릭스에서 원의 크기가 의미하는 것은?

① 시장 성장률　　　　　　　　　② 상대적 시장점유율
③ 기업의 규모　　　　　　　　　④ 매출액의 크기

> **해설**
>
> BCG 매트릭스에서 원의 크기는 매출액의 크기를 의미한다.
>
> BCG 매트릭스
>
> 미국의 보스턴컨설팅그룹이 개발한 사업전략의 평가기법으로 '성장-점유율 분석'이라고도 한다. 상대적 시장점유율과 시장성장률이라는 2가지를 각각 X, Y축으로 하여 매트릭스(2차원 공간)에 해당 사업을 위치시켜 사업전략을 위한 분석과 판단에 이용한다.

29 제품 생산부터 판매에 이르기까지 소비자를 관여시키는 마케팅 기법을 무엇이라고 하는가?

① 프로슈머 마케팅　　　　　　　② 풀 마케팅
③ 앰부시 마케팅　　　　　　　　④ 노이즈 마케팅

> **해설**
>
> 프로슈머 마케팅 : 소비자의 아이디어를 제품 개발 및 유통에 활용하는 마케팅 기법
> ② 풀 마케팅 : 광고·홍보활동에 고객들을 직접 주인공으로 참여시켜 벌이는 마케팅 기법
> ③ 앰부시 마케팅 : 스폰서의 권리가 없는 자가 마치 자신이 스폰서인 것처럼 하는 마케팅 기법
> ④ 노이즈 마케팅 : 상품의 품질과는 상관없이 오로지 상품을 판매할 목적으로 각종 이슈를 요란스럽게 치장해 구설에 오르도록 하거나, 화젯거리로 소비자들의 이목을 현혹시켜 판매를 늘리는 마케팅 기법

30 다음 중 재벌의 황제경영을 바로잡아 보려는 직접적 조처에 해당하는 것은?

① 사외이사제도　　　　　　　　② 부채비율의 인하
③ 채무보증의 금지　　　　　　　④ 지주회사제도

> **해설**
>
> 사외이사제도는 1997년 외환위기를 계기로 우리 스스로가 기업 경영의 투명성을 높이고자 도입한 제도이다. 경영감시를 통한 공정한 경쟁과 기업 이미지 쇄신은 물론, 전문가를 경영에 참여시킴으로써 기업경영에 전문지식을 활용하려는 데 목적이 있다.

31 다음 중 주주총회에 대한 설명으로 틀린 것은?

① 주주총회에서 행하는 일반적인 결의방법은 보통결의이다.
② 특별결의는 출석한 주주의 의결권의 3분의 1 이상의 수와 발행주식 총수의 3분의 1 이상의 수로써 정해야 한다.
③ 총회의 결의에 관하여 특별한 이해관계가 있는 자는 의결권을 행사할 수 없다.
④ 주주총회의 의사의 경과요령과 그 결과를 기재한 서면을 의사록이라고 한다.

해설
특별결의는 출석한 주주의 의결권의 3분의 2 이상의 수와 발행주식 총수의 3분의 1 이상의 수로써 정해야 한다.

32 목표에 의한 관리(MBO)에 대한 설명으로 가장 적절하지 않은 것은?

① 구성원의 개인적 목표와 조직의 목표를 통합하려는 노력이다.
② 조직 내 모든 계층의 구성체가 함께 참여하여 목표를 구현한다.
③ 공공부문에 도입할 경우 목표성과의 측정이 용이하다.
④ 수행결과를 평가하고 환류시켜 조직의 효율성을 향상시킨다.

해설
조직성원의 참여과정을 통해 조직의 공통된 목표를 명확히 하고 체계적으로 조직성원들의 목표를 부과하며, 그 수행결과를 평가하고 환류시켜 궁극적으로 조직의 효율성을 향상시키기 위한 관리기법을 말한다. 민간부문과는 달리 공공서비스는 구체적·계량적인 목표를 설정하기 곤란하다.

33 전 세계 1 ~ 3% 안에 드는 최상류 부유층의 소비자를 겨냥해 따로 프리미엄 제품을 내놓는 마케팅을 무엇이라고 하는가?

① 하이엔드 마케팅(High-end Marketing)
② 임페리얼 마케팅(Imperial Marketing)
③ 카니벌라이제이션(Cannibalization)
④ 하이브리드 마케팅(Hybrid Marketing)

해설
고소득층 및 상류층과 중상류층이 주로 구입하는 제품 또는 서비스를 럭셔리(Luxury) 마케팅, 프레스티지(Prestige) 마케팅, 하이엔드 마케팅, VIP 마케팅이라고 한다.

34 IPO에 대한 설명 중 옳지 않은 것은?

① 주식공개나 기업공개를 의미한다.
② IPO 가격이 낮아지면 투자자의 투자수익이 줄어 자본조달 여건이 나빠진다.
③ 소유권 분산으로 경영에 주주들의 압력이 가해질 수 있다.
④ 발행회사는 주식 발행가격이 높을수록 IPO 가격도 높아진다.

해설

IPO(Initial Public Offering ; 주식공개 제도)는 기업이 일정 목적을 가지고 주식과 경영상의 내용을 공개하는 것을 의미한다. 발행회사는 주식 발행가격이 높을수록 IPO 가격이 낮아지므로 투자자의 투자수익은 줄어 추가공모 등을 통한 자본조달 여건이 나빠진다. 성공적인 IPO를 위해서는 적정 수준에서 기업을 공개하는 것이 중요하며 투자자들의 관심을 모으는 것이 필요하다.

35 기업 M&A에 대한 방어전략의 일종으로 적대적 M&A가 시도될 경우 기존 주주들에게 시가보다 싼 값에 신주를 발행해 기업인수에 드는 비용을 증가시키는 방법은?

① 황금낙하산
② 유상증자
③ 신주발행
④ 포이즌 필

해설

포이즌 필은 적대적 M&A 등 특정 사건이 발생하였을 때 기존 주주들에게 회사 신주(新株)를 시가보다 훨씬 싼 가격으로 매입할 수 있도록 함으로써 적대적 M&A 시도자로 하여금 지분확보를 어렵게 하여 경영권을 방어할 수 있도록 하는 것이다.

36 기업이 임직원에게 자기회사의 주식을 일정 수량, 일정 가격으로 매수할 수 있는 권리를 부여하는 제도는?

① 사이드카(Side Car)
② 스톡옵션(Stock Option)
③ 트레이딩칼라(Trading Collar)
④ 서킷브레이커(Circuit Breaker)

해설

① 사이드카(Side Car) : 선물시장이 급변할 경우 현물시장에 대한 영향을 최소화함으로써 현물시장을 안정적으로 운용하기 위한 관리제도
③ 트레이딩칼라(Trading Collar) : 주식시장 급변에 따른 지수 변동성 확대로 시장의 불안 정도가 높아질 때 발효되는 시장 조치
④ 서킷브레이커(Circuit Breaker) : 주식시장에서 주가가 급등 또는 급락하는 경우 주식매매를 일시정지하는 제도

37 다음에서 설명하는 내용에 적용할 수 있는 마케팅 기법은?

> • 소셜커머스로 레스토랑 할인쿠폰을 구매한다.
> • 매장 사이트를 방문하여 예약을 한다.
> • 지도앱 등을 통해 가장 가까운 카페 중 한 곳을 고른다.

① 코즈 마케팅   ② 스토리텔링 마케팅
③ O2O 마케팅   ④ 플래그십 마케팅

해설

O2O 마케팅(Online To Offline) : 모바일 서비스를 기반으로 한 오프라인 매장의 마케팅 방법이다. 즉, 온라인을 통해 오프라인 매장에 대한 정보를 습득하고 매장에서 이용할 수 있는 공동구매나 쿠폰 등을 온라인에서 얻는 것을 말한다.

38 금융기관의 재무건전성을 나타내는 기준으로, 위험가중자산(총자산)에서 자기자본이 차지하는 비율을 말하는 것은?

① DTI   ② LTV
③ BIS 비율   ④ 지급준비율

해설

국제결제은행(Bank for International Settlement)에서는 국제금융시장에서 자기자본비율(BIS 비율)을 8% 이상 유지하도록 권고하고 있다.

39 다음 중 세계 3대 신용평가기관이 아닌 것은?

① 무디스(Moody's)
② 스탠더드 앤드 푸어스(S&P)
③ 피치 레이팅스(FITCH Ratings)
④ D&B(Dun&Bradstreet Inc)

해설

영국의 피치 레이팅스(FITCH Ratings), 미국의 무디스(Moody's)와 스탠더드 앤드 푸어스(S&P)는 세계 3대 신용평가기관으로서 각국의 정치·경제 상황과 향후 전망 등을 고려하여 국가별 등급을 매겨 국가신용도를 평가한다. D&B(Dun&Bradstreet Inc)는 미국의 신용조사 전문기관으로 1933년에 R. G. Dun&Company와 Bradstreet Company의 합병으로 설립되었다.

40 연간소득 대비 총부채 연간 원리금 상환액을 기준으로 부채상환능력을 평가함으로써 대출규모를 제한하는 규제는?

① DTI
② LTV
③ DSR
④ DTA

> **해설**
>
> DSR(Debt Service Ratio)은 차주의 소득 대비 부채 수준을 나타내는 지표로 현행 총부채상환비율(DTI)과 비슷하지만 훨씬 엄격하다. 해당 주택담보대출의 원리금과 다른 대출의 이자 부담만을 적용해 계산하는 DTI와 달리 DSR은 할부금, 마이너스 통장 등 전체의 원리금 상환 부담을 반영해 산출한다.
> ① DTI : 연소득에서 부채의 연간 원리금 상환액이 차지하는 비율
> ② LTV : 담보 물건의 실제 가치 대비 대출금액의 비율
> ④ DTA : 자산평가액 대비 총부채 비율

41 선물시장이 급변할 경우 현물시장에 들어오는 프로그램 매매주문의 처리를 5분 동안 보류하여 현물시장의 타격을 최소화하는 프로그램 매매호가 관리제도를 무엇이라고 하는가?

① 코스피
② 트레이딩칼라
③ 사이드카
④ 서킷브레이커

> **해설**
>
> ① 코스피 : 증권거래소에 상장된 종목들의 주식 가격을 종합적으로 표시한 수치
> ② 트레이딩칼라(Trading Collar) : 주식시장 급변에 따른 지수 변동성 확대로 시장의 불안 정도가 높아질 때 발효되는 시장 조치
> ④ 서킷브레이커(Circuit Breaker) : 주식시장에서 주가가 급등 또는 급락하는 경우 주식매매를 일시정지하는 제도

42 지주회사에 대한 설명으로 옳지 않은 것은?

① 카르텔형 복합기업의 대표적인 형태이다.
② 한 회사가 타사의 주식 전부 또는 일부를 보유함으로써 다수기업을 지배하려는 목적으로 이루어 지는 기업집중 형태이다.
③ 자사의 주식 또는 사채를 매각하여 타 회사의 주식을 취득하는 증권대위의 방식에 의한다.
④ 콘체른형 복합기업의 전형적인 기업집중 형태이다.

> **해설**
>
> 지주회사는 콘체른형 복합기업의 대표적인 형태로서 모자회사 간의 지배관계를 형성할 목적으로 자회사의 주식총수에서 과반수 또는 지배에 필요한 비율을 소유・취득하여 해당 자회사의 지배권을 갖고 자본적으로나 관리기술적인 차원에서 지배관계를 형성하는 기업을 말한다.

43 주가가 떨어질 것을 예측해 주식을 빌려 파는 공매도를 했지만 반등이 예상되자 빌린 주식을 되갚으면서 주가가 오르는 현상은?

① 사이드카 ② 디노미네이션
③ 서킷브레이커 ④ 숏커버링

해설

없는 주식이나 채권을 판 후 보다 싼 값으로 주식이나 그 채권을 구해 매입자에게 넘기는데, 예상을 깨고 강세장이 되어 해당 주식이 오를 것 같으면 손해를 보기 전에 빌린 주식을 되갚게 된다. 이때 주가가 오르는 현상을 숏커버링이라 한다.

44 다음 중 금융기관의 부실자산이나 채권만을 사들여 전문적으로 처리하는 기관을 무엇이라고 하는가?

① 굿뱅크 ② 배드뱅크
③ 다크뱅크 ④ 캔디뱅크

해설

배드뱅크는 금융기관의 방만한 운영으로 발생한 부실자산이나 채권만을 사들여 별도로 관리하면서 전문적으로 처리하는 구조조정 전문기관이다.

45 부가가치가 큰 복합전시산업을 의미하는 용어는?

① MICE산업 ② 정맥산업
③ 컨벤션산업 ④ 3I산업

해설

MICE산업
MICE는 국제회의와 포상관광, 국제 전시회와 이벤트를 주축으로 하는 산업을 의미한다. MICE산업으로 가장 유명한 국가는 싱가포르며, 우리나라의 대표적인 MICE 기업에는 킨텍스와 코엑스, 벡스코 등이 있다.

46 해외로 나가 있는 자국 기업들을 각종 세제 혜택과 규제 완화 등을 통해 자국으로 다시 불러들이는 정책을 가리키는 말은?

① 리쇼어링(Reshoring) ② 아웃소싱(Outsourcing)
③ 오프쇼어링(Off-shoring) ④ 앵커링 효과(Anchoring Effect)

해설

미국을 비롯한 각국 정부는 경기 침체와 실업난의 해소, 경제 활성화와 일자리 창출 등을 위해 리쇼어링 정책을 추진한다.

47 주식과 채권의 중간적 성격을 지닌 신종자본증권은?

① 하이브리드 채권　　　　　　　② 금융 채권
③ 연대 채권　　　　　　　　　　④ 농어촌지역개발 채권

해설

하이브리드 채권은 채권처럼 매년 확정이자를 받을 수 있고, 주식처럼 만기가 없으면서도 매매가 가능한 신종자본증권이다.

48 다음 중 환율인상의 영향이 아닌 것은?

① 국제수지 개선효과
② 외채 상환시 원화부담 가중
③ 수입 증가
④ 국내물가 상승

해설

환율인상의 영향
• 수출 증가, 수입 감소로 국제수지 개선효과
• 수입품의 가격 상승에 따른 국내물가 상승
• 외채 상환시 원화부담 가중

49 지급준비율에 대한 설명으로 틀린 것은?

① 지급준비율 정책은 통화량 공급을 조절하는 수단 중 하나로 금융감독원에서 지급준비율을 결정한다.
② 지급준비율을 낮추면 자금 유동성을 커지게 하여 경기부양의 효과를 준다.
③ 지급준비율은 통화조절수단으로 중요한 의미를 가진다.
④ 부동산 가격의 안정화를 위해 지급준비율을 인상하는 정책을 내놓기도 한다.

해설

지급준비율이란 시중은행이 고객이 예치한 금액 중 일부를 인출에 대비해 중앙은행에 의무적으로 적립해야 하는 지급준비금의 비율이다. 지급준비율의 결정은 중앙은행이 하는데 우리나라의 경우 한국은행이 이에 해당한다.

50 다음 중 환매조건부채권에 대한 설명으로 틀린 것은?

① 금융기관이 일정 기간 후 확정금리를 보태어 되사는 조건으로 발행하는 채권이다.

② 발행 목적에 따라 여러 가지 형태가 있는데, 흔히 중앙은행과 시중은행 사이의 유동성을 조절하는 수단으로 활용된다.

③ 한국은행에서도 시중에 풀린 통화량을 조절하거나 예금은행의 유동성 과부족을 막기 위해 수시로 발행하고 있다.

④ 은행이나 증권회사 등의 금융기관이 수신 금융상품으로는 판매할 수 없다.

> **해설**
> 은행이나 증권회사 등의 금융기관이 수신 금융상품의 하나로 고객에게 직접 판매하는 것도 있다.

51 고객의 투자금을 모아 금리가 높은 CD, CP 등 단기 금융상품에 투자해 고수익을 내는 펀드를 무엇이라 하는가?

① ELS ② ETF
③ MMF ④ CMA

> **해설**
> CD(양도성예금증서), CP(기업어음) 등 단기금융상품에 투자해 수익을 되돌려주는 실적배당상품을 MMF(Money Market Fund)라고 한다.

52 금융시장이 극도로 불안한 상황일 때 은행에 돈을 맡긴 사람들이 대규모로 예금을 인출하는 사태를 무엇이라 하는가?

① 더블딥 ② 디폴트
③ 펀드런 ④ 뱅크런

> **해설**
> 뱅크런은 대규모 예금 인출사태를 의미한다. 금융시장이 불안정하거나 거래은행의 재정상태가 좋지 않다고 판단될 때, 많은 사람들이 한꺼번에 예금을 인출하려고 하면서 은행은 위기를 맞게 된다. 한편, 펀드 투자자들이 펀드에 투자한 돈을 회수하려는 사태가 잇따르는 것은 펀드런이라 한다.

53 신흥국 시장이 강대국의 금리 정책 때문에 크게 타격을 입는 것을 무엇이라 하는가?

① 긴축발작 ② 옥토버서프라이즈
③ 어닝쇼크 ④ 덤벨이코노미

해설

① 긴축발작 : 2013년 당시 벤 버냉키 미국 연방준비제도(Fed) 의장이 처음으로 양적완화 종료를 시사한 뒤 신흥국의 통화 가치와 증시가 급락하는 현상이 발생했는데, 이를 가리켜 강대국의 금리 정책에 대한 신흥국의 '긴축발작'이라고 부르게 되었다. 미국의 금리인상 정책 여부에 따라 신흥국이 타격을 입으면서 관심이 집중되는 용어이다.
② 옥토버서프라이즈(October Surprise) : 미국 대통령 선거가 11월에 치러지기 때문에 10월 즈음에 각종 선거 판세를 뒤집기 위한 스캔들이 터져나오는 것을 가리킨다.
④ 덤벨이코노미(Dumbbell Economy) : 사회 전반적으로 건강한 삶과 운동에 대한 관심이 높아지면서 소비 진작이 나타나고 경제가 견인되는 현상을 가리킨다.

54 국내 시장에서 외국기업이 자국기업보다 더 활발히 활동하거나 외국계 자금이 국내 금융시장을 장악하는 현상을 지칭하는 용어는?

① 피셔 효과　　　　　　　　　　② 윔블던 효과
③ 베블런 효과　　　　　　　　　　④ 디드로 효과

해설

① 피셔 효과 : 1920년대 미국의 경제학자 어빙 피셔의 주장, 인플레이션이 심해지면 금리 역시 따라서 올라간다는 이론
③ 베블런 효과 : 가격이 오르는데도 오히려 수요가 증가하는 현상(가격은 가치를 반영)
④ 디드로 효과 : 새로운 물건을 갖게 되면 그것과 어울리는 다른 물건도 원하는 효과

55 신제품을 고가로 출시한 후 점차 가격을 낮추는 전략은?

① 에디션 전략　　　　　　　　　　② 넛지 전략
③ 블랙박스 전략　　　　　　　　　④ 스키밍 전략

해설

스키밍 가격 전략은 초기 고가전략이라고도 하며 시장에 신제품을 선보일 때 고가로 출시한 후 점차적으로 가격을 낮추는 전략이다. 반대 개념으로 침투 가격 전략이 있다.

56 기업의 실적이 시장 예상보다 훨씬 뛰어넘는 경우가 나왔을 때 일컫는 용어는?

① 어닝쇼크　　　　　　　　　　　② 어닝시즌
③ 어닝서프라이즈　　　　　　　　④ 커버링

해설

시장 예상보다 훨씬 나은 실적이 나왔을 때를 '어닝서프라이즈'라고 하고 실적이 나쁠 경우를 '어닝쇼크'라고 한다. 어닝서프라이즈가 있으면 주가가 오를 가능성이, 어닝쇼크가 발생하면 주가가 떨어질 가능성이 높다.

사회 · 노동 · 환경

01 노블레스 오블리주 Noblesse Oblige

사회적으로 높은 위치에 있거나 명예를 가진 사람에게 요구되는 도덕적 의무

사회지도층의 책임 있는 행동을 강조하는 프랑스어로, 초기 로마시대에 투철한 도덕의식으로 솔선수범했던 왕과 귀족들의 행동에서 비롯되었다. 도덕적 책임과 의무를 다하려는 사회지도층의 노력으로서 결과적으로 국민들을 결집시키는 긍정적인 효과를 기대할 수 있다.

> **리세스 오블리주(Richesse Oblige)**
> 부자가 쌓은 부(富)에도 사회적인 책임이 따른다는 의미이다. 노블레스 오블리주가 지도자층의 도덕의식과 책임감을 요구하는 것이라면, 리세스 오블리주는 부자들의 부의 독식을 부정적으로 보며 사회적 책임을 강조한다. 2011년 미국에서 일어난 월가 시위에서 '1대 99'라는 슬로건이 등장하는 등 1%의 탐욕과 부의 집중을 공격하는 용어로 쓰인다.
>
> **노블레스 말라드(Noblesse Malade)**
> '귀족'을 뜻하는 프랑스어 'Noblesse'와 '아픈, 병든'을 뜻하는 프랑스어 'Malade'의 합성어로, '부패한 귀족'을 의미한다. 오늘날로 말하면 갑질하는 기득권층이나 권력에 기대 부정부패를 일삼는 부유층이라 할 수 있다. '노블레스 오블리주'와 반대되는 것으로 그룹 회장의 기사 폭행, 최순실의 국정 농단, 땅콩 회항 사건 등 끊임없이 보도되는 권력층의 각종 만행들을 예로 들 수 있다.

02 J턴 현상

지방에서 대도시로 온 노동자가 출신지 근처 지방도시로 가는 현상

지방에서 대도시로 이동하여 생활하던 노동자가 도시생활에 염증을 느끼고 대도시를 탈출하여 출신지 근처 지방도시로 돌아가는 현상이다. 출신지에 일자리가 없거나 고용기회가 적은 경우 출신지와 가깝고 일자리가 있는 지방도시로 가는 것이다.

U턴 현상

지방에서 대도시로 이동하여 취직한 노동자가 다시 출신지로 돌아가는 현상이다. 주로 도시생활에 대한 염증, 부적응, 지방 임금 수준 상승 등의 이유로 출신지로 돌아간다.

03 ILO International Labour Organization

노동조건 개선과 노동자들의 기본 생활을 보장하기 위한 국제노동기구

국제적으로 노동자들을 보호하기 위해 설립돼 1946년 최초의 유엔전문기구로 인정받았으며 국제노동입법 제정을 통해 고용, 노동조건, 기술원조 등 노동자를 위한 다양한 활동을 하고 있다.

04 핌피 PIMFY 현상

수익성 있는 사업을 자기 지방에 유치하려는 현상

'제발, 우리 앞마당에!(Please In My Front Yard)'의 약어로, 사람들이 선호하거나 수익성 있는 시설을 자기 지역에 적극적으로 유치하려는 현상이다. 지역이기주의의 일종이다.

05 님비 NIMBY 현상

혐오시설이나 수익성 없는 시설이 자기 지역에 들어오는 것을 반대하는 현상

'나의 뒷마당에서는 안 된다(Not In My Back Yard)'의 약어로, 폐기물 처리장, 장애인 시설, 교도소 등 혐오시설이나 수익성이 없는 시설이 자기 지역으로 들어오는 것을 반대하는 현상이다. 지역이기주의의 또 다른 형태이다.

바나나 현상(Build Absolutely Nothing Anywhere Near Anybody)
님비 현상과 유사한 개념으로, 공해와 수질오염 등을 유발하는 공단, 댐, 원자력 발전소, 핵폐기물 처리장 등 환경오염시설의 설치에 대해 그 지역 주민들이 집단으로 거부하는 지역이기주의 현상이다.

06 님투 NIMTOO 현상

공직자가 자기 임기 중에 혐오시설을 설치하지 않고 임기를 마치려고 하는 현상

'Not In My Terms Of Office'의 약어로, 쓰레기 매립장, 분뇨처리장, 하수처리장, 공동묘지 등 주민들의 민원이 발생할 소지가 많은 혐오시설을 공직자가 자신의 재임기간 중에 설치하지 않고 임기를 마치려는 현상을 일컫는다. 님트(NIMT ; Not In My Term) 현상이라고도 한다.

핌투 현상(PIMTOO ; Please In My Terms Of Office)

공직자가 월드컵 경기장, 사회복지시설 등 선호시설을 자기 임기 중에 유치하려는 현상을 말한다. 가시적인 성과를 이뤄내기 위한 업무 형태로, 장기적인 계획은 고려하지 않은 채 무리하게 사업을 벌이는 행태를 꼬집는 말이다.

07 파파게노 효과 Papageno Effect

자살 관련 보도를 자제하여 자살을 예방하는 효과

'파파게노'는 모차르트의 오페라 〈마술 피리〉에 등장하는 인물로, 연인과 이루지 못한 사랑을 비관해 자살하려 하지만 요정들이 나타나 희망의 노래를 불러주자 자살의 유혹을 극복한다. 그러자 죽은 줄 알았던 연인이 돌아오고, 둘은 행복한 삶을 이어간다. 그의 이름에서 따온 파파게노 효과는 자살에 대한 보도를 금지하면 자살률이 낮아진다는 주장이다.

베르테르 효과(Werther Effect)

베르테르 효과는 자신이 모델로 삼거나 존경하던 인물, 또는 사회적으로 영향력 있는 유명인이 자살할 경우, 그 사람과 자신을 동일시해서 자살을 시도하는 현상을 일컫는다. 1974년 미국의 사회학자 필립스(David Phillips)가 이름 붙였다.

08 침묵의 나선 이론 The Spiral of Silence Theory

다수의 의견에 조용해지는 소수의 의견

독일의 사회학자 노엘레 노이만이 저서 〈침묵의 나선 이론-여론 형성 과정의 사회심리학〉을 통해 제시한 이론이다. 여론이 형성되는 과정에서 자기 입장이 다수 의견과 동일하면 적극적으로 동조하지만, 소수 의견일 경우에는 남에게 나쁜 평가를 받거나 고립되는 것이 두려워 침묵하는 현상을 말한다. 여론의 형성 과정이 한 방향으로 쏠리는 모습이 마치 나선 모양과 같다고 해서 붙여진 이름이다.

09 코쿠닝 현상 Cocooning Syndrome

외부 위험을 피해 안전한 집에서 안락을 추구하는 현상

독일의 미래학자 페이스 팝콘(F. Popcorn)이 '누에고치짓기 현상' 즉, '코쿠닝'이란 용어를 처음 사용하며 현대인들은 마치 누에고치처럼 자신을 보호하기 위해 보호막을 친다고 표현했다. 사회로부터의 도피라는 부정적인 측면과 가정의 회복 · 결속이라는 긍정적인 측면이 동시에 존재한다.

> **코쿤(Cocoon)족**
> 외부 세상과 현실에서 벗어나 자신만의 안전한 공간에서 안락함을 추구하려는 '나홀로족'을 의미한다. 이들은 자신만의 공간에 음향기기를 구비하여 음악감상을 하거나 컴퓨터를 통해 세상과 접촉한다.

10 방관자 효과 Bystander Effect

주변에 사람이 많을수록 위험에 처한 사람을 덜 돕게 되는 현상

주위에 사람들이 많을수록 책임이 분산되어 오히려 어려움 · 위험에 처한 사람을 돕지 않게 되는 현상을 뜻하는 심리학 용어이다. 이는 자신이 아닌 누군가가 도와줄 것이라는 심리적 요인에 의한 것이다. 방관자 효과 때문에 살해당한 피해자 제노비스의 이름을 따서 '제노비스 증후군(Genovese Syndrome)'이라고도 하고, '구경꾼 효과'라고도 한다.

11 경제활동인구

노동시장에서 경제생활에 활동할 수 있는 인구

만 15세 이상 인구 중 노동 능력이나 노동 의사가 있어 경제활동에 기여할 수 있는 인구이다. 한편 경제활동 참가율은 만 15세 이상 인구 중 경제활동인구(취업자 + 실업자)가 차지하는 비율을 말한다. 즉, 수입 목적으로 인한 취업자와 일을 찾고 있는 실업자를 포함한다.

$$경제활동참가율(\%) = \frac{경제활동인구}{만\ 15세\ 이상\ 인구} \times 100$$

비경제활동인구
- 우리나라에서는 15세 이상이 되어야 일할 능력이 있다고 보는데, 15세 이상 인구 가운데 일할 의사가 없는 사람을 말하며, 가정주부, 학생 등이 속한다.
- 15세 이상 인구 = 경제활동인구 + 비경제활동인구 = 취업자 + 실업자 + 비경제활동인구

12 아파르트헤이트 Apartheid

남아프리카 공화국에서 시행되었던 극단적인 인종차별정책과 제도

남아프리카 공화국은 백인우월주의를 기반으로 반투 홈랜드 정책으로 대표되는 인종격리정책을 비롯하여 경제적·사회적으로 백인의 특권 유지·강화를 기도했다. 아파르트헤이트는 이런 정책을 가리키는 말로, '분리·격리'를 뜻하는 아프리칸스어에서 비롯된 용어이다. 그러나 아프리카민족회의(ANC)의 의장이었던 넬슨 만델라가 최초 흑인 대통령이 되면서 철폐되었다.

13 증후군의 분류

구분	특징
뮌하우젠 증후군 (Munchausen Syndrome)	1951년 미국의 정신과 의사인 리처드 애셔가 〈The Lancet〉에 이 증상을 묘사하며 알려졌는데, 어떠한 신체적인 증상을 의도적으로 만들어내는 정신과적 질환을 말한다.
서번트 증후군 (Savant Syndrome)	사회성이 떨어지고 소통능력이 떨어지는 등의 지적 장애를 갖고 있으나 기억, 암산, 퍼즐 등의 특정 분야에서는 천재적인 능력을 갖는 증상이다.
스톡홀름 증후군 (Stockholm Syndrome)	인질이 인질범에게 동화되어 그들에게 동조하는 비이성적 현상을 가리키는 범죄심리학 용어이다.
리마 증후군 (Lima Syndrome)	인질범이 인질에게 정신적으로 동화되어 자신을 인질과 동일시함으로써 공격적인 태도가 완화되는 현상을 가리키는 범죄심리학 용어이다.
VDT 증후군 (Visual Display Terminal Syndrome)	컴퓨터 단말기를 오랜 시간 사용함으로써 발생하는 질병을 의미하는 것으로 VDT(Visual Display Terminal)란 주로 컴퓨터 모니터를 말한다.
피터팬 증후군 (PeterPan Syndrome)	성년이 되어도 어른들의 사회에 적응할 수 없는 '어린 아이'와 같은 남성들에게 나타나는 심리증상을 말한다.
리플리 증후군 (Ripley Syndrom)	남들을 속이는 데 도가 지나쳐 거짓말이 늘고 결국에는 자기 자신도 그 거짓을 진실인 것으로 믿게 되는 증상이다.
파랑새 증후군 (Bluebird Syndrome)	장래의 행복만을 꿈꾸면서 자기 주변에 만족하지 못하는 사람을 의미한다. 즉, 몽상가처럼 지금 시점에 만족하지 못하고 새로운 이상만을 추구하는 것이다.
샹그릴라 증후군 (Shangrila Syndrome)	시간적인 여유와 경제적인 풍요를 가진 시니어 계층을 중심으로 단조롭고 무색무취한 삶의 틀을 깨고, 젊게 살아가고자 하는 노력을 통틀어 말한다.
므두셀라 증후군 (Methuselah Syndrome)	과거는 항상 좋고 아름다운 것으로 생각하려는 현상을 말한다.
스탕달 증후군 (Stendhal Syndrome)	뛰어난 미술품이나 예술작품을 보았을 때 순간적으로 느끼는 각종 정신적 충동이나 분열증상으로, 이 현상을 겪고 처음으로 기록한 스탕달의 이름을 따서 명칭을 붙였다.
LID 증후군 (LID Syndrome)	노인들은 퇴직, 수입 감소, 자녀의 결혼, 배우자와의 사별, 친척·친구의 죽음, 신체적 감퇴 등으로 상실을 경험하면서 고독과 소외감을 느끼는데, 이런 상태가 지속되면 병적인 우울증에 빠지게 된다.
빈둥지 증후군 (Empty Nest Syndrome)	자녀가 결혼이나 독립을 하면서 집을 떠난 후 부모·양육자가 겪게 되는 외로움과 상실감이 지속되어 우울증에 빠지는 것을 말한다.
쿠바드 증후군 (Couvade Syndrome)	아내가 임신했을 경우 남편도 육체적·심리적 증상을 아내와 똑같이 겪는 현상을 말한다.

14 무리별 분류

구분	내용
딩크족 (DINK族)	'Double Income, No Kids'의 약어로 자녀 양육에 대한 경제적 부담이나 사회적 성공 등을 이유로 의도적으로 자녀를 두지 않는 맞벌이 부부를 말한다.
패라싱글족 (Parasite Single族)	패러사이트(Parasite ; 기생충)와 싱글(Single ; 혼자)이 합쳐진 용어로, 독립할 나이가 됐지만 경제적 이유로 부모 집에 얹혀살면서 자기만의 독립적인 생활을 즐기는 사람들을 가리킨다.
딘트족 (DINT族)	'Double Income, No Time'의 약어로 맞벌이를 해서 수입은 두 배이지만 업무가 바쁘고, 서로 시간이 없어 소비를 못하는 신세대 맞벌이 부부를 지칭하는 신조어다.
그루밍족 (Grooming族)	피부, 두발, 치아관리는 물론 성형수술까지 마다하지 않으면서 자신을 꾸미는 것에 대한 투자를 아끼지 않는 남성들을 가리킨다.
여피족 (Yuppie族)	Young(젊음), Urban(도시형), Professional(전문직)의 머리글자를 딴 YUP에서 나온 용어로, 도시에서 전문직에 종사하는 고수입의 젊은 인텔리를 말한다.
더피족 (Duppie族)	'여피(Yuppie)족'에서 'y' 대신 'Depressed(우울한)'의 'D'를 조합하여 만든 용어로, 경기침체로 인해 제대로 된 직장을 구하지 못하고 임시직으로 어렵게 생활하고 있는 도시 전문직을 의미한다.
욘족 (Yawn族)	'Young And Wealthy but Normal'의 준말로, 비교적 젊은 30 ~ 40대 나이에 부를 축적하였지만 호화생활을 멀리하고 자선사업을 하며 소박하게 사는 사람들을 가리킨다.
네스팅족 (Nesting族)	'새가 둥지를 짓다'는 뜻의 'Nest'에서 유래한 용어로, 일·돈·명예보다 화목한 가정과 여가·여유를 추구하는 신가정주의를 뜻한다.
슬로비족 (Slobbie族)	'Slow but better working people(천천히 그러나 더 훌륭하게 일하는 사람)'의 뜻을 지닌 용어로, 현대생활의 빠른 속도를 따르지 않고 천천히 느긋하게 살려는 사람들을 말한다.
니트족 (NEET族)	'Not in Education, Employment or Training'의 줄임말로서, 나라에서 정한 의무교육을 마친 후 진학이나 취직을 하지 않고 일할 의지도 없는 청년을 가리킨다.
프리터족 (Freeter族)	일본에서 생겨난 신조어로 Free(프리)+Arbeit(아르바이트)를 줄여 만든 용어로 일정한 직업 없이 돈이 필요할 때 일시적으로 아르바이트를 하며 생활하는 젊은 층을 말한다.
프리커족 (Freeker族)	'프리(Free ; 자유)'와 노동자를 뜻하는 '워커(Worker)'를 합성한 용어로, 1 ~ 2년 동안 직장 등에서 일하여 모은 돈으로 1 ~ 2년 동안 쉬면서 취미·여가를 즐기거나 자기계발을 하는 새로운 계층을 가리킨다.
시피족 (CIPIE族)	Character(개성), Intelligence(지성), Professionalism(전문성)의 머리글자를 딴 CIP에서 나온 말로, 지적 개성을 강조하고 심플 라이프를 추구하는 신세대 젊은이들을 말한다.
통크족 (TONK族)	'Two Only No Kids'의 준말로, 손주들을 돌보던 할아버지·할머니 역할에서 벗어나 부부끼리 여가생활을 즐기는 노인세대를 말한다.
보보스족 (Bobos族)	부르주아 보헤미안(Bourgeois Bohemian)의 준말로 삶의 여유와 가치를 중시하고, 가치 있다고 판단하는 제품과 서비스에 대해서는 가격에 상관없이 아낌없이 지불하는 젊은 세대이다.
쿠거족 (Cougar族)	원래 쿠거란 북미에 서식하는 동물인데, 연하남과 교제하며 미모와 경제력을 두루 갖춘 자신감 있는 여성을 쿠거에 빗대 표현한 것이다.
오팔족 (OPAL族)	'Old People with Active Life'의 준말인 OPAL은 니시무라 아키라와 하타 마미코가 지은 〈여자의 지갑을 열게 하라〉라는 책에서 처음 사용된 용어로, 활동적인 삶을 사는 노인들을 뜻한다.

15 실업의 종류

일주일에 1시간 이상 일에 종사하여 수입이 있는 사람을 **취업자**라 하고, 경제활동인구 가운데 취업자를 제외한 사람을 **실업자**라고 한다.

구분	내용
자발적 실업	일할 능력과 의사는 있지만 현재의 임금수준이나 복지 등에 만족하지 못하고 다른 곳으로 취업하기 원하여 발생하는 실업이다. 소득수준, 여가시간 활용에 대한 사람들의 관심이 증가하면서 자발적 실업도 늘고 있다.
잠재적 실업	표면적으로는 취업 중이지만 생계유지를 위해 잠시 만족스럽지 않은 직업에 종사하며 계속 구직에 힘쓰는 상태이다. 형식적으로는 취업 중이기 때문에 실업통계에 실업으로 기록되지 않아 '위장실업'이라고도 한다.
구조적 실업	경제가 성장함에 따라 산업구조·기술 등의 변화가 생기는데 이에 적절하게 대응하지 못해 발생하는 실업이다. 즉, 경제 구조가 바뀌고 기술혁신 등으로 기술격차가 발생할 때 이에 적응하지 못하는 근로자에게 발생하는 실업유형이다.
경기적 실업	경기가 침체됐을 때 인원 감축의 결과로 나타나는 실업으로, 일할 의지는 있지만 경기 악화로 인해서 발생하며 비자발적 실업의 한 형태이다. 경기가 회복되면 해소가 가능하지만, 회복될 때까지 긴 시간이 필요하며 경기변동은 주기적으로 발생하는 속성이 있어 경기적 실업은 끊임없이 발생하게 된다.
기술적 실업	기술진보로 인해서 기계가 노동인력을 대체함에 따라 노동수요가 감소해 발생하는 구조적 실업 형태 중의 하나이다. 기술진보의 영향에 민감한 산업에서 발생하며 일반적으로 선진국에서 볼 수 있는 유형이다.
마찰적 실업	구직자·근로자들이 더 좋은 조건을 찾는 탐색행위로 인해 발생하는 실업으로, 고용시장에서 노동의 수요와 공급 간에 소통이 원활하지 않아 발생한다. 근로자들이 자발적으로 선택해서 발생하는 일시적인 실업유형이므로 자발적 실업에 해당한다.

16 노동자의 분류

구분	내용
논칼라	블루칼라와 화이트칼라 이후에 나타난 무색칼라 세대로, 손에 기름을 묻히지도 않고 서류에 매달리지도 않는 컴퓨터 작업 세대를 말한다.
블루칼라	제조업·건설업 등 작업 현장에서 일하는 노동자로, 주로 청색 작업복을 입기 때문에 붙여진 용어이다.
화이트칼라	하얀 셔츠를 입고 사무실에서 일하는 노동자를 말한다.
그레이칼라	블루칼라와 화이트칼라의 중간층으로, 과학기술의 발달과 생산공정의 자동화로 인해 블루칼라와 화이트칼라의 노동이 유사해지면서 등장한 용어이다.
르네상스칼라	다양한 지식과 경험을 바탕으로 인터넷 분야에서 두각을 나타내는 사람들을 말한다.
퍼플칼라	근무시간과 장소가 자유로워 일과 가정을 함께 돌보면서 일할 수 있는 노동자를 말한다.
골드칼라	1985년 카네기멜론 대학의 로버트 켈리 교수가 최초로 사용한 용어로, 주로 정보를 다루는 첨단기술, 통신, 광고, 서비스직 등에서 아이디어를 무기로 사업 능력을 발휘하는 사람을 말한다.

17 직장폐쇄 Lock Out

근로자 측의 쟁의행위에 대항하는 사용자의 쟁의행위로, 사업장을 폐쇄하는 행위

「노동조합 및 노동관계조정법」에는 노동관계 당사자가 그 주장을 관철할 목적으로 행하는 쟁의행위 중한 가지로 '직장폐쇄'를 인정하고 있다(제2조). 단 사용자는 노동조합이 쟁의행위를 개시한 이후에만 직장폐쇄를 할 수 있고, 직장폐쇄를 할 경우에는 미리 행정관청 및 노동위원회에 각각 신고해야 한다(제46조). 직장폐쇄는 임금을 지급하지 않는 것을 전제로 하는 경제적 압력 수단이기 때문에 엄격한 제한이 필요하다.

18 매칭그랜트 Matching Grant

기업 임직원들이 모금한 후원금액에 비례해서 기업도 후원금을 내는 제도

기업이 사회적 역할과 책임을 다한다는 신념에 따라 실천하는 나눔 경영의 일종으로, 기업 임직원이 비영리 단체나 기관에 정기적으로 내는 기부금만큼 기업에서도 동일한 금액을 1:1로 매칭(Matching)시켜 내는 것을 말한다. 매칭그랜트는 기업과 직원이 함께 참여하여 이루어지므로 노사 화합에 긍정적인 영향을 준다.

19 사보타주 Sabotage

근로자가 고의로 사용자의 사유재산을 파괴하거나 업무를 게을리하는 쟁의행위

'사보(Sabo ; 나막신)'는 중세유럽 소작농이 주인에 대항하여 나막신으로 추수한 농작물을 짓밟은 데서 유래된 용어이다. 우리나라에서는 '태업'이라고 하는데, 생산 시설 파괴, 불량품 생산, 원재료 과소비 등을 통해 사용자에게 피해를 입히는 쟁의행위를 말한다.

20 유니언숍 Union Shop

종업원이 입사하면 반드시 노조에 가입하고 탈퇴하면 회사가 해고하도록 하는 제도

채용된 근로자가 일정기간 내에 조합에 가입하지 않거나, 조합에서 제명 혹은 탈퇴한 근로자는 해고된다. 채용할 때에는 가입 여부를 따지지 않지만 일단 채용되면 반드시 노동조합에 가입해야 한다는 점에서 오픈숍과 클로즈드숍을 절충한 것이다.

오픈숍(Open Shop)

근로자가 노동조합에 대한 가입과 탈퇴를 자기 의사에 따라 결정할 수 있는 제도로, 조합원과 비조합원을 차별하지 않고 동등하게 대우해야 한다. 우리나라에서는 공무원을 제외한 모든 근로자에게 오픈숍을 적용하고 있다.

클로즈드숍(Closed Shop)

사용자가 근로자를 고용할 때 노동조합의 가입을 필수조건으로 하는 제도이다. 조합에 가입하겠다는 의사를 밝히지 않은 사람은 고용하지 않고 조합을 탈퇴하거나 제명된 사람은 해고한다.

21 노동 3권

헌법상 노동자가 기본적으로 누려야 할 3가지 권리

헌법 제33조 제1항에 규정한 근로자의 기본 권리로, 근로자는 근로조건의 향상을 위해 자주적인 단결권, 단체교섭권, 단체행동권을 가진다.

- 단결권 : 노동조합을 결성 · 운영하며 노동조합 활동을 할 수 있는 권리이다.
- 단체교섭권 : 근로자가 근로조건을 유지하거나 개선하기 위해 단체로 모여 사용자와 교섭할 수 있는 권리이다.
- 단체행동권 : 근로자가 단체로 집단적인 행동을 할 수 있는 권리이다.

22 아폴로 신드롬 Apolo Syndrome

인재들이 모인 집단에서 오히려 성과가 낮게 나타나는 현상

영국의 경영학자 메러디스 벨빈이 〈팀 경영의 성공과 실패〉라는 책에서 사용한 용어이다. 아폴로 우주선을 만드는 일처럼 복잡하고 어려운 일일수록 뛰어난 인재들이 필요하지만, 실제로 명석한 두뇌를 가진 인재들만 모인 조직이 전반적으로 성과가 우수하지 않은 것을 설명했다.

23 유리천장 Glass Ceiling

성차별이나 인종차별 등의 이유로 충분한 능력을 갖춘 사람의 고위직 진출을 막는 장벽

1970년 미국의 〈월스트리트저널〉이 만들어낸 신조어이다. 여성, 장애인, 소수자 등 사회적 약자들이 충분한 능력이 있는데도 회사에서 승진할 수 없거나 승진의 최상한선을 두어 차별받는 상황을 비유적으로 표현한 용어이다.

> **유리바닥(Glass Floor)**
> 부유층이 신분하락을 막기 위해 만든 신분의 추락방지 장치로, 기득권에 유리한 정책과 인프라를 만드는 것을 말한다.

24 깨진 유리창 이론 Broken Window Theory

사소한 것들을 방치하면 더 큰 범죄나 사회문제로 이어진다는 사회범죄심리학 이론

미국의 범죄학자가 1982년 '깨진 유리창'이라는 글에 처음으로 소개한 이론이다. 길거리에 있는 상점에 어떤 이가 돌을 던져 유리창이 깨졌을 때 이를 방치해두면 그 다음부터는 '해도 된다'라는 생각에 훨씬 더 큰 문제가 발생하고 범죄로 이어질 확률이 높아진다는 이론이다.

25 업사이클링 Up-cycling

재활용품에 디자인 또는 활용도를 더해 그 가치가 더 높은 제품으로 만드는 것

업사이클링(Up-cycling)은 단순히 쓸모없어진 것을 재사용하는 리사이클링(Recycling)의 상위 개념으로 디자인 또는 활용도를 더해 전혀 다른 제품으로 생산하는 것을 말한다.

> **리자인(Resign)**
> 기존에 사용되다 버려진 물건에 디자인적 요소를 가미해 재탄생시키는 것

26 열섬현상

도시 온도가 주변 지역보다 높아지는 현상

도시의 온도가 교외보다 5℃ ~ 10℃ 정도 더 높아지는 현상이다. 도시에는 사람, 건물, 자동차로 인한 인공열이 많이 발생하고, 대기오염물질로 인한 온실효과가 있으며, 고층건물들 때문에 대기 환기가 어려워 열섬현상이 나타난다.

27 탄소발자국 Carbon Footprint

개인 또는 단체가 직접·간접적으로 발생시키는 온실 기체의 총량

우리가 일상생활을 하면서 탄소를 얼마나 배출해내는지 그 양을 한눈에 볼 수 있도록 표시한 것이다. 지구온난화의 가장 큰 원인 중의 하나인 탄소 발생에 대해 경각심을 갖고 정화를 위한 노력을 해나가자는 취지에서 만들어졌다.

탄소포인트제
온실가스 중 이산화탄소 감축 실적에 따라 탄소포인트를 발급하고, 그에 상응하는 인센티브를 제공하는 제도이다. 탄소포인트제는 환경부가 정책지원 및 제도화 추진을 맡아 총괄하고, 한국환경공단이 운영센터 관리와 기술·정보를 제공하며, 지방자치체가 운영·관리한다.

생태발자국(Ecological Footprint)
인간이 기본적인 생활을 하는 데 있어서 필요한 자원의 생산과 폐기에 드는 비용을 토지로 환산한 지수이다. 지구가 감당할 수 있는 생태발자국 면적 기준은 1인당 1.8ha이고 면적이 넓으면 넓을수록 환경문제가 심각하다는 것을 의미한다.

28 탄소배출권 CERs ; Certified Emission Reductions

일정 기간 동안 온실가스를 일정량 배출할 수 있는 권리

지구온난화를 일으키는 일산화탄소(CO), 메탄(CH), 아산화질소(NO)와 3종의 프레온가스, 6개 온실가스를 배출할 수 있는 권리를 의미한다. 유엔기후변화협약에서 발급하며, 발급된 CERs는 시장에서 상품처럼 거래할 수 있다. 주로 온실가스 배출을 줄여야 하는 의무를 지는 국가와 기업이 거래한다.

29 바이오에너지 Bioenergy

바이오매스(Biomass)를 연료로 하여 얻어지는 에너지

바이오에너지는 저장할 수 있고 재생이 가능하며, 물과 온도 조건만 맞으면 어느 곳에서나 얻을 수 있다. 적은 자본으로도 개발이 가능하며, 원자력 등 다른 에너지와 비교할 때 환경보전에 있어서 안전하다. 하지만 가용에너지량과 채산성 결여의 단점이 있다.

바이오매스
에너지 이용의 대상이 되는 생물체를 총칭하여 바이오매스라고 한다. 주요 바이오매스 자원으로는 나무, 초본식물, 수생식물, 해조류, 조류(藻類), 광합성 세균 등이 있다. 유기계 폐기물, 농산폐기물, 임산폐기물, 축산폐기물, 산업폐기물, 도시 쓰레기 등도 직접 또는 변환하여 연료화할 수 있다.

바이오 메탄
유기물이 분해되어 형성되는 바이오 가스에서 메탄만을 정제하여 추출한 연료로, 천연가스 수요처에서 에너지로 활용할 수 있다.

30 몬트리올 의정서

지구의 오존층을 보호하기 위해 오존층 파괴물질 사용을 규제하는 국제협약

정식 명칭은 '오존층을 파괴시키는 물질에 대한 몬트리올 의정서'이며 1989년 1월 발효됐다. 오존층 파괴물질인 프레온가스(CFC), 할론 등의 사용을 규제하여 지구의 오존층을 보호하는 것이 목적이다.

31 엘니뇨 El Nino

평년보다 0.5℃ 이상 해수면 온도가 높은 상태가 5개월 이상 지속되는 현상

엘니뇨는 주로 열대 태평양 적도 부근 남미 해안이나 중태평양 해상에서 발생하는데, 크리스마스 즈음에 나타나기 때문에 '아기 예수, 남자아이'를 뜻하는 스페인어 '엘니뇨'라고 불린다. 엘니뇨는 대기 순환에 영향을 주어 세계 각 지역에 홍수, 무더위, 가뭄 등 이상기후를 일으킨다.

32 나고야 의정서 Nagoya Protocol

다양한 생물자원을 활용하여 생기는 이익을 공유하기 위한 지침을 담은 국제협약

생물다양성 협약 부속 유전자원에 대한 접근 및 유전자원 이용으로부터 발생하는 이익의 공정하고 공평한 공유에 관한 규정이다. '생물다양성협약'을 이행하고자 채택된 것으로, 우리나라에서는 2017년 8월 17일에 발효됐다.

> **생물다양성협약(CBD)**
> 1992년 〈유엔환경개발회의〉에서 채택된 국제협약으로, 생물 다양성 보호를 위한 국가 간의 권리 및 의무 관계를 규정한다.

33 람사르 협약 Ramsar Convention

습지와 습지 자원을 보호하기 위한 국제 환경 협약

물새 서식처로서 국제적으로 중요한 습지에 관한 협약으로, 1971년 2월 이란 람사르에서 체결되었다. 가맹국은 철새의 번식지가 되는 습지를 보호할 의무가 있으며 국제적으로 중요한 습지를 1개소 이상 보호지로 지정해야 한다. 대한민국은 101번째로 람사르 협약에 가입하였으며, 2008년에 경남 창원에서 '제10차 람사르 총회'를 개최하였다.

34 바젤 협약 Basel Convention

유해 폐기물의 국가 간 교역을 규제하는 국제협약

카이로 지침을 바탕으로 1989년 스위스 바젤에서 채택된 국제협약으로, 유해 폐기물의 불법적인 이동을 막는 데 목적이 있다. 병원성 폐기물을 포함한 유해 폐기물을 국가 간 이동시킬 때, 교역하는 나라뿐만 아니라 경유하는 나라에까지 사전 통보·조치를 취해야 한다는 내용이다.

35 기후변화협약 UNFCCC

지구온난화를 규제 · 방지하기 위한 국제 협약

1992년 6월 브라질의 리우회의에서 채택된 협약으로 정식명칭은 '기후변화에 관한 유엔 기본협약(United Nations Framework Convention on Climate Change)'이다. '리우환경협약'이라고도 하는데, 온실가스의 방출을 제한하여 지구온난화를 방지하고자 하는데 목적이 있다. 협약을 이행하기 위한 교토의정서가 만들어졌다.

36 환경영향평가

특정 개발 · 건설사업이 환경에 미치는 영향을 사전에 측정하여 대책을 세우는 것

건설이나 개발 전에 주변 환경에 미치는 영향을 미리 측정하여 이에 대한 대책을 마련하는 것이다. 정부나 기업이 환경에 끼칠 영향이 있는 사업을 수행하고자 할 경우 시행하게 되어 있다. 우리나라의 경우 환경부에서 시행하며, 1977년 환경보전법 제정으로 도입되었고 1981년부터 실시되었다.

37 파리기후협약

전 세계 온실가스 감축을 위해 맺은 국제 협약

전 세계 온실가스 감축을 위해 2015년 12월 12일 프랑스 파리에서 맺은 국제협약으로, 지구 평균온도가 2도 이상 상승하지 않도록 온실가스를 단계적으로 감축하는 내용을 담고 있다. 2021년부터 교토의정서를 대체하는 기후협약이다.

38 녹색기후기금 GCF : Green Climate Fund

개발도상국의 온실가스 감축과 기후변화 대응을 지원하기 위해 만든 국제금융기구

UN산하기구로 선진국이 개발도상국의 이산화탄소 감축과 기후변화 대응을 지원하기 위해 만든 기후변화 특화기금이다. 2010년 12월 멕시코 칸쿤에서 열린 유엔기후변화협약(UNFCCC) 제16차 당사국 총회에서 기금 설립이 승인됐고, 사무국은 우리나라 인천 송도에 위치한다.

39 런던협약 London Dumping Convention

해양오염 방지를 위한 국제 협약

방사성 폐기물을 비롯하여 바다를 오염시킬 수 있는 각종 산업폐기물의 해양 투기나 해상 소각을 규제하는 협약으로, 해양오염을 방지하는 것이 목적이다. 우리나라는 1992년에 가입했다.

40 스톡홀름 협약 Stockholm Convention on Persistent Organic Pollutants

잔류성유기오염물질(POPs)의 규제를 위한 국제 협약

다이옥신, PCB, DDT 등 32가지 유해물질의 사용이나 생산 및 배출을 저감·근절하기 위해 체결된 국제협약으로, 'POPs 규제협약'이라고도 한다. POPs에 대한 지역별 오염도를 평가하고 아울러 협약 발효 이후 협약이행의 실효성을 평가하기 위해 국가 또는 지역단위의 모니터링 실시, 측정 자료에 대한 지역적·지구적 차원의 공유를 요구하고 있다.

> **UNEP(유엔환경계획)**
> 1972년 채택된 스톡홀름 선언을 바탕으로, 환경과 지속 가능한 개발에 관한 유엔 공식 국제기구이다. 환경 분야에서 국제 협력의 추진, 유엔 기구의 환경 관련 활동 및 정책 작성, 세계의 환경 감시 등을 목적으로 한다.

41 유엔환경개발회의 UNCED

지구 환경 보전을 위해 세계 각국 대표단이 모이는 국제환경회의

지구환경문제에 대한 범세계적 차원의 행동계획을 채택할 목적으로 개최된 국제환경회의이다. 정식 명칭은 '환경 및 개발에 관한 국제연합회의(United Nations Conference on Environment and Development)'이며, 개최지 이름을 따서 '리우 정상회의' 또는 '지구정상회의(Earth Summit)'라고 칭한다.

42 BOD Biochemical Oxygen Demand

물의 오염 정도를 나타내는 지표가 되는 생화학적 산소 요구량

물속에 있는 호기성 미생물이 유기물을 분해시켜 정화하는 데 사용하는 산소량으로, 5일간을 기준으로 하여 ppm으로 나타낸다. BOD 값이 클수록 오염 정도가 심한 물이고, BOD 값이 작을수록 깨끗한 물이다.

43 젠트리피케이션 Gentrification

낙후지역의 활성화로 중상층이 유입되면서 원주민들이 집값이나 임대료를 감당하지 못하고 그 지역을 떠나는 현상

지주계급 또는 신사계급을 뜻하는 '젠트리(Gentry)'에서 파생된 용어로, 1964년 영국사회학자 루스 글라스가 처음 사용했다. 당시 런던 변두리에 있는 하층계급 주거지역에 중상층이 유입되면서 고급 주거지가 형성되고 기존 주민들은 비용을 감당하지 못하여 살던 곳에서 쫓겨났는데, 이로 인해 지역 전체의 구성과 성격이 변하는 현상을 설명하며 젠트리피케이션을 언급했다. 우리나라에서는 서촌, 해방촌, 경리단길, 성수동 서울숲길 등이 대표적이다.

투어리스티피케이션(Touristification)

'관광지화(Touristify)'와 '젠트리피케이션(Gentrification)'의 혼성어로, 지역 내 관광이 활성화되면서 원주민이 쫓겨나거나 이주하는 현상을 말한다. 상업적인 이유 외에도 소음이나 쓰레기 문제와 사생활 침해 등으로 인해 나타나기도 한다.

투어리즘포비아(Tourism Phobia)

관광객 공포증 · 혐오증을 뜻하는 용어로, 과잉관광(Overtourism), 투어리스티피케이션(Touristification)과 함께 반(反)관광 정서를 대표하는 용어이다. 투어리즘포비아가 단적으로 나타난 도시는 세계적으로 유명한 관광지인 베네치아, 비엔나, 암스테르담, 바르셀로나 등이다.

44 HACCP Hazard Analysis and Critical Control Point

식품의 안전성을 확보 · 보증하는 식품안전관리인증 기준

식품 원재료의 생산부터 최종 소비자의 섭취 전까지 모든 단계에 걸쳐 식품에 위해요소가 혼입되거나 오염되는 것을 방지하기 위한 식품위생관리 시스템이다. HACCP은 위해분석(HA ; Hazard Analysis)과 중요관리점(CCP ; Critical Control Point)으로 구성되어 있는데, 우리나라는 1995년 식품위생법에 HACCP 제도를 도입하였다.

45 스마트 그리드 Smart Grid

집이나 사무실에서 효율적으로 전기를 쓸 수 있는 지능형 전력망 시스템

기존 전력망에 정보기술을 접목해 전력 공급자와 소비자가 실시간 서로 정보를 교환함으로써 효율적으로 전력을 생산 · 소비하는 시스템을 말한다. 전체적인 전력 사용 상황에 따라 5 ~ 10분마다 전기요금 단가가 바뀌는 게 특징이다. 우리나라는 2030년까지 국내 전역에 스마트 그리드 설치를 완료하는 것을 골자로 한 국가 로드맵을 확정했다.

지능형 전력계

전력부하에 따라 실시간으로 변하는 전기요금을 파악해 전기요금이 저렴한 시간에 소비자가 전기를 이용할 수 있도록 알려주는 기능을 한다.

205

01 부자의 부의 독식을 부정적으로 보고 사회적 책임을 강조하는 용어로 월가 시위에서 1대 99라는 슬로건이 등장하며 1%의 탐욕과 부의 집중을 공격하는 이 용어는 무엇인가?

① 뉴비즘
② 노블레스 오블리주
③ 뉴리치현상
④ 리세스 오블리주

해설

노블레스 오블리주가 지도자층의 도덕의식과 책임감을 요구하는 것이라면, 리세스 오블리주는 부자들의 부의 독식을 부정적으로 보며 사회적 책임을 강조하는 것을 말한다.

02 도시에서 생활하던 노동자가 고향과 가까운 지방 도시로 취직하려는 현상은?

① U턴 현상
② J턴 현상
③ T턴 현상
④ Y턴 현상

해설

지방에서 대도시로 이동하여 생활하던 노동자가 다시 출신지로 돌아가는 것을 U턴 현상이라고 하고, 출신지 근처 지방도시로 돌아가는 것을 J턴 현상이라고 한다. 출신지에서의 고용기회가 적은 경우 출신지와 가깝고 일자리가 있는 지방도시로 가는 J턴 현상이 일어난다.

03 일과 여가의 조화를 추구하는 노동자를 지칭하는 용어는 무엇인가?

① 골드칼라
② 화이트칼라
③ 퍼플칼라
④ 논칼라

해설

골드칼라는 높은 정보와 지식으로 정보화시대를 이끌어가는 전문직종사자, 화이트칼라는 사무직노동자, 논칼라는 컴퓨터 작업 세대를 일컫는다.

04 국제기구 간의 연결이 서로 잘못된 것은?

① 기후기구 – WMO
② 관세기구 – WCO
③ 노동기구 – IMO
④ 식량농업기구 – FAO

해설

IMO는 국제해사기구이며, 국제노동기구는 ILO이다.

05 공직자가 자신의 재임 기간 중에 주민들의 민원이 발생할 소지가 있는 혐오시설들을 설치하지 않고 임기를 마치려고 하는 현상은?

① 핌투현상
② 님투현상
③ 님비현상
④ 핌피현상

해설

① 공직자가 사업을 무리하게 추진하며 자신의 임기 중에 반드시 가시적인 성과를 이뤄내려고 하는 업무 형태로, 님투현상과는 반대개념이다.
③ 사회적으로 필요한 혐오시설이 자기 집 주변에 설치되는 것을 강력히 반대하는 주민들의 이기심이 반영된 현상이다.
④ 지역발전에 도움이 되는 시설이나 기업들을 적극 자기 지역에 유치하려는 현상으로 님비현상과는 반대개념이다.

06 자신과는 다른 타인종과 외국인에 대한 혐오를 나타내는 정신의학 용어는?

① 호모포비아
② 케미포비아
③ 노모포비아
④ 제노포비아

해설

④ 제노포비아(Xenophobia) : 국가, 민족, 문화 등의 공동체 요소가 다른 외부인에 대한 공포감 · 혐오를 가리킨다. 현대에는 이주 노동자로 인해 경제권과 주거권에 위협을 받는 하류층에게서 자주 관찰된다.
① 호모포비아(Homophobia) : 동성애나 동성애자에게 갖는 부정적인 태도와 감정을 말하며, 각종 혐오 · 편견 등으로 표출된다.
② 케미포비아(Chemophobia) : 가습기 살균제, 계란, 생리대 등과 관련하여 불법적 화학 성분으로 인한 사회문제가 연이어 일어나면서 생활 주변의 화학제품에 대한 공포감을 느끼는 소비자 심리를 가리킨다.

07 다음 중 단어가 가리키는 대상이 가장 다른 것 하나는 무엇인가?

① 에이섹슈얼   ② 헤테로섹슈얼

③ 이성애   ④ 시스젠더

해설

시스젠더, 헤테로섹슈얼, 이성애는 모두 남성과 여성의 결합을 성적 지향으로 삼는 사람들을 가리키는 말이다. 에이섹슈얼 (Asexuality)은 성적 지향 자체가 없다고 보거나 부재한 사람들을 가리키는 말이다. 무성애자라고도 한다.

08 일에 몰두하여 온 힘을 쏟다가 갑자기 극도의 신체 · 정신적 피로를 느끼며 무력해지는 현상은?

① 리플리 증후군   ② 번아웃 증후군

③ 스탕달 증후군   ④ 파랑새 증후군

해설

번아웃 증후군은 'Burn out(불타서 없어진다)'에 증후군을 합성한 말로, 힘이 다 소진됐다고 하여 소진 증후군이라고도 한다.

① 리플리 증후군 : 거짓된 말과 행동을 일삼으며 거짓을 진실로 착각하는 증상

③ 스탕달 증후군 : 뛰어난 예술 작품을 감상한 후 나타나는 호흡 곤란, 환각 등의 증상

④ 파랑새 증후군 : 현실에 만족하지 못하고 이상만을 추구하는 병적 증상

09 외부 세상으로부터 인연을 끊고 자신만의 안전한 공간에 머물려는 칩거 증후군의 사람들을 일컫는 용어는?

① 딩크족   ② 패라싱글족

③ 코쿤족   ④ 니트족

해설

① 자녀 없이 부부만의 생활을 즐기는 사람들

② 결혼하지 않고 부모집에 얹혀사는 사람들

④ 교육을 받거나 구직활동을 하지 않고, 일할 의지도 없는 사람들

10 1964년 미국 뉴욕 한 주택가에서 한 여성이 강도에게 살해되는 35분 동안 이웃 주민 38명이 아무도 신고하지 않은 사건과 관련된 것으로, 피해 여성의 이름을 따 방관자 효과라고도 불리는 이것은?

① 라이 증후군   ② 리마 증후군

③ 아키바 증후군   ④ 제노비스 증후군

해설

제노비스 증후군(Genovese Syndrome)은 주위에 사람들이 많을수록 어려움에 처한 사람을 돕지 않게 되는 현상을 뜻하는 심리학 용어이다. 대중적 무관심, 방관자 효과, 구경꾼 효과라고도 한다.

11 다음 내용 중 밑줄 친 비경제활동인구에 포함되지 않는 사람은?

> 대졸 이상 <u>비경제활동인구</u>는 2000년 159만 2,000명(전문대졸 48만 6,000명, 일반대졸 이상 110만 7,000명)이었으나, 2004년 200만명 선을 넘어섰다. 지난해 300만명을 돌파했으므로 9년 사이에 100만명이 늘었다.

① 가정주부　　　　　　　　　　② 학 생
③ 심신장애자　　　　　　　　　④ 실업자

해설

'경제활동인구'는 일정기간 동안 제품 또는 서비스 생산을 담당하여 노동활동에 기여한 인구로, 취업자와 실업자를 합한 수를 말한다. '비경제활동인구'는 만 15세 이상 인구에서 취업자와 실업자를 뺀 것으로, 일자리 없이 구직활동도 하지 않는 사람을 말한다.

12 우리나라 근로기준법상 근로가 가능한 최저근로 나이는 만 몇 세인가?

① 13세　　　　　　　　　　　　② 15세
③ 16세　　　　　　　　　　　　④ 18세

해설

근로기준법에 따르면 만 15세 미만인 자(초·중등교육법에 따른 중학교에 재학 중인 18세 미만인 자를 포함한다)는 근로자로 채용할 수 없다.

13 다음 중 보기에서 공통적으로 설명하는 것은 무엇인가?

> • 남아프리카 공화국에서 시행되었던 극단적인 인종차별정책과 제도이다.
> • 원래는 분리·격리를 뜻하는 용어이다.
> • 경제적·사회적으로 백인의 특권 유지·강화를 기도한 것이다.

① 게 토　　　　　　　　　　　　② 아파르트헤이트
③ 토르데시야스　　　　　　　　④ 트란스케이

해설

① 게토(Ghetto) : 소수 인종이나 소수 민족 또는 소수 종교집단이 거주하는 도시의 한 구역
③ 토르데시야스(Tordesillas) : 1494년 에스파냐와 포르투갈이 맺은 사상 최초의 기하학적 영토조약
④ 트란스케이(Transkei) : 반투홈랜드 정책에 의해 1976년 10월에 독립이 부여된 최초의 아프리카인 홈랜드

14 다음 중 직장폐쇄와 관련된 설명으로 맞지 않는 것은?

① 직장폐쇄기간 동안에는 임금을 지급하지 않아도 된다.
② 직장폐쇄를 금지하는 단체협약은 무효이다.
③ 사용자의 적극적인 권리행사 방법이다.
④ 노동쟁의를 사전에 막기 위해 직장폐쇄를 실시하는 경우에는 사전에 해당관청과 노동위원회에 신고해야 한다.

해설
사용자는 노동조합이 쟁의행위를 개시한 이후에만 직장폐쇄를 할 수 있고, 직장폐쇄를 할 경우에는 미리 행정관청 및 노동위원회에 각각 신고해야 한다(노동조합 및 노동관계조정법 제46조).

15 다음 중 단어의 설명으로 연결이 잘못된 것은?

① 좀비족 : 향락을 즐기는 도시의 젊은이들
② 여피족 : 새로운 도시의 젊은 전문인들
③ 미 제너레이션 : 자기중심적인 젊은이들
④ 피터팬 증후군 : 현대인들에게서 나타나는 유아적이고 허약한 기질

해설
좀비족은 대기업이나 거대 조직에서 무사안일에 빠져 주체성 없는 로봇처럼 행동하는 사람들을 일컫는다.

16 기업이 사회적 역할과 책임을 다한다는 신념에 따라 실천하는 나눔 경영의 일종으로, 기업 임직원들이 모금한 후원금 금액에 비례해서 회사에서도 후원금을 내는 제도는?

① 매칭그랜트(Matching Grant)
② 위스타트(We Start)
③ 배리어프리(Barrier Free)
④ 유리천장(Glass Ceiling)

해설
② 위스타트(We Start) : 저소득층 아이들이 가난의 대물림에서 벗어나도록 복지와 교육의 기회를 제공하는 운동
③ 배리어프리(Barrier Free) : 장애인들의 사회적응을 막는 물리적 · 제도적 · 심리적 장벽을 제거해 나가자는 운동
④ 유리천장(Glass Ceiling) : 직장 내에서 사회적 약자들의 승진 등 고위직 진출을 막는 보이지 않는 장벽

17 노동쟁의 방식 중 하나로, 직장을 이탈하지 않는 대신에 원료 · 재료를 필요 이상으로 소모함으로써 사용자를 괴롭히는 방식은 무엇인가?

① 사보타주
② 스트라이크
③ 보이콧
④ 피케팅

② 스트라이크(Strike) : 근로자가 집단적으로 노동 제공을 거부하는 쟁의행위로 '동맹파업'이라고 한다.

③ 보이콧(Boycott) : 부당 행위에 대항하기 위해 집단적·조직적으로 벌이는 거부 운동이다.

④ 피케팅(Picketing) : 플래카드, 피켓, 확성기 등을 사용하여 근로자들이 파업에 동참할 것을 요구하는 행위이다.

18 소위 '금수저' 층에 속하는 기업체 오너 2세들의 권력을 이용한 행패는 비일비재하다. 이처럼 높은 사회적 지위를 가진 사람들이 도덕적 의무를 경시하고 오히려 그 권력을 이용하여 부정부패를 저지르며 사회적 약자를 상대로 부도덕한 행동을 하는 것은?

① 리세스 오블리주

② 트레픽 브레이크

③ 노블레스 오블리주

④ 노블레스 말라드

해설

노블레스 말라드(Noblesse Malade)는 노블레스 오블리주와 반대되는 개념이다. 병들고 부패한 귀족이라는 뜻으로 사회 지도층이 도덕적 의무와 책임을 지지 않고 부정부패나 사회적 문제를 일으키는 것을 말한다.

19 다음 중 유니언숍(Union Shop) 제도에 대한 설명으로 틀린 것은?

① 노동자들이 노동조합에 의무적으로 가입해야 하는 제도이다.

② 조합원이 그 노동조합을 탈퇴하는 경우 사용자의 해고의무는 없다.

③ 채용할 때에는 조합원·비조합원을 따지지 않는다.

④ 목적은 노동자의 권리를 강화하기 위한 것이다.

해설

② 조합원이 그 노동조합을 탈퇴하는 경우 사용자는 해고의무를 가진다.

20 다음 중 화이트칼라 범죄에 대한 설명으로 잘못된 것은?

① 주로 직업과 관련된 범죄이다.

② 대부분 발견되어 처벌받는다.

③ 중산층 또는 상류층이 많이 저지른다.

④ 공금횡령, 문서위조, 탈세 등이 있다.

해설

화이트칼라 범죄는 범죄를 입증할 증거를 인멸하거나, 사회적 지위가 높아서 처벌이 쉽지 않은 경우가 많다.

21 다음의 예시 사례는 어떤 현상에 대한 해결방법인가?

> • B해방촌 신흥시장 – 소유주·상인 자율협약 체결, 향후 6년간 임대료 동결
> • 성수동 – 구청, 리모델링 인센티브로 임대료 인상 억제 추진
> • 서촌 – 프랜차이즈 개업 금지

① 스프롤 현상   ② 젠트리피케이션
③ 스테이케이션   ④ 투어리스티피케이션

해설

도심 변두리 낙후된 지역에 중산층 이상 계층이 유입됨으로써 지가나 임대료가 상승하고, 기존 주민들은 비용을 감당하지 못하여 살던 곳에서 쫓겨나고 이로 인해 지역 전체의 구성과 성격이 변하는 것이다. 지역공동체 붕괴나 영세상인의 몰락을 가져온다는 문제가 제기되면서 젠트리피케이션에 대한 대책 마련도 시급한 상황이다.

22 뛰어난 인재들만 모인 집단에서 오히려 성과가 낮게 나타나는 현상을 일컫는 용어는?

① 제노비스 신드롬   ② 롤리팝 신드롬
③ 스톡홀름 신드롬   ④ 아폴로 신드롬

해설

① 제노비스 신드롬 : 주위에 사람들이 많을수록 어려움에 처한 사람을 돕지 않게 되는 심리현상
③ 스톡홀름 신드롬 : 극한 상황을 유발한 대상에게 동화·동조하여 긍정적인 감정을 갖는 심리현상

23 영향력 있는 여성들의 고위직 승진을 가로 막는 사회 내 보이지 않는 장벽을 의미하는 용어는 무엇인가?

① 그리드락   ② 데드락
③ 로그롤링   ④ 유리천장

해설

유리천장은 충분한 능력을 갖춘 사람이 직장 내 성차별이나 인종차별 등의 이유로 고위직을 맡지 못하는 상황을 비유적으로 일컫는 말이다.

24 각종 화재, 선박사고 등은 우리 사회가 얼마나 안전에 소홀했는지를 보여주었다. 이들 사례처럼 사소한 것 하나를 방치하면 그것을 중심으로 범죄나 비리가 확산된다는 이론은 무엇인가?

① 낙인 이론   ② 넛지 이론
③ 비행하위문화 이론   ④ 깨진 유리창 이론

해설

깨진 유리창 이론은 깨진 유리창 하나를 방치해 두면 그 지점을 중심으로 범죄가 확산되기 시작한다는 주장이다.

25 재활용품에 디자인 또는 활용도를 더해 그 가치를 더 높은 제품으로 만드는 것은?

① 업사이클링(Up-cycling)　　　　② 리사이클링(Recycling)
③ 리뉴얼(Renewal)　　　　　　　④ 리자인(Resign)

> **해설**
> 업사이클링(Up-cycling)은 쓸모없어진 것을 재사용하는 리사이클링의 상위 개념이다. 즉 자원을 재이용할 때 디자인 또는 활용도를 더해 전혀 다른 제품으로 생산하는 것을 말한다.

26 대도시 지역에서 나타나는 열섬 현상의 원인으로 적절하지 않은 것은?

① 인구의 도시 집중　　　　　　② 콘크리트 피복의 증가
③ 인공열의 방출　　　　　　　④ 옥상 녹화

> **해설**
> 옥상 녹화는 건물의 옥상이나 지붕에 식물을 심는 것으로, 주변 온도를 낮추어 도시의 열섬 현상을 완화시킨다.

27 2007년 환경부가 도입한 제도로서 온실가스 저감에 국민들을 참여시키기 위해 온실가스를 줄이는 활동에 대해 각종 인센티브를 제공하는 제도는?

① 프리덤 푸드　　　　　　　　② 탄소발자국
③ 그린워시　　　　　　　　　　④ 탄소포인트제

> **해설**
> ① 프리덤 푸드 : 동물학대방지협회가 심사·평가하여 동물복지를 실현하는 농장에서 생산된 축산제품임을 인증하는 제도
> ② 탄소발자국 : 개인 또는 단체가 직·간접적으로 발생시키는 온실기체의 총량
> ③ 그린워시 : 실제로는 환경에 유해한 활동을 하면서 마치 친환경적인 것처럼 광고하는 행위

28 다음 중 바이오에너지에 대한 설명으로 적절하지 않은 것은?

① 직접연소, 메테인발효, 알코올발효 등을 통해 얻을 수 있다.
② 산업폐기물도 바이오에너지의 자원이 될 수 있다.
③ 재생 가능한 무한의 자원이다.
④ 브라질이나 캐나다 등의 국가에서 바이오에너지가 도입 단계에 있다.

> **해설**
> 브라질, 캐나다, 미국 등에서는 알코올을 이용한 바이오에너지 공급량이 이미 원자력에 맞먹는 수준에 도달해 있다.

29 **오존층 파괴물질의 규제와 관련된 국제협약은?**

① 리우선언   ② 교토의정서

③ 몬트리올 의정서   ④ 런던 협약

> **해설**
> ① 리우선언 : 환경보전과 개발에 관한 기본원칙을 담은 선언문
> ② 교토의정서 : 기후변화협약(UNFCCC)에 따른 온실가스 감축을 이행하기 위한 의정서
> ④ 런던 협약 : 바다를 오염시킬 수 있는 각종 산업폐기물의 해양투기나 해상 소각을 규제하는 협약

30 **엘니뇨(EL Nino) 현상으로 맞는 설명은?**

① 남미의 페루 연안에서 적도에 이르는 태평양상의 기온이 상승해 세계 각지에서 홍수 또는 가뭄 등이 발생하는 기상이변 현상

② 예년과 비교할 때 강한 무역풍이 지속돼 일어나는 기후 변동 현상

③ 도심 지역의 온도가 다른 지역보다 높게 나타나는 현상

④ 고층 빌딩들 사이에서 일어나는 풍해 현상

> **해설**
> ② 라니냐 현상
> ③ 열섬 현상
> ④ 빌딩풍해 현상

31 **다음 보기에서 설명하는 협약은 무엇인가?**

> 정식 명칭은 '물새서식지로서 특히 국제적으로 중요한 습지에 관한 협약'으로, 환경올림픽이라고도 불린다. 가맹국은 철새의 번식지가 되는 습지를 보호할 의무가 있으며 국제적으로 중요한 습지를 1개소 이상 보호지로 지정해야 한다.

① 런던 협약   ② 몬트리올 의정서

③ 람사르 협약   ④ 바젤 협약

> **해설**
> ① 런던 협약 : 선박이나 항공기, 해양시설로부터의 폐기물 해양투기나 해상소각을 규제하는 국제협약
> ② 몬트리올 의정서 : 지구의 오존층을 보호하기 위해 오존층 파괴물질의 사용을 규제하는 국제 협약
> ④ 바젤 협약 : 유해폐기물의 국가 간 교역을 규제하는 국제협약

32 다음에서 설명하고 있는 것은 무엇인가?

> 이것은 유기물이 분해되어 형성되는 바이오 가스에서 메탄만을 정제하여 추출한 연료로, 천연가스 수요처에서 에너지로 활용할 수 있다.

① 질 소
② 이산화탄소
③ 바이오-메탄가스
④ LNG

해설

생물자원인 쓰레기, 배설물, 식물 등이 분해되면서 만들어지는 바이오 가스에서 메탄을 추출한 바이오-메탄가스는 발전이나 열 에너지원으로 이용할 수 있다.

33 대기오염지수인 ppm단위에서 1ppm은 얼마인가?

① 1만분의 1
② 10만분의 1
③ 100만분의 1
④ 1,000만분의 1

해설

대기오염의 단위인 ppm(part per million)은 100만분의 1을 나타내며, ppb(part per billion)는 1ppm의 1,000분의 1로 10억분의 1을 의미한다.

34 핵가족화에 따른 노인들이 고독과 소외로 우울증에 빠지게 되는 것을 무엇이라 하는가?

① LID 증후군
② 쿠바드 증후군
③ 펫로스 증후군
④ 빈둥지 증후군

해설

② 쿠바드 증후군 : 아내가 임신했을 경우 남편도 육체적·심리적 증상을 아내와 똑같이 겪는 현상
③ 펫로스 증후군 : 가족처럼 사랑하는 반려동물이 죽은 뒤에 경험하는 상실감과 우울 증상
④ 빈둥지 증후군 : 자녀가 독립하여 집을 떠난 뒤에 부모나 양육자가 경험하는 외로움과 상실감

35 다음 설명과 관련된 국제 협약은 무엇인가?

> 해양수산부는 국제해사기구에서 열린 국제회의에 참가해 2016년부터 육상 폐기물의 해양 배출을 전면 금지하기로 한 정부 의지를 밝혔다. 회의에서는 당사국의 폐기물 해양 배출 현황 보고 및 평가 등이 진행됐다.

① 바젤 협약　　　　　　　　　　　② 람사르 협약
③ 런던 협약　　　　　　　　　　　④ 로마 협약

해설
① 바젤 협약 : 핵 폐기물의 국가 간 교역을 규제하는 국제 환경 협약
② 람사르 협약 : 물새 서식지로서 특히 국제적으로 중요한 습지에 관한 협약
④ 로마 협약 : 지적 재산권 보호를 위한 협약

36 다음 중 성격이 다른 하나는?

① BBB　　　　　　　　　　　　　② 파리기후협약
③ UNFCCC　　　　　　　　　　　④ CBD

해설
① BBB는 'Before Babel Bridge'의 약어로, 무료 통역 서비스를 말한다.
②·③·④는 모두 환경 관련 국제 협약이다(UNFCCC : 유엔기후변화협약, CBD : 생물다양성협약).

37 '생물자원에 대한 이익 공유'와 관련된 국제협약은?

① 리우선언　　　　　　　　　　　② 교토의정서
③ 나고야의정서　　　　　　　　　④ 파리기후협약

해설
나고야의정서는 다양한 생물자원을 활용해 생기는 이익을 공유하기 위한 지침을 담은 국제협약이다.

38 **환경영향평가에 대한 설명으로 옳은 것은?**

① 환경보존 운동의 효과를 평가하는 것
② 환경보전법, 해상환경관리법, 공해방지법 등을 총칭하는 것
③ 공해지역 주변에 특별감시반을 설치하여 환경보전에 만전을 기하는 것
④ 건설이나 개발 전에 주변 환경에 미치는 영향을 미리 측정하여 대책을 세우는 것

해설

환경영향평가
건설이나 개발 전에 주변 환경에 미치는 영향을 미리 측정하여 해로운 환경영향을 가늠해보는 것이다. 정부나 기업이 환경에 끼칠 영향이 있는 사업을 수행하고자 할 경우 시행하게 되어 있다.

39 **핵 폐기물의 국가 간 교역을 규제하는 내용의 국제 환경 협약은?**

① 람사르 협약   ② 런던 협약
③ CBD   ④ 바젤 협약

해설

① 람사르 협약 : 물새 서식지로서 특히 국제적으로 중요한 습지에 관한 협약
② 런던 협약 : 해양오염 방지를 위한 국제 협약
③ 생물 다양성 협약(CBD) : 지구상의 동·식물을 보호하고 천연자원을 보존하기 위한 국제협약

40 **지구상의 동·식물을 보호하고 천연자원을 보존하기 위한 국제협약으로 멸종 위기의 동식물을 보존하려는 것이 목적인 협약은?**

① CBD   ② 람사르 협약
③ WWF   ④ 교토의정서

해설

① CBD는 생물 다양성 협약의 영문 약자이다.
② 람사르 협약 : 물새 서식지로서 특히 국제적으로 중요한 습지에 관한 협약
③ 세계 물포럼(WWF) : 세계 물 문제 해결을 논의하기 위해 3년마다 개최되는 국제회의
④ 교토의정서 : 기후변화협약(UNFCCC)에 따른 온실가스 감축을 이행하기 위한 의정서

과학 · 컴퓨터 · IT · 우주

01 운동법칙

뉴턴이 확립한 역학(力學)의 3대 법칙

물체의 운동에 관한 기본법칙으로 뉴턴의 운동법칙이라고도 부른다.

• **관성의 법칙(뉴턴의 제1법칙)**

외부의 힘이 가해지지 않는 한 모든 물체는 자기의 상태를 그대로 유지하려는 성질이 있는데, 이것을 '관성의 법칙'이라고 한다. 즉 정지되어 있는 물체는 계속 정지하고 움직이는 물체는 계속 등속도 운동을 한다는 것이다. 관성은 물체의 질량이 클수록 크다.

예 멈춰있던 차가 출발할 때 몸이 뒤로 가는 것, 달리던 차가 급정차할 때 몸이 앞으로 가는 것

• **가속도의 법칙(뉴턴의 제2법칙)**

물체에 힘이 가해졌을 때 가속도의 크기는 힘의 크기에 비례하고, 질량에 반비례하며, 가속도의 방향은 힘의 방향과 일치한다는 법칙이다.

예 같은 무게의 볼링공을 어른과 아이가 굴렸을 때 어른이 굴린 볼링공이 더 빠르게 굴러가는 것

• **작용 · 반작용의 법칙(뉴턴의 제3법칙)**

두 물체 간에 작용하는 힘은 늘 한 쌍으로 작용하며, 그 방향은 서로 반대이나 크기는 같다.

예 풍선에서 바람이 빠지며 날아가는 것, 노를 저으면 배가 앞으로 나아가는 것

02 표면장력

액체의 표면이 스스로 수축하여 가능한 작은 면적을 취하려는 힘

액체의 표면을 이루는 분자층에 의하여 생긴 힘이다. 액체 표면의 분자들이 서로 잡아당기는 힘인 인력에 의해 액체 표면이 팽팽히 잡아당겨지는 현상이다.

예 물이 가득 찬 컵에서 물의 표면과 나뭇잎에 맺힌 물방울의 표면이 둥근 것

> **인력**
> 공간적으로 떨어져 있는 물체끼리 서로 끌어당기는 힘. 질량을 가진 모든 물체 사이나 서로 다른 부호를 가진 전하들 사이에 작용한다.

03 pH Hydrogen Exponent

수용액의 수소 이온 농도를 나타내는 지표

pH란 수소 이온 농도의 역수의 상용log 값을 말한다. pH7(중성)보다 pH 값이 작은 수용액은 산성이고, pH 값이 7보다 크면 염기성, 즉 알칼리성이다. pH가 작을수록 수소 이온(H+)이 많아 더욱 산성을 띠고, pH가 클수록 수소 이온이 적어 염기성이 강해진다.

여러 용액들의 pH 값

건전지에 이용되는 산	0.1 ~ 0.3	마시는 물	6.3 ~ 6.6
위액	1.0 ~ 3.0	순수한 물	7.0
식초	2.4 ~ 3.4	바닷물	7.8 ~ 8.3
탄산음료	2.5 ~ 3.5	암모니아수	10.6 ~ 11.6
재배토	6.0 ~ 7.0	세제	14

04 프레온가스

염소, 플루오린, 탄소로만 구성된 화합물로, 오존층 파괴의 주범이 되는 물질

염화불화탄소(CFC ; Chloro Fluoro Carbon). 염소와 플루오린을 함유한 일련의 유기 화합물을 총칭한다. 가연성, 부식성이 없는 무색무미의 화합물로, 독성이 적으면서 휘발하기 쉽지만 잘 타지 않고 화학적으로 안정하여 냉매, 발포제, 분사제, 세정제 등으로 산업계에서 폭넓게 사용되고 있다. 그러나 화학적으로 안정되었기 때문에 대기권에서 분해되지 않고 오존이 존재하는 성층권에 올라가서 자외선에 의해 분해되어 오존층 파괴의 원인이 된다.

05 희토류

첨단산업의 비타민으로 불리는 비철금속 광물

희귀한 흙이라는 뜻의 희토류는 지각 내에 총 함유량이 300ppm(100만분의 300) 미만인 금속이다. 화학적으로 안정되고 열을 잘 전달하는 것이 특징이다. 물리·화학적 성질이 비슷한 란탄, 세륨 등 원소 17종을 통틀어서 희토류라고 부르며, 우라늄·게르마늄·세슘·리튬·붕소·백금·망간·코발트·크롬·바륨·니켈 등이 있다. 희토류의 이용 범위는 점차 넓어지고 있으며, 휴대전화, 반도체, 하이브리드카 등의 생산에 필수 자원으로 각광받고 있다.

06 OLED Organic Light Emitting Diodes

전기 자극을 받아 스스로 빛을 내는 자체 발광형 유기물질

OLED(유기 발광 다이오드)는 형광성 유기 화합 물질에 전류가 흐르면 자체적으로 빛을 내는 발광현상을 이용하는 디스플레이를 말한다. LCD보다 선명하고 보는 방향과 무관하게 잘 보이는 것이 장점이다. 화질의 반응 속도 역시 LCD에 비해 1,000배 이상 빠르다. 또한 단순한 제조 공정으로 인해 가격 경쟁면에서도 유리하다.

07 세슘 Cesium

은백색을 띠는 알칼리 금속원소

세슘은 핵반응시 발생하는 방사선 동위원소로 반감기는 30년이다. 호흡기를 통해 몸 안에 흡수되면 주로 근육에 농축된다. 인체에 오래 남아 위험도가 상대적으로 높지만, 정상적 대사 과정으로 방출되고 몸에 남는 양은 극히 적어 실제 생물학적 반감기는 100일~150일인 것으로 알려져 있다. 세슘에 많이 노출될 경우 폐암, 갑상선암, 유방암, 골수암, 불임증, 전신마비 등을 유발할 수 있다.

> **동위원소**
> 원자 번호는 같으나 질량수가 서로 다른 원소. 양성자의 수는 같으나 중성자의 수가 다르다.

08 인슐린 Insulin

탄수화물의 대사를 조절하는 호르몬

인슐린은 혈액 속의 포도당을 일정하게 유지하는 기능을 하는 호르몬이다. 음식을 소화하고 흡수할 때도 순간적으로 혈당이 높아지는데, 그 혈당의 양을 조절하는 것이 인슐린의 역할이다. 인슐린은 이자에서 합성·분비된다. 인슐린이 제 기능을 하지 못하면, 당뇨병에 걸릴 수 있다.

09 GI Glycemic Index

어떤 식품이 혈당을 얼마나 빨리, 많이 올리느냐를 나타내는 수치

GI, 즉 혈당지수는 어떤 식품이 혈당을 얼마나 빨리, 많이 올리느냐를 나타내는 수치이다. 예를 들어 혈당지수가 85인 감자는 혈당지수가 40인 사과보다 혈당을 더 빨리 더 많이 올린다. 일반적으로 혈당지수 55 이하는 저혈당지수 식품, 70 이상은 고혈당지수 식품으로 분류한다.

> **고혈당지수 식품(혈당지수 70 이상)**
> • 곡류군 : 쌀밥, 흰 빵, 감자, 와플, 베이글
> • 과일군 : 수박

10 간의 기능

물질 대사, 알코올 대사, 호르몬 대사, 쓸개즙의 생성 및 배설, 해독과 방어 기능

간은 우리 몸의 모든 기능에 관여한다고 해도 지나치지 않을 정도로 많은 일을 한다. 간의 주요 기능은 다음과 같다.

물질 대사	탄수화물 대사, 단백질 대사, 지방 대사 모두에 관여한다. 그밖에도 비타민과 무기질의 저장 기능도 한다.
알코올 대사	알코올이 몸에서 제거되는 데 필요한 효소들이 간에 많이 있기 때문에 섭취한 알코올 중 많게는 80 ~ 90%가 간에서 분해된다.
호르몬 대사	간의 지배를 받는 호르몬도 있어 호르몬 분비량 조절에도 관여한다.

11 텔로미어

세포의 노화와 죽음에 관여하는 염색체의 말단 부분

텔로미어는 '끝'을 뜻하는 그리스어 '텔로스(Telos)'와 '부위'를 가리키는 '메로스(Meros)'의 합성어로, 염색체의 양 끝에 붙어 있는 반복 염기 서열(TTAGGG)을 말한다. 텔로미어는 세포 분열이 반복될수록 길이가 짧아져 결국 어느 순간이 되면 분화를 멈추고 그 세포는 죽음을 맞게 된다.

12 구제역

구제역 바이러스에 전염되어 발병하는 급성 전염병

구제역은 소, 돼지, 양, 사슴처럼 발굽이 둘로 갈라진 '우제류'에 속하는 동물에게 퍼지는 감염병이다. 발굽이 하나인 말이나 당나귀, 코뿔소 등의 기제류 동물은 구제역에 걸리지 않는다. 구제역에 걸린 동물은 입안에 물집이 생기고, 침을 많이 흘리며, 발굽이 헐어서 제대로 서 있기도 힘들어 한다.

13 온난화 현상

지구의 평균 온도가 온실 가스로 인해 상승하는 현상

지구의 평균 온도를 상승시키는 온실 가스에는 이산화탄소, 메탄, 프레온 가스가 있다. 지구의 기온이 점차 상승함에 따라 해수면이 상승하고 해안선이 바뀌며 생태계에 변화를 가져오게 된다. 이로 인해 많은 환경 문제들이 야기되고 있어 세계적으로도 이산화탄소 배출량을 줄이기 위해 그린업그레이드 운동 등의 환경운동을 하고 있다.

14 라니냐 La Nina

해수면 온도가 주변보다 낮은 상태로 일정기간 지속되는 현상

여자아이를 지칭하는 스페인어에서 유래했으며 엘니뇨의 반대 현상이다. 평년보다 해수면 온도가 0.5℃ 이상 낮은 상태가 5개월 이상 지속되는 이상 해류 현상이다. 엘니뇨가 발생한 곳과 동일한 지역에서 발생하며 극심한 가뭄과 강추위, 장마 등 각기 다른 현상들이 나타난다.

15 액상화

지반 토양에 지하수가 스며들어 진흙처럼 되는 현상

지하수의 수위가 높은 모래층 지반에 지진이 발생하면 진동에 의해 지하수와 토양층이 섞여 지반 전체가 액체처럼 되는 현상으로, 1953년 일본의 학자 모가미가 처음으로 이 용어를 사용했다. 액상화가 일어나면 지반이 붕괴되어 건축물이 가라앉거나 파괴될 수 있다. 실제 지진이 잦은 일본에서는 아파트가 쓰러지거나 땅속 구조물이 솟아오른 사례들이 있었다. 이러한 현상은 매립지나 해안가, 연약한 지반에서 발생할 가능성이 크다.

16 이안류

해안으로 밀려들어온 파도가 한 곳에 모였다가 바다 쪽으로 급속히 빠져나가는 현상

이안류는 폭이 좁고 빨라 휴가철 해수욕장에서 이안류로 인한 사고가 자주 발생한다. 이안류에서 빠져나오기 위해서는 잠수하여 해안선에 평행으로 수영하면 된다. 이안류는 다양한 장소에서 짧은 시간에 발생하기 때문에 예측하기가 매우 어렵다.

17 장보고과학기지

대한민국의 두 번째 남극과학기지

2014년에 완공된 대한민국의 두 번째 남극과학기지이다. 연면적 4,458m^{2}에 연구동과 생활동 등 16개동의 건물로 구성된 장보고과학기지는 겨울철에는 15명, 여름철에는 최대 60명까지 수용할 수 있다.

안심Touch

18 바이오시밀러 Biosimilar

특허가 만료된 바이오의약품의 복제약

바이오의약품을 복제한 약을 말한다. 오리지널 바이오의약품과 비슷한 효능을 갖도록 만들지만 바이오의약품의 경우처럼 동물세포나 효모, 대장균 등을 이용해 만든 고분자의 단백질 제품이 아니라 화학적 합성으로 만들어지기 때문에 기존의 특허받은 바이오의약품에 비해 약값이 저렴하다.

19 리튬폴리머 전지 Lithium Polymer Battery

안정성이 높고 에너지 효율성이 좋은 차세대 2차 전지

외부 전원을 이용해 충전하여 반영구적으로 사용하는 고체 전해질 전지로, 안정성이 높고 에너지 효율이 높은 2차 전지이다. 전해질이 고체 또는 젤 형태이기 때문에 사고로 인해 전지가 파손되어도 발화하거나 폭발할 위험이 없어 안정적이다. 또한 제조 공정이 간단해 대량 생산이 가능하며 대용량도 만들 수 있다.

20 카오스 이론

무질서하고 불규칙적으로 보이는 현상에 숨어 있는 질서와 규칙을 설명하려는 이론

무질서해 보이는 현상의 배후에 질서와 규칙이 감추어져 있음을 전제로 하는 이론이다. 카오스 연구는 예측 불가능한 현상 뒤의 알려지지 않은 법칙을 밝혀내는 것을 목적으로 한다. 즉, 카오스 이론은 안정적이면서도 안정적이지 않은, 안정적이지 않으면서도 안정적인 다양한 현상을 설명하고자 한다.

> **나비 효과**
> 작은 변화가 파급되어 예상하기 어려운 큰 변화를 일으키는 것을 일컫는 말이다. 미국의 기상학자 에드워드 로렌츠가 컴퓨터로 기상을 모의 실험하던 중 초기 조건의 값의 미세한 차이가 엄청나게 다른 결과를 가져온다는 것을 발견하면서 알려졌다. 즉 아마존 정글에서 파닥이는 나비의 날갯짓이 몇 주 또는 몇 달 후 미국 텍사스에서 토네이도를 일게 할 수 있다는 것으로 나비 효과는 카오스 이론의 토대가 되었다.

21 컴퓨터의 기본 구성

컴퓨터는 크게 하드웨어와 소프트웨어로 구성되어 작동한다.

하드웨어	**중앙처리장치(Central Processing Unit)** CPU라고 부른다. 입력장치, 기억장치로부터 받은 데이터를 분석·처리하는 역할을 하기 때문에 컴퓨터의 두뇌에 해당한다고 볼 수 있다.
	주기억장치(Main Memory Unit) 중앙처리장치가 처리해야 할 데이터를 보관하는 역할을 한다. ROM과 RAM으로 나뉘는데 롬(ROM)은 데이터를 한 번 기록해두면 전원이 꺼져도 남아 있고, 램(RAM)은 자유롭게 데이터 관리가 가능하지만 전원이 꺼지면 모든 데이터가 사라져버린다. 대부분의 컴퓨터가 램을 사용한다.
	보조기억장치(Secondary Memory Unit) 대부분의 컴퓨터가 램을 사용하는데 용량이 적고 전원이 꺼지면 데이터가 지워진다는 단점이 있어서 보조기억장치는 주기억장치를 보완하는 역할을 한다. 하드디스크나 CD-ROM, USB 메모리가 대표적이다.
	입력장치(Input Device) 컴퓨터에 자료나 명령어를 입력할 때 쓰이는 장치를 말하며 키보드, 마우스, 조이스틱 등이 대표적이다.
	출력장치(Output Device) CPU에서 처리한 정보를 구체화해서 사용자에게 전달하는 장치로, 모니터, 프린터, 스피커 등이 대표적이다.
소프트웨어	**운영체제(Operating System)** 컴퓨터 시스템을 총괄하는 중요한 소프트웨어이다. 컴퓨터를 구성하는 모든 하드웨어, 응용 소프트웨어는 운영체제가 있어야만 제 기능을 할 수 있다. 운영체제의 성격에 따라 컴퓨터 전반의 성능과 기능이 달라진다. PC용 운영체제로는 마이크로소프트의 윈도우 시리즈가 대표적이다.
	응용 소프트웨어(Application Software) 워드프로세서, 스프레드시트와 같은 사무용 소프트웨어를 비롯해 게임, 동영상 플레이어를 포함하는 멀티미디어 소프트웨어 등 종류가 다양하다.

22 스풀 SPOOL

데이터를 주고받는 과정에서 중앙처리장치와 주변장치의 처리 속도가 달라 발생하는 속도 차이를 극복해 지체 현상 없이 프로그램을 처리하는 기술

컴퓨터 중앙처리장치는 명령을 주변장치로 전달하는 작업을 하는데 컴퓨터와 주변장치가 서로 데이터를 처리하는 속도가 다르기 때문에 대기 시간이 발생할 수밖에 없다. 따라서 프린터나 카드 판독기와 같은 주변장치가 작업 중이더라도 컴퓨터 중앙처리장치는 원활하게 이용할 수 있도록 한 기술을 스풀이라고 한다. 예를 들어 프린트 중에 컴퓨터에서 다른 작업을 동시에 할 수 있는 것도 스풀 기술 덕분이다.

23 빅데이터 Big Data

디지털 환경에서 생성되는 부피가 크고, 변화의 속도가 빠르며, 속성이 매우 다양한 데이터

기존 데이터베이스 관리 도구의 데이터 수집·저장·관리·분석의 역량을 넘어서는 대량의 정형 또는 비정형 데이터 세트와 이러한 데이터로부터 가치를 추출하고 결과를 분석하는 기술을 의미한다. 대규모 데이터의 생성·수집·분석을 특징으로 하는 빅데이터는 과거에는 불가능했던 기술을 실현시키기도 하며, 전 영역에 걸쳐서 사회와 인류에 가치 있는 정보를 제공하기도 한다.

24 피싱 Phishing

개인 정보를 불법적으로 알아내 이를 이용하는 사기수법

개인 정보(Private Data)와 낚는다(Fishing)라는 단어의 합성어로 사람들에게 메일을 보내 위장된 홈페이지로 접속하게 하거나, 이벤트 당첨, 사은품 제공 등을 미끼로 수신자의 개인 정보를 빼내 범죄에 악용하는 수법을 말한다. 주로 금융기관, 상거래 업체를 사칭해 개인 정보를 요구한다.

- 파밍(Pharming) : 해커가 특정 사이트의 도메인 자체를 중간에서 탈취해 개인 정보를 훔치는 인터넷 사기이다. 진짜 사이트 주소를 입력해도 가짜 사이트로 연결되도록 하기 때문에, 사용자들은 가짜 사이트를 진짜 사이트로 착각하고 자신의 개인 정보를 입력한다. 그렇게 되면 개인 아이디와 암호, 각종 중요한 정보들이 해커들에게 그대로 노출돼 피싱보다 더 큰 피해가 발생할 수 있다.
- 스미싱 : 문자 메시지(SMS)와 피싱(Phishing)의 합성어로, 인터넷 접속이 가능한 스마트폰의 문자 메시지를 이용한 휴대폰 해킹을 뜻한다.

25 웹2.0 Web2.0

사용자 중심의 UCC 인터넷 환경

누구나 손쉽게 데이터를 생산하고 인터넷에서 공유할 수 있도록 한 사용자 참여 중심의 인터넷 환경이다. 블로그, 위키피디아처럼 사용자들이 직접 만들어가는 플랫폼이 대표적이다.

- 웹1.0 : 포털사이트처럼 서비스 사업자가 정보를 모아 일방적으로 제공하는 인터넷 환경이다.
- 웹3.0 : 지능화된 웹이 이용자가 원하는 콘텐츠를 개인별 맞춤 서비스로 제공하는데 이는 개인화, 지능화된 웹으로 진화하여 개인이 중심에서 모든 것을 판단하고 추론하는 방향으로 개발되고 활용될 전망이다.

26 쿠키 Cookie

PC 사용자의 인터넷 웹 사이트 방문기록이 저장되는 파일

쿠키에는 PC 사용자의 ID와 비밀번호, 방문한 사이트 정보 등이 담겨 하드디스크에 저장된다. 이용자들의 홈페이지 접속을 도우려는 목적에서 만들어졌기 때문에 해당 사이트를 한 번 방문하고 난 이후에 다시 방문했을 때에는 별다른 절차를 거치지 않고 빠르게 접속할 수 있다는 장점이 있다. 하지만 개인 정보 유출, 사생활 침해 등 개인 정보가 위협받을 수 있다는 우려가 공존한다.

27 OTT Over The Top

인터넷을 통해 영화, TV 방송 등 각종 미디어 콘텐츠를 제공하는 서비스

'Top(셋톱박스)를 통해 제공됨'을 의미하는 것으로, 범용 인터넷을 통해 미디어 콘텐츠를 이용할 수 있는 서비스를 말한다. 시청자의 다양한 욕구, 온라인 동영상 이용의 증가는 OTT 서비스가 등장하는 계기가 되었으며 초고속 인터넷의 발달과 스마트 기기의 보급은 OTT 서비스의 발전을 가속화시켰다. 현재 전 세계적으로 OTT 서비스가 널리 제공되고 있고, 그중에서도 미국은 가장 큰 OTT 시장을 갖고 있다.

28 블록체인 Block Chain

데이터 분산처리를 통해 거래정보를 참여자가 공유하는 기술

온라인 거래 시 거래 기록을 영구히 저장하여, 장부를 통한 증명으로 돈이 한 번 이상 지불되는 것을 막는 기술이다. 거래가 기록되는 장부가 '블록(Block)'이 되고, 이 블록들은 시간의 흐름에 따라 연결된 '사슬(Chain)'을 이루게 된다. 이렇게 생성된 블록은 네트워크 안의 모든 참여자에게 전송되는데 모든 참여자가 이 거래를 승인해야 기존의 블록체인에 연결될 수 있다. 이러한 과정의 반복으로 형성된 구조는 거래장부의 위·변조를 불가능하게 만든다.

29 NFC Near Field Communication

근거리 무선통신

약 10cm 이내의 근거리에서 데이터를 교환할 수 있는 비접촉식 무선통신으로 13.56MHz 대역의 주파수를 사용한다. 스마트폰에 교통카드, 신용카드, 멤버십 카드, 쿠폰 등을 탑재할 수 있어 일상생활에 널리 쓰이고 있다. 짧은 통신 거리라는 단점이 있으나 기존 RFID 기술보다 보안성이 높다는 장점이 있다. 또한 기존 근거리 무선 데이터 교환 기술은 '읽기'만 가능했던 반면, NFC는 '읽기'뿐만 아니라 '쓰기'도 가능하다.

30 디지털 디바이드 Digital Divide

디지털 기기를 사용하는 사람과 사용하지 못하는 사람 사이에 정보 격차와 갈등이 발생하는 것

디지털 기기의 발전과 그에 따른 통신 문화의 확산으로, 이를 제대로 활용하는 사람들은 지식 축적과 함께 소득까지 증가하는 반면, 경제적·사회적인 이유로 디지털 기기를 활용하지 못하는 사람들은 상대적으로 심각한 정보 격차를 느끼며 소외감을 느끼게 된다. 전문가들은 디지털 디바이드를 극복하지 못하면 사회 안정에 해가 될 수 있다고 주장한다.

31 웨바홀리즘 Webaholism

일상생활에 지장을 느낄 정도로 지나치게 인터넷에 몰두하고, 인터넷에 접속하지 않으면 불안감을 느끼는 인터넷 중독증

웨바홀리즘은 월드와이드웹의 웹(Web)과 알코올 중독증(Alcoholism)의 합성어로, IAD(Internet Addiction Disorder)로도 불린다. 정신적 · 심리적으로 인터넷에 과도하게 의존하는 사람들이 생겨나 인터넷에 접속하지 않으면 불안감을 느끼고 일상생활을 하기 힘들어하며, 수면 부족, 생활 패턴의 부조화, 업무 능률 저하 등이 나타나기도 한다.

32 노모포비아 Nomophobia

휴대폰을 가지고 있지 않으면 불안감을 느끼는 증상

No, Mobile(휴대폰), Phobia(공포)를 합성한 신조어로 휴대폰이 가까이 없으면 불안감을 느끼는 증상을 말한다. CNN은 노모포비아의 대표적인 증상은 권태, 외로움, 불안함이며 하루 세 시간 이상 휴대폰을 사용하는 사람들은 노모포비아에 걸릴 가능성이 높고, 스마트폰 때문에 인터넷 접속이 늘어나면서 노모포비아가 확산일로에 놓여 있다고 진단했다. 전체 스마트폰 사용자 3명 중 1명꼴로 증상이 발견되고 있다.

33 DRM Digital Rights Management

디지털 콘텐츠 제공자의 권리를 보장하기 위해 무단사용을 방지하는 서비스

DRM은 우리말로 디지털 저작권 관리라고 부른다. 허가된 사용자만 디지털 콘텐츠에 접근할 수 있도록 제한해 비용을 지불한 사람만 콘텐츠를 사용할 수 있도록 하는 서비스, 또는 정보보호 기술을 통틀어 가리킨다. 불법 복제는 콘텐츠 생산자들의 권리와 이익을 위협하고, 출판, 음악, 영화 등 문화산업 발전의 걸림돌이 될 수 있다는 점에서 DRM은 점점 더 중요해지고 있다.

안심Touch

34 제로레이팅 Zero Rating

콘텐츠 사업자가 이용자의 데이터 이용료를 부담하는 제도

특정한 콘텐츠에 대한 데이터 비용을 이동통신사가 대신 지불하거나 콘텐츠 사업자가 부담하도록 하여 서비스 이용자는 무료로 이용할 수 있게 하는 것을 말한다. 예컨대 통신업체들이 넷플릭스나 페이스북 같은 특정 업체들의 사이트에서 영상과 음악, 게시물 등을 무제한 무료로 받을 수 있는 것이다.

망중립성(Network Neutrality)
인터넷망 서비스를 전기·수도와 같은 공공서비스로 분류해, 네트워크 사업자가 관리하는 망이 공익을 위한 목적으로 사용돼야 한다는 원칙이다. 즉 네트워크 사업자는 모든 콘텐츠를 동등하게 취급해야 하며, 어떠한 차별도 있어서는 안 된다는 원칙이다. 따라서 인터넷망을 통해 오고가는 인터넷 트래픽에 대해 데이터의 유형, 사업자, 내용 등을 불문하고 이를 생성하거나 소비하는 주체를 차별 없이 동일하게 처리해야 한다는 것이다. 이에 따라 통신사업자는 막대한 비용을 들여 망설치를 하여 과부하로 인한 망의 다운을 막으려고 하지만, 스마트TV 생산 회사들이나 콘텐츠 제공업체들은 망중립성을 이유로 이에 대한 고려 없이 제품 생산 에만 그쳐, 망중립성을 둘러싼 갈등이 불거지기도 하였다.

35 네카시즘 Netcarthyism

인터넷과 매카시즘의 합성어로 인터넷에 부는 마녀사냥 열풍

다수의 누리꾼들이 인터넷, SNS 공간에서 특정 개인을 공격하며 사회의 공공의 적으로 삼고 매장해버리는 현상이다. 누리꾼들의 집단행동이 사법 제도의 구멍을 보완할 수 있는 요소라는 공감대에서 출발했지만 누리꾼들의 응징 대상이 대부분 힘없는 시민이라는 점과 사실 확인이 쉽지 않은 인터넷상의 정보를 기반으로 하기 때문에 피해를 보는 사람이 생길 수 있다는 문제가 제기된다.

매카시즘(MaCarthyism)
1940 ~ 1950년대 만연했던 반공주의 열풍

36 RFID Radio Frequency IDentification

IC칩을 내장해 무선으로 다양한 정보를 관리할 수 있는 차세대 인식 기술

생산에서 판매에 이르는 전 과정의 정보를 극소형 IC칩에 내장시켜 이를 무선주파수로 추적할 수 있도록 하는 기술이다. 실시간으로 사물의 정보와 유통 경로, 재고 현황까지 무선으로 파악할 수 있으며 바코드보다 저장 용량이 커 바코드를 대체할 차세대 인식 기술로 꼽힌다. 대형 할인점 계산, 도서관의 도서 출납관리 등 활용 범위가 다양하다.

37 메타버스 Metaverse

가상과 현실이 융합된 초현실세계

가상·초월을 뜻하는 메타(Meta)와 현실세계를 뜻하는 유니버스(Universe)를 더한 말이다. 현실세계와 가상세계를 더한 3차원 가상세계를 의미한다. 자신을 상징하는 아바타가 게임, 회의에 참여하는 등 가상세계 속에서 사회·경제·문화적 활동을 펼친다. 메타버스라는 용어는 닐 스티븐슨이 1992년 출간한 소설 '스노 크래시(Snow Crash)'에서 처음 나왔다.

38 클라우드 컴퓨팅 Cloud Computing

다양한 소프트웨어나 데이터를 컴퓨터 저장장치에 담지 않고 웹 공간에 두어 마음대로 다운받아 쓰는 차세대 인터넷 컴퓨터 환경

인터넷상의 서버에 데이터를 저장해두고, 언제 어디서나 인터넷에 접속해 다운받을 수 있어서 시간과 공간의 제약 없이 원하는 일을 할 수 있다. 구름(Cloud)처럼 무형의 형태인 인터넷상의 서버를 클라우드라고 하며, 사용자가 스마트폰이나 PC 등을 통해 문서, 음악, 동영상 등 다양한 콘텐츠를 편리하게 이용할 수 있다.

39 딥러닝 Deep Learning

컴퓨터가 사람처럼 생각하고 배울 수 있도록 하는 기술

컴퓨터가 다양한 데이터를 이용해 마치 사람처럼 스스로 학습할 수 있게 하기 위해 만든 인공 신경망(ANN ; Artificial Neural Network)을 기반으로 하는 기계 학습 기술이다. 이는 컴퓨터가 이미지, 소리, 텍스트 등의 방대한 데이터를 이해하고 스스로 학습할 수 있게 돕는다. 딥러닝의 고안으로 인공지능(AI)이 획기적으로 도약하게 되었다.

40 5G 5th Generation Mobile Communications

28GHz의 초고대역 주파수를 사용하는 이동통신기술

5G는 2020년 상용화된 모바일 국제 표준을 말한다. 국제전기통신연합(ITU)은 5G의 공식 기술 명칭을 'IMT(International Mobile Telecommunication)2020'으로 정하고, 최대 20Gbps의 데이터 전송 속도와 어디에서든 최소 100Mbps 이상의 체감 전송 속도를 제공하는 것을 5세대 이동통신이라고 정의했다. 이 속도는 현재의 이동통신 속도보다 70배가 빠르고 일반 LTE와 비교했을 때는 280배 빠른 수준이다.

41 블랙홀

빛마저도 빨려 들어갈 정도로 중력과 밀도가 무한대에 가깝게 큰 천체

별이 폭발할 때 극단적으로 수축하면서 밀도와 중력이 어마어마하게 커진 천체이다. 이때 발생한 중력으로부터 빠져나오려면 빛보다 빨라야 하므로, 빛조차도 블랙홀 안으로 빨려 들어가고 있다고 추측된다. 만약 지구만한 별이 블랙홀이 된다면 그 반지름은 겨우 0.9cm로 줄어들게 될 정도로 중력이 크다. 블랙홀이라는 명칭이 붙게 된 이유도 직접 관측할 수 없는 암흑의 공간이기 때문이다. 영국의 물리학자 스티븐 호킹은 아인슈타인의 상대성이론에 근거하여 블랙홀의 소멸 가능성을 주장하였다.

42 태양계

태양을 중심으로 공전하는 천체의 집합

태양을 중심으로 공전하는 수성, 금성, 지구, 화성, 목성, 토성, 천왕성, 해왕성을 일컫는다. 이 8개의 행성들과 그 위성들, 왜소행성, 수십만 개 이상의 소행성, 혜성, 유성 그리고 태양 주위를 공전하는 수많은 티끌 입자들도 태양계에 속한다. 이외에도 태양계에는 태양에서 방출하는 전자, 양성자, 중성자로 이루어진 태양풍 입자들이 행성 사이의 공간을 채우고 있다.

43 무궁화1호

우리나라 최초의 상용 방송·통신위성

1995년 8월 미국 플로리다 주 케이프커내버럴 우주 기지에서 발사된 우리나라 최초의 위성이다. 뉴미디어 시대를 열고, 미래의 우주 개발 경쟁에 대비하는 것을 목적으로 KT가 추진하였다. 무궁화1호는 위성의 공전 주기와 지구의 자전 주기가 같아 지표에서 보면 상공의 한 지점에 정지해 있는 것처럼 보이는 정지궤도위성이다. 무궁화1호는 2005년 12월, 10년 4개월간의 임무를 끝마쳤다.

44 우리별1호

우리나라 최초의 인공위성

과학위성과 통신위성의 역할을 함께 하는 우리나라 최초의 인공위성이다. 한국과 영국이 공동 설계·제작하여 1992년 남아메리카 기아나 쿠루기지에서 아리안 42P로켓에 실려 발사되었다. 우리나라 최초의 국적위성으로 음성 방송과 통신 실험 등 각종 실험과 관측을 위한 과학위성이다.

45 아리랑1호

우리나라 최초의 다목적 실용위성

한국항공우주연구원에서 발사한 국내 최초의 다목적 실용위성으로, 지리정보시스템, 정지도 제작, 재해 예방 등에 사용된다. 우리나라의 주요 위성에는 아리랑 위성과 무궁화 위성이 있는데, 아리랑 위성은 관측을 주목적으로 제작된 것이고, 무궁화 위성은 통신을 주목적으로 제작된 것이다. 아리랑1호는 1999년 12월 21일 미국 캘리포니아주 반덴버그 발사장에서 발사되었다.

46 나로우주센터 NARO Space Center

전남 고흥에 위치한 국내 최초의 우주센터

2009년에 완공된 나로우주센터는 국내의 기술로 만들어진 우주센터로, 인공위성을 발사할 수 있으며 세계에서 13번째로 설립되었다. 로켓을 발사할 수 있는 로켓 발사대와 발사체를 통제하고 관리하는 발사 통제동, 발사된 로켓을 추적하는 추적 레이더, 광학 추적 장비 등을 갖추고 있다. 그밖에 로켓 전시관, 인공위성 전시관, 우주과학 전시관, 야외 전시장 등의 우주 과학관이 함께 있다.

47 미항공우주국 NASA

미국 대통령 직속의 우주항공 연구개발기관

소련이 미국보다 먼저 발사한 스푸트니크 위성의 충격으로, 미국에서 미국항공자문위원회를 해체시키고 1958년 발족한 대통령 직속 우주항공 연구개발기관이다. 미국 워싱턴에 위치한 본부 이외에 유인우주선(우주왕복선)센터, 케네디우주센터, 마샬우주센터 등의 부속기관이 있다. 아폴로 계획, 우주왕복선 계획, 우주정거장 계획, 화성탐사 계획, 스카이랩 계획 등을 추진했다.

48 우주왕복선

NASA(미국항공우주국)가 개발한 재사용이 가능한 유인우주선

우주 공간과 지구 사이를 몇 번이고 반복해서 왕복할 수 있도록 만들어진 유인우주선이다. 1981년 콜럼비아호(우주왕복선1호)로 첫 비행에 성공했으며, 2011년 7월 아틀란티스호의 33번째 우주비행을 마지막으로 1981년부터 2011년까지 30년 동안 진행되어온 미국의 우주왕복선 프로그램은 막을 내렸다. 우주왕복선을 이용하여 우주 군사 시설, 우주정거장을 건설하고, 우주에 필요한 물품 등을 수송하였다.

49 큐리오시티

미국항공우주국(NASA)의 화성 탐사 로봇차

미국항공우주국의 4번째 화성 탐사선으로, '큐리오시티 로버'라고도 한다. 높이 2.1m, 무게 약 900kg으로, 2012년 8월 화성 표면에 안전하게 착륙한 후 화성 탐사활동을 벌이고 있다.

01 해안으로 밀려들어오는 파도와 다르게, 해류가 해안에서 바다 쪽으로 급속히 빠져나가는 현상을 무엇이라고 하는가?

① 이안류   ② 파송류

③ 향안류   ④ 연안류

> **해설**
>
> ② 바람에 의해 해파가 형성되어 바람의 방향으로 물이 이동하는 해류
> ③ 바다에서 해안으로 흐르는 해류
> ④ 해안으로부터 먼 곳에서 나타나는 해안과 평행한 바닷물의 흐름

02 다음 중 방사능과 관련 있는 에너지(량) 단위는?

① Bq   ② J

③ eV   ④ cal

> **해설**
>
> Bq(베크렐)은 방사능 물질이 방사능을 방출하는 능력을 측정하기 위한 방사능의 국제단위이다.

03 다음 중 간의 기능에 해당하지 않는 것은?

① 쓸개즙 분비   ② 호르몬 분비량 조절

③ 음식물 분해   ④ 해독작용

> **해설**
>
> 간은 쓸개즙을 생산해 쓸개로 보내는데, 쓸개즙에는 소화효소가 없으며 지방의 흡수를 돕는 역할을 한다. 소화효소를 분비하는 기관은 위, 이자, 소장이다.

04 다음 중 온실효과를 일으키는 것만 묶인 것은?

① 이산화탄소(CO_2), 메탄(CH_4)

② 질소(N), 아산화질소(N_2O)

③ 프레온(CFC), 산소(O_2)

④ 질소(N), 이산화탄소(CO_2)

해설

질소(N), 산소(O_2) 등의 기체는 가시광선이나 적외선을 모두 통과시키기 때문에 온실효과를 일으키지 않는다. 교토의정서에서 정한 대표적 온실가스에는 이산화탄소(CO_2), 메탄(CH_4), 아산화질소(N_2O), 수소불화탄소(HFCs), 과불화탄소(PFCs), 육불유황(SF_6) 등이 있다.

05 다음 중 밑줄 친 '이것'이 가리키는 것은?

> 탄수화물을 섭취하면 혈당이 올라가는데, 우리 몸은 이 혈당을 낮추기 위해 인슐린을 분비하고, 인슐린은 당을 지방으로 만들어 체내에 축적하게 된다. 하지만 모든 탄수화물이 혈당을 동일하게 올리지는 않는다. 칼로리가 같은 식품이어도 <u>이것</u>이 낮은 음식을 먹으면 인슐린이 천천히 분비되어 혈당 수치가 정상적으로 조절되고 포만감 또한 오래 유지할 수 있어 다이어트에 도움이 되는 것으로 알려졌다.

① GMO

② 글루텐

③ GI

④ 젖 산

해설

GI, 즉 혈당지수는 어떤 식품이 혈당을 얼마나 빨리, 많이 올리느냐를 나타내는 수치이다. 예를 들어 혈당지수가 85인 감자는 혈당지수가 40인 사과보다 혈당을 더 빨리 더 많이 올린다. 일반적으로 혈당지수 55 이하는 저혈당지수 식품, 70 이상은 고혈당지수 식품으로 분류한다.

06 다음 중 OLED에 대한 설명으로 옳지 않은 것은?

① 스스로 빛을 내는 현상을 이용한다.

② 휴대전화, PDA 등 전자제품의 액정 소재로 사용된다.

③ 화질 반응속도가 빠르고 높은 화질을 자랑한다.

④ 에너지 소비량이 크고 가격이 비싸다.

해설

OLED(Organic Light-Emitting Diode)는 형광성 유기화합물질에 전류를 흐르게 하면 자체적으로 빛을 내는 발광현상을 이용하는 디스플레이를 말한다. LCD보다 선명하고 보는 방향과 무관하게 잘 보이는 장점을 가진다. 화질의 반응 속도 역시 LCD에 비해 1,000배 이상 빠르다. 또한 단순한 제조공정으로 인해 가격 경쟁면에서 유리하다.

07 버스가 갑자기 서면 몸이 앞으로 쏠리는 현상은 무엇과 관련이 있는가?

① 관성의 법칙　　　　　　　　　② 작용·반작용의 법칙
③ 가속도의 법칙　　　　　　　　④ 원심력

> **해설**
> 관성의 법칙은 물체가 원래 운동 상태를 유지하고자 하는 법칙이다. 달리던 버스가 갑자기 서면서 몸이 앞으로 쏠리는 것은 관성 때문이다.

08 대기 중에 이산화탄소가 늘어나는 것이 원인이 되어 발생하는 온도상승 효과는?

① 엘니뇨현상　　　　　　　　　② 터널효과
③ 온실효과　　　　　　　　　　④ 오존층파괴현상

> **해설**
> 온실효과는 대기 중에 탄산가스, 아황산가스 등이 증가하면서 대기의 온도가 상승하는 현상으로 생태계의 균형을 위협한다.

09 다음 중 아폴로 11호를 타고 인류 최초로 달에 첫 발걸음을 내디딘 인물은 누구인가?

① 에드윈 올드린　　　　　　　　② 닐 암스트롱
③ 알렉세이 레오노프　　　　　　④ 이소연

> **해설**
> 닐 암스트롱은 1969년 7월 20일 아폴로 11호로 인류 역사상 최초로 달에 착륙했다.

10 다음 중 뉴턴의 운동법칙이 아닌 것은?

① 만유인력의 법칙　　　　　　　② 관성의 법칙
③ 작용·반작용의 법칙　　　　　④ 가속도의 법칙

> **해설**
> 뉴턴의 운동법칙으로는 관성의 법칙, 가속도의 법칙, 작용·반작용의 법칙이 있다. 만유인력은 뉴턴의 운동법칙이 아니다.

11 다음 중 희토류가 아닌 것은?

① 우라늄

② 망 간

③ 니 켈

④ 구 리

해설

구리는 금속물질이며, 희토류가 아니다.

12 다음 중 구제역에 걸리는 동물은?

① 닭

② 말

③ 돼 지

④ 코뿔소

해설

구제역은 짝수 발굽을 가진 우제류 동물(돼지, 소, 양, 낙타, 사슴)에게 나타나며, 조류인 닭, 기제류인 말과 코뿔소는 구제역에 걸리지 않는다.

13 다음 중 리튬폴리머 전지에 대한 설명으로 옳지 않은 것은?

① 안정성이 높고, 에너지 효율이 높은 2차 전지이다.

② 외부전원을 이용해 충전하여 반영구적으로 사용한다.

③ 전해질이 액체 또는 젤 형태이므로 안정적이다.

④ 제조 공정이 간단해 대량 생산이 가능하다.

해설

리튬폴리머 전지(Lithium Polymer Battery)

외부 전원을 이용해 충전하여 반영구적으로 사용하는 고체 전해질 전지로, 안정성이 높고 에너지 효율이 높은 2차 전지이다. 전해질이 고체 또는 젤 형태이기 때문에 사고로 인해 전지가 파손되어도 발화하거나 폭발할 위험이 없어 안정적이다. 또한 제조 공정이 간단해 대량 생산이 가능하며 대용량도 만들 수 있다.

14 특허가 만료된 바이오의약품과 비슷한 효능을 내게 만든 복제의약품을 무엇이라 하는가?

① 바이오시밀러

② 개량신약

③ 바이오베터

④ 램시마

해설

바이오시밀러란 바이오의약품을 복제한 약을 말한다. 오리지널 바이오의약품과 비슷한 효능을 갖도록 만들지만 바이오의약품의 경우처럼 동물세포나 효모, 대장균 등을 이용해 만든 고분자의 단백질 제품이 아니라 화학 합성으로 만들기 때문에 기존의 특허받은 바이오의약품에 비해 약값이 저렴하다.

15 매우 무질서하고 불규칙적으로 보이는 현상 속에 내재된 일정 규칙이나 법칙을 밝혀내는 이론은?

① 카오스이론　　　　　　　　　② 빅뱅이론
③ 엔트로피　　　　　　　　　　④ 퍼지이론

해설

카오스이론은 무질서하고 불규칙적으로 보이는 현상에 숨어 있는 질서와 규칙을 설명하려는 이론이다.

16 방사성 원소란 원자핵이 불안정하여 방사선을 방출하여 붕괴하는 원소이다. 다음 중 방사성 원소가 아닌 것은?

① 헬 륨　　　　　　　　　　　② 우라늄
③ 라 듐　　　　　　　　　　　④ 토 륨

해설

방사성 원소는 천연 방사성 원소와 인공 방사성 원소로 나눌 수 있다. 방사선을 방출하고 붕괴하면서 안정한 원소로 변한다. 안정한 원소가 되기 위해 여러 번의 붕괴를 거친다. 천연적인 것으로는 우라늄, 악티늄, 라듐, 토륨 등이 있고, 인공적인 것으로는 넵투늄 등이 있다. 헬륨은 방사성 원소가 아니라 비활성 기체이다.

17 장보고기지에 대한 설명으로 옳지 않은 것은?

① 남극의 미생물, 천연물질을 기반으로 한 의약품 연구 등 다양한 응용분야 연구가 이뤄진다.
② 대한민국의 두 번째 과학기지이며 한국해양연구원 부설기관인 극지연구소에서 운영한다.
③ 남극 최북단 킹조지섬에 위치한다.
④ 생명과학, 토목공학과 같은 응용 분야 연구에도 확장되고 있다.

해설

세종과학기지가 킹조지섬에 위치해 있다. 장보고기지는 테라노바만에 있다.

18 이동하면서도 초고속 인터넷을 사용할 수 있도록 우리나라에서 개발했던 광대역 인터넷 무선 통신 기술은 무엇인가?

① CDMA　　　　　　　　　　② 와이파이
③ 와이브로　　　　　　　　　　④ LAN

해설

한국은 2.3GHz 주파수를 사용하는 와이브로라는 기술 방식을 주도해왔고 유럽의 LTE 방식과 국제표준제정 과정에서 주도권을 놓고 경쟁했다. 와이브로 서비스는 2018년 12월 우리나라에서 종료됐다.

19 기술의 발전으로 인해 제품의 라이프 사이클이 점점 빨라지는 현상을 이르는 법칙은 무엇인가?

① 스마트법칙　　　　　　　　　② 구글법칙
③ 안드로이드법칙　　　　　　　④ 애플법칙

해설

안드로이드법칙은 구글의 안드로이드 운영체제를 장착한 스마트폰을 중심으로 계속해서 향상된 성능의 스마트폰이 출시돼 출시 주기도 짧아질 수밖에 없다는 법칙이다. 구글이 안드로이드를 무료로 이용할 수 있게 하면서 제품의 출시가 쉬워진 것이 큰 요인이다.

20 시간과 장소, 컴퓨터나 네트워크 여건에 구애받지 않고 네트워크에 자유롭게 접속할 수 있는 IT환경을 무엇이라고 하는가?

① 텔레매틱스　　　　　　　　　② 유비쿼터스
③ ITS　　　　　　　　　　　　④ 스니프

해설

유비쿼터스는 라틴어로 '언제, 어디에나 있는'을 의미한다. 즉 사용자가 시공간의 제약 없이 자유롭게 네트워크에 접속할 수 있는 환경을 말한다.

21 다음에 나타난 게임에 적용된 기술은 무엇인가?

> 유저들이 직접 현실세계를 돌아다니며 포켓몬을 잡는 모바일 게임 열풍에 평소 사람들이 찾지 않던 장소들이 붐비는 모습을 보였다.

① MR　　　　　　　　　　　　② BR
③ AV　　　　　　　　　　　　④ AR

해설

현실에 3차원의 가상물체를 겹쳐서 보여주는 기술을 활용해 현실과 가상환경을 융합하는 복합형 가상현실(AR, Augmented Reality)이라 한다.

22 컴퓨터 전원을 끊어도 데이터가 없어지지 않고 기억되며 정보의 입출력도 자유로운 기억장치는?

① 램
② 캐시메모리
③ 플래시메모리
④ CPU

> **해설**
> 플래시메모리는 전원이 끊겨도 저장된 정보가 지워지지 않는 비휘발성 기억장치이다. 내부 방식에 따라 저장용량이 큰 낸드(NAND)형과 처리 속도가 빠른 노어(NOR)형의 2가지로 나뉜다.

23 소설 〈스노 크래시〉에서 등장한 개념으로 사회·경제적 교류를 하는 가상세계를 뜻하는 말은?

① 메타버스
② 버츄얼리티
③ 레디유니버스
④ 논월드

> **해설**
> 메타버스는 '가상·초월'을 뜻하는 메타(Meta)와 '세계'를 의미하는 유니버스(Univese)를 합친 말로, 1992년 닐 스티븐슨이 발표한 소설 〈스노 크래시〉에서 등장했다. 지금은 널리 쓰이는 '아바타(Avata)'라는 용어를 처음 사용하기도 한 이 작품에서는 이용자가 아바타를 통해 메타버스라는 거대한 가상세계에서 활동하는 장면이 등장한다.

24 이용자의 특정 콘텐츠에 대한 데이터 비용을 이동통신사가 대신 부담하는 것을 무엇이라 하는가?

① 펌웨어
② 플러그 앤 플레이
③ 제로레이팅
④ 웹2.0

> **해설**
> 제로레이팅은 특정한 콘텐츠에 대한 데이터 비용을 이동통신사가 대신 지불하거나 콘텐츠 사업자가 부담하도록 하여 서비스 이용자는 무료로 이용할 수 있게 하는 것을 말한다.

25 디지털 기기의 소유 유무에 따라 정보접근 격차가 커지는 현상은?

① 데이터라벨링   ② 디가우징

③ 디지털디바이드   ④ 데이터마이닝

> **해설**
> ① 데이터라벨링(Data Labelling) : 사진이나 문서 등 사람이 만든 데이터를 인공지능(AI)이 스스로 인식할 수 있는 형태로 재가공하는 작업
> ② 디가우징(Degaussing) : 자기장으로 하드디스크를 물리적으로 복구 불가능하게 지우는 것
> ④ 데이터마이닝(Data Mining) : 대규모의 데이터베이스로부터 유용한 상관관계를 발견하고, 미래에 실행 가능한 정보를 추출하여 중요한 의사 결정에 활용하는 과정

26 다음 중 RAM에 대한 설명으로 옳은 것은?

① 컴퓨터의 보조기억장치로 이용된다.

② 크게 SRAM, DRAM, ROM으로 분류할 수 있다.

③ Read Access Memory의 약어이다.

④ SRAM이 DRAM보다 성능이 우수하나 고가이다.

> **해설**
> ④ SRAM은 DRAM보다 몇 배나 더 빠르긴 하지만 가격이 고가이기 때문에 소량만 사용한다.
> ① 컴퓨터의 주기억장치로 이용된다.
> ② 크게 SRAM, DRAM으로 분류할 수 있다.
> ③ 'Random Access Memory'의 약어이다.

27 악성 코드에 감염된 PC를 조작해 이용자를 허위로 만든 가짜 사이트로 유도하여 개인정보를 빼가는 수법은 무엇인가?

① 스미싱   ② 스피어피싱

③ 파 밍   ④ 메모리해킹

> **해설**
> ③ 파밍은 해커가 특정 사이트의 도메인 자체를 중간에서 탈취해 개인정보를 훔치는 인터넷 사기이다. 진짜 사이트 주소를 입력해도 가짜 사이트로 연결되도록 하기 때문에, 사용자들은 가짜 사이트를 진짜 사이트로 착각하고 자신의 개인정보를 입력하여 피해를 입는다.
> ① 스미싱은 문자메시지(SMS)와 피싱(Phishing)의 합성어로, 인터넷 접속이 가능한 스마트폰의 문자메시지를 이용한 휴대폰 해킹을 뜻한다.
> ② 스피어피싱은 대상의 신상을 파악하고 그것에 맞게 낚시성 정보를 흘리는 사기수법으로 주로 회사의 고위 간부들이나 국가에 중요한 업무를 담당하고 있는 사람들이 공격 대상이 된다.

28 넷플릭스를 통해 많은 사람들이 인터넷으로 TV드라마나 영화를 본다. 이렇듯 인터넷으로 TV 프로그램 등을 볼 수 있는 서비스를 무엇이라 하는가?

① NFC
② OTT
③ MCN
④ VOD

해설

OTT는 'Top(셋톱박스)를 통해 제공됨'을 의미하는 것으로, 범용 인터넷을 통해 미디어 콘텐츠를 이용할 수 있는 서비스를 말한다. 넷플릭스는 세계적으로 유명한 OTT 서비스제공업체이다.

29 지나치게 인터넷에 몰두하고 인터넷에 접속하지 않으면 극심한 불안감을 느끼는 중독증을 나타내는 현상은?

① INS증후군
② 웨바홀리즘
③ 유비쿼터스
④ VDT증후군

해설

웨바홀리즘은 월드와이드웹의 웹(Web)과 알코올 중독증(Alcoholism)의 합성어로, IAD(Internet Addiction Disorder)로도 불린다. 정신적·심리적으로 인터넷에 과도하게 의존하는 사람들이 생겨나 인터넷에 접속하지 않으면 불안감을 느끼고 일상생활을 하기 힘들어하며, 수면 부족, 생활 패턴의 부조화, 업무 능률 저하 등이 나타나기도 한다.

30 인터넷 사용자가 접속한 웹사이트 정보를 저장하는 정보 기록 파일을 의미하며, 웹사이트에서 사용자의 하드디스크에 저장되는 특별한 텍스트 파일을 무엇이라 하는가?

① 쿠 키
② 피 싱
③ 캐 시
④ 텔 넷

해설

쿠키에는 PC 사용자의 ID와 비밀번호, 방문한 사이트 정보 등이 담겨 하드디스크에 저장된다. 이용자들의 홈페이지 접속을 도우려는 목적에서 만들어졌기 때문에 해당 사이트를 한 번 방문하고 이후에 다시 방문했을 때에는 별다른 절차를 거치지 않고 빠르게 접속할 수 있다는 장점이 있다.

31 인터넷 주소창에 사용하는 'HTTP'의 의미는?

① 인터넷 네트워크망
② 인터넷 데이터 통신규약
③ 인터넷 사용경로 규제
④ 인터넷 포털서비스

해설

HTTP(HyperText Transfer Protocol)는 WWW상에서 클라이언트와 서버 사이에 정보를 주고 받는 요청/응답 프로토콜로 인터넷 데이터 통신규약이다.

32 기업이나 조직의 모든 정보가 컴퓨터에 저장되면서, 컴퓨터의 정보 보안을 위해 외부에서 내부 또는 내부에서 외부의 정보통신망에 불법으로 접근하는 것을 차단하는 시스템은?

① 쿠 키   ② DNS
③ 방화벽   ④ 아이핀

해설

화재가 발생했을 때 불이 번지지 않게 하기 위해서 차단막을 만드는 것처럼, 네트워크 환경에서도 기업의 네트워크를 보호해주는 하드웨어, 소프트웨어 체제를 방화벽이라 한다.

33 하나의 디지털 통신망에서 문자, 동영상, 음성 등 각종 서비스를 일원화해 통신 · 방송서비스의 통합, 효율성 극대화, 저렴화를 추구하는 종합통신 네트워크는 무엇인가?

① VAN   ② UTP케이블
③ ISDN   ④ RAM

해설

ISDN(Integrated Sevices Digital Network)은 종합디지털서비스망이라고도 하며, 각종 서비스를 일원화해 통신 · 방송 서비스의 통합, 효율성 극대화, 저렴화를 추구하는 종합통신네트워크이다.

34 다음 중 증강현실에 대한 설명으로 옳지 않은 것은?

① 현실세계에 3차원 가상물체를 겹쳐 보여준다.
② 스마트폰의 활성화와 함께 주목받기 시작했다.
③ 실제 환경은 볼 수 없다.
④ 위치기반 서비스, 모바일 게임 등으로 활용 범위가 확장되고 있다.

> **해설**
>
> 가상현실 기술은 가상환경에 사용자를 몰입하게 하여 실제 환경은 볼 수 없지만, 증강현실 기술은 실제 환경을 볼 수 있게 하여 현실감을 제공한다.

35 스마트TV와 인터넷TV 각각의 기기는 서버에 연결되는 방식이 서로 달라 인터넷망 사용의 과부하가 발생할 수밖에 없다. 이와 관련해 통신사와 기기회사 사이에 갈등이 빚어졌는데 무엇 때문인가?

① 프로그램 편성   ② 요금징수체계
③ 수익모델   ④ 망중립성

> **해설**
>
> 망중립성은 네트워크사업자가 관리하는 망이 공익을 위한 목적으로 사용돼야 한다는 원칙이다. 통신사업자는 막대한 비용을 들여 망설치를 하여 과부하로 인한 망의 다운을 막으려고 하지만, 스마트TV 생산 회사들이나 콘텐츠 제공업체들은 망중립성을 이유로 이에 대한 고려 없이 제품 생산에만 그쳐, 망중립성을 둘러싼 갈등이 불거졌다.

36 다음 인터넷 용어 중 허가된 사용자만 디지털콘텐츠에 접근할 수 있도록 제한해 비용을 지불한 사람만 콘텐츠를 사용할 수 있도록 하는 서비스는?

① DRM(Digital Rights Management)
② WWW(World Wide Web)
③ IRC(Internet Relay Chatting)
④ SNS(Social Networking Service)

> **해설**
>
> ① DRM은 우리말로 디지털 저작권 관리라고 부른다. 허가된 사용자만 디지털 콘텐츠에 접근할 수 있도록 제한해 비용을 지불한 사람만 콘텐츠를 사용할 수 있도록 하는 서비스 또는 정보보호 기술을 통틀어 가리킨다.
> ② 인터넷에서 그래픽, 음악, 영화 등 다양한 정보를 통일된 방법으로 찾아볼 수 있는 서비스를 의미한다.
> ③ 인터넷에 접속된 수많은 사용자와 대화하는 서비스이다.
> ④ 온라인 인맥구축 서비스로 1인 미디어, 1인 커뮤니티, 정보 공유 등을 포괄하는 개념이다.

37 다음 내용에서 밑줄 친 이것에 해당하는 용어는?

> • 이것은 웹2.0, SaaS(Software as a Service)와 같이 최근 잘 알려진 기술 경향들과 연관성을 가지는 일반화된 개념이다.
> • 이것은 네트워크에 서버를 두고 데이터를 저장하거나 관리하는 서비스이다.

① 클라우드 컴퓨팅(Cloud Computing)
② 디버깅(Debugging)
③ 스풀(SPOOL)
④ 멀티태스킹(Multitasking)

해설

② 디버깅(Debugging) : 원시프로그램에서 목적프로그램으로 번역하는 과정에서 발생하는 오류를 찾아 수정하는 것
③ 스풀(SPOOL) : 데이터를 주고받는 과정에서 중앙처리장치와 주변장치의 처리 속도가 달라 발생하는 속도 차이를 극복해 지체 현상 없이 프로그램을 처리하는 기술
④ 멀티태스킹(Multitasking) : 한 사람의 사용자가 한 대의 컴퓨터로 2가지 이상의 작업을 동시에 처리하거나, 2가지 이상의 프로그램들을 동시에 실행시키는 것

38 매우 무질서하고 불규칙적으로 보이는 현상 속에 내재된 일정 규칙이나 법칙을 밝혀내는 이론은?

① 카오스이론
② 빅뱅이론
③ 엔트로피
④ 퍼지이론

해설

카오스이론은 무질서하고 불규칙적으로 보이는 현상에 숨어 있는 질서와 규칙을 설명하려는 이론이다.

39 우리나라 최초의 인공위성은 무엇인가?

① 무궁화1호
② 우리별1호
③ 온누리호
④ 스푸트니크1호

해설

우리나라 최초의 인공위성은 우리별1호(1992)이고, 세계 최초의 인공위성은 구소련의 스푸트니크1호(1957)이다.

문화 · 미디어 · 스포츠

01 세계유산

유네스코에서 인류의 소중한 문화 및 자연 유산을 보호하기 위해 지정한 유산

유네스코는 1972년부터 세계유산협약에 따라 역사적 중요성, 뛰어난 예술성, 희귀성 등을 지니고 인류를 위해 보호해야 할 가치가 있는 유산을 세계유산으로 지정하고 있다. 세계유산은 '문화유산', '자연유산', '복합유산'으로 나누어 관리한다.

구분	등록현황
세계문화유산	석굴암·불국사(1995), 해인사 장경판전(1995), 종묘(1995), 창덕궁(1997), 수원화성(1997), 경주역사유적지구(2000), 고창·화순·강화 고인돌 유적(2000), 조선왕릉(2009), 안동하회·경주양동마을(2010), 남한산성(2014), 백제역사유적지구(2015), 산사·한국의 산지승원(2018), 한국의 서원(2019), 한국의 갯벌(2021)
세계자연유산	제주화산섬과 용암동굴(2007)

02 세계기록유산

사회적·문화적 가치가 높다고 인정되는 기록물을 보존하기 위해 지정하는 유산

유네스코가 지정하는 세계유산 중 가치가 높다고 인정되는 기록물을 대상으로 지정한다. 인류의 소중한 기록유산을 보존·활용하기 위해 1997년부터 2년마다 국제자문위원회의 심의를 통해 유네스코 사무총장이 선정한다. 무형문화재 가운데 선정되는 세계무형유산과는 구별되며 별도로 관리된다.

구분	등록현황
우리나라 세계기록유산	훈민정음(1997), 조선왕조실록(1997), 직지심체요절(2001), 승정원일기(2001), 해인사 대장경판 및 제경판(2007), 조선왕조 의궤(2007), 동의보감(2009), 일성록(2011), 5·18 민주화운동 기록물(2011), 난중일기(2013), 새마을운동 기록물(2013), 한국의 유교책판(2015), KBS 특별 생방송 '이산가족을 찾습니다' 기록물(2015), 조선왕실 어보와 어책(2017), 국채보상운동 기록물(2017), 조선통신사 기록물(2017)
우리나라 세계무형유산	종묘제례 및 종묘제례악(2001), 판소리(2003), 강릉단오제(2005), 강강술래(2009), 남사당놀이(2009), 영산재(2009), 처용무(2009), 제주칠머리당영등굿(2009), 가곡(2010), 대목장(2010), 매사냥(2010), 택견(2011), 줄타기(2011), 한산모시짜기(2011), 아리랑(2012), 김장문화(2013), 농악(2014), 줄다리기(2015), 재주해녀문화(2016), 씨름(2018), 연등회(2020)

03 국보·보물

보물은 국가가 법적으로 지정한 유형문화재이고, 그 중 가치가 크고 유례가 드문 것이 국보이다.

보물과 국보는 모두 유형문화재로, '보물'은 건조물·전적·서적·고문서·회화·조각·공예품·고고자료·무구 등의 문화재 중 중요한 것을 문화재청장이 문화재위원회의 심의를 거쳐 지정하고, '국보'는 보물에 해당하는 문화재 중 제작 연대가 오래되고 시대 특유의 제작 기술이 뛰어나며 형태나 용도가 특이한 것을 문화재위원회의 심의를 거쳐 지정한다. 따라서 국보보다 보물이 많다.

구분	1호	2호	3호
국보	서울 숭례문(남대문)	원각사지 10층 석탑	북한산 신라 진흥왕순수비
보물	서울 흥인지문(동대문)	서울 보신각종	대원각사비
사적	경주 포석정지	김해 봉황동 유적	수원화성
무형문화재	종묘제례악	양주 별산대놀이	남사당놀이

서울4대문
• 동대문 – 흥인지문
• 서대문 – 돈의문
• 남대문 – 숭례문
• 북대문 – 숙청문

04 베른조약

문학·예술 저작물의 국제적인 저작권 보호 조약

1886년 스위스의 수도 베른에서 체결된 조약으로, 외국인의 저작물을 무단 출판하는 것을 막고 다른 가맹국의 저작물을 자국민의 저작물과 동등하게 대우하도록 한다. 무방식주의에 따라 별도의 등록 없이 저작물의 완성과 동시에 저작권이 발생하는 것으로 보며, 보호 기간은 저작자의 생존 및 사후 50년을 원칙으로 한다.

05 카피레프트 Copyleft

지적 창작물에 대한 권리를 모든 사람이 공유할 수 있도록 하는 것

1984년 리처드 스톨먼이 주장한 것으로 저작권(Copyright, 카피라이트)에 반대되는 개념이며 정보의 공유를 위한 조치이다. 카피레프트를 주장하는 사람들은 지식과 정보는 소수에게 독점되어서는 안 되며 모든 사람에게 열려 있어야 한다고 주장한다.

카피라이트	카피레프트
창작자에게 독점권 권리 부여	저작권 공유 운동
창작의 노고에 대한 정당한 대가 요구	자유로운 정보 이용으로 창작 활성화
궁극적으로 문화 발전을 유도	지식과 정보는 인류 전체의 공동 자산

06 노벨상 Noble Prizes

인류 문명의 발달에 공헌한 사람이나 단체에 수여하는 상

다이너마이트를 발명한 알프레드 노벨의 유산을 기금으로 하여 해마다 물리학·화학·생리의학·경제학·문학·평화의 6개 부문에서 인류 문명의 발달에 공헌한 사람이나 단체를 선정하여 수여하는 상이다. 1901년 제정되어 매년 12월 10일 스웨덴의 스톡홀름에서 시상식이 열리고, 평화상 시상식만 노르웨이의 오슬로에서 열린다. 한국인으로는 2000년에 김대중 전 대통령이 최초로 노벨평화상을 수상한 바 있다.

2021년 수상자
- 생리의학상 : 데이비드 줄리어스, 아뎀 파타푸티언
- 물리학상 : 슈쿠로 마나베, 클라우스 하셀만, 조르조 파리시
- 화학상 : 베냐민 리스트, 데이비드 맥밀런
- 평화상 : 마리아 레사, 드미트리 무라토프
- 경제학상 : 데이비드 카드, 조슈아 앵그리스트, 휘도 임번스
- 문학상 : 압둘라자크 구르나

07 토니상 Tony Awards

미국 브로드웨이에서 수여하는 연극상

매년 미국 브로드웨이에서 상연된 연극과 뮤지컬의 우수한 업적에 대해 수여하는 상으로, 연극의 아카데미상이라고도 불린다. 해마다 5월 하순~6월 상순에 최종 발표와 시상식이 열리고, 연극 부문인 스트레이트 플레이와 뮤지컬 부문인 뮤지컬 플레이로 나뉘어 작품상, 남녀 주연상, 연출상 등이 수여된다.

08 아카데미상 Academy Award, OSCAR

미국 영화계에서 가장 권위 있는 영화상

1929년에 시작되었으며, 오스카상으로도 불린다. 전년도에 발표된 미국 영화 및 LA에서 1주일 이상 상영된 외국 영화를 대상으로 우수한 작품과 그 밖의 업적에 대하여 해마다 봄철에 시상한다.

2021년 주요 수상자(작품)
- 작품상 : 〈노매드랜드〉
- 감독상 : 클로이 자오, 〈노매드랜드〉
- 남우주연상 : 앤서니 홉킨스, 〈더 파더〉
- 여우주연상 : 프랜시스 맥도먼드, 〈노매드랜드〉
- 각본상 : 에메랄드 페넬 〈프라미싱 영 우먼〉

09 에미상 Emmy Awards

TV 프로그램 및 관계자의 우수한 업적에 대해 수여하는 미국 최대의 프로그램상

TV의 아카데미상으로 불리는 이 상은 1948년 창설되어 뉴욕에서 시상식이 개최되며, 미국 텔레비전예술과 학아카데미가 주최한다. 본상격인 프라임타임 에미상과 주간 에미상, 로스앤젤레스 지역 에미상, 국제 에미상 등의 부문으로 나누어 수상작을 발표한다.

10 세계 3대 영화제

베니스영화제, 칸영화제, 베를린영화제

- 베니스 영화제(이탈리아) : 최고의 작품상(그랑프리)에는 '황금사자상'이 수여되고, 감독상에는 '은사자상'이, 남녀 주연상에는 '볼피컵상'이 수여된다. 2021년 9월 개막한 제78회 시상식의 심사위원장으로 우리나라의 봉준호 감독이 위촉됐다.
- 칸영화제(프랑스) : 대상은 '황금종려상'이 수여되며 시상은 경쟁 부문과 비경쟁 부문, 주목할 만한 시선 부문 등으로 나뉜다. 2019년 제72회 시상식에서 봉준호 감독의 〈기생충〉이 황금종려상을 받았다.
- 베를린영화제(독일) : 최우수작품상에 수여되는 '금곰상'과 심사위원 대상·감독상·남녀배우상 등에 수여되는 '은곰상' 등이 있다.

11 미장센 Mise-en-scene

영화에서 연출가가 모든 시각적 요소를 배치하여 단일한 쇼트로 영화의 주제를 만들어내는 작업

몽타주와 상대적인 개념으로 쓰이며, 특정 장면을 찍기 시작해서 멈추기까지 한 화면 속에 담기는 모든 영화적 요소와 이미지가 주제를 드러내도록 하는 것을 말한다. 관객의 능동적 참여를 요구하고, 주로 예술 영화에서 강조되는 연출 기법이다.

12 국악의 빠르기

진양조 → 중모리 → 중중모리 → 자진모리 → 휘모리

진양조	가장 느린 장단으로 1장단은 4분의 24박자이다.
중모리	중간 속도로 몰아가는 장단으로, 4분의 12박자이다.
중중모리	8분의 12박자 정도이며 춤추는 대목, 통곡하는 대목 등에 쓰인다.
자진모리	매우 빠른 12박으로, 극적이고 긴박한 대목에 쓰인다.
휘모리	매우 빠른 8박으로, 급하고 분주하거나 절정을 묘사한 대목에 쓰인다.

13 판소리

한 명의 소리꾼이 창(소리) · 말(아니리) · 몸짓(발림)을 섞어가면서 긴 이야기를 노래하는 것

• 판소리의 유파

동편제	전라도 동북 지역의 소리, 단조로운 리듬, 짧고 분명한 장단, 씩씩하고 담백한 창법
서편제	전라도 서남 지역의 소리, 부드럽고 애절한 창법, 수식과 기교가 많아 감상적인 면 강조
중고제	경기도와 충청도 지역의 소리, 동편제와 서편제의 절충형, 상하성이 분명함

• 판소리의 3대 요소

창	판소리에서 광대가 부르는 노래이자 소리로, 음악적인 요소
아니리	창자가 한 대목에서 다음 대목으로 넘어가기 전에 장단 없이 자유로운 리듬으로 말하듯이 사설을 엮어가는 것, 문학적인 요소
발림	판소리 사설의 내용에 따라 몸짓을 하는 것으로, 춤사위나 형용 동작을 가리키는 연극적 요소이다. 비슷한 말인 '너름새'는 몸짓으로 하는 모든 동작을 의미

14 사물놀이

꽹과리, 장구, 북, 징의 네 가지 악기로 연주하도록 편성한 음악 또는 연주

사물놀이는 네 가지 악기, 즉 사물(四物)로 연주하도록 편성된 음악이다. 농민들이 하던 대규모 풍물놀이에서 앞부분에 배치되어 있던 악기 중 꽹과리, 장구, 북, 징의 4가지 악기를 빼서 실내 무대에서도 공연이 가능하도록 새롭게 구성한 것으로, 1970년대 후반에 등장했다. '사물놀이'라는 이름도 그 무렵 만들어진 것이다.

15 음악의 빠르기

아다지오(Adagio) → 안단테(Andante) → 모데라토(Moderato) → 알레그로(Allegro) → 프레스토(Presto)

라르고(Largo) : 아주 느리고 폭넓게 → 아다지오(Adagio) : 아주 느리고 침착하게 → 안단테(Andante) : 느리게 → 모데라토(Moderato) : 보통 빠르게 → 알레그레토(Allegretto) : 조금 빠르게 → 알레그로(Allegro) : 빠르게 → 비바체(Vivace) : 빠르고 경쾌하게 → 프레스토(Presto) : 빠르고 성급하게

16 르네상스 3대 거장

레오나르도 다빈치, 미켈란젤로, 라파엘로

- 레오나르도 다빈치 : 〈암굴의 성모〉, 〈성모자〉, 〈모나리자〉, 〈최후의 만찬〉 등의 작품을 남겼고, 해부학에서도 큰 업적을 남겼다. 또한 천문학, 물리학, 지리학, 토목학, 병기 공학, 생물학 등 다양한 분야에서 독창적인 연구를 하였으며, 음악에도 뛰어난 재능이 있었다.
- 미켈란젤로 : 작품에 〈최후의 심판〉, 〈천지창조〉 등의 그림과 〈다비드〉 조각이 있으며, 건축가로서 산피에트로 대성당의 설계를 맡기도 하였다.
- 라파엘로 : 아름답고 온화한 성모를 그리는 데에 재능이 뛰어나 미술사에 독자적인 자리를 차지하고 있으며, 조화로운 공간 표현 · 인체 표현 등으로 르네상스 고전 양식을 확립하였다.

17 비엔날레

2년마다 열리는 국제 미술전

이탈리아어로 '2년마다'라는 뜻으로 미술 분야에서 2년마다 열리는 전시 행사를 일컫는다. 세계 각지에서 여러 종류의 비엔날레가 열리고 있지만, 그중에서도 가장 역사가 길며 그 권위를 인정받고 있는 것은 베니스 비엔날레이다.

- 세계 3대 비엔날레 : 베니스 비엔날레, 상파울루 비엔날레, 휘트니 비엔날레
- 광주 비엔날레 : 1995년 한국 미술문화를 새롭게 도약시키자는 목표로 창설
- 트리엔날레 : 3년마다 열리는 미술행사
- 콰드리엔날레 : 4년마다 열리는 미술행사

18 미국의 3대 방송사

NBC, CBS, ABC

NBC (National Broadcasting Company)	1926년 라디오 방송으로 출발하여, 1941년 TV방송을 시작했다. 미국 3대 네트워크 중 가장 오랜 역사를 지니고 있다. 쇼, 영화, 모험 드라마와 사건 취재 등에 강하다.
CBS (Columbia Broadcasting System)	1927년 설립되어 1931년 미국 최초로 TV 정기방송을 시작한 데 이어 1951년 미국 최초로 컬러 TV방송을 도입했다. 대형 스타들을 기용하고 뉴스에 역점을 두며 네트워크 중 우세를 차지하기도 했다.
ABC (American Broadcasting Company)	1943년 설립되어 1948년 처음 TV방송을 시작한 ABC는 1996년 월트디즈니사에 인수되었다. 뉴스로 명성이 높으며 올림픽 중계 등 스포츠에서 강세를 보여왔다.

19 게이트키핑 Gate Keeping

뉴스 결정권자가 뉴스를 취사선택하는 과정

뉴스가 대중에게 전해지기 전에 기자나 편집자와 같은 뉴스 결정권자(게이트키퍼)가 대중에게 전달하고자 하는 뉴스를 취사선택하여 전달하는 것이다. 객관적 보도의 가능성과 관련한 논의에서 자주 등장한다.

20 오프더레코드 Off-the-record

보도하지 않는 것을 전제로, 기록에 남기지 않는 비공식 발언

소규모 집회나 인터뷰에서 뉴스 제공자가 오프더레코드를 요구하는 경우, 기자는 그것을 공표하지 않겠다고 약속하고 발언자의 이야기를 정보로서 참고만할 뿐 기사화해서는 안 된다. 취재기자는 오프더레코드를 지키는 것이 기본자세이지만 반드시 지켜야 할 의무는 없다.

21 엠바고 Embargo

일정 시간까지 뉴스의 보도를 미루는 것

본래 특정 국가에 대한 무역·투자 등의 교류 금지를 뜻하지만 언론에서는 뉴스 기사의 보도를 한시적으로 유보하는 것을 말한다. 즉, 정부 기관 등의 정보 제공자가 뉴스의 자료를 제보하면서 일정 시간까지 공개하지 말 것을 요구할 경우 그때까지 보도를 미루는 것이다. 흔히 '엠바고를 단다'고 말하며 정보 제공자 측과의 관계를 고려하여 되도록 지켜주는 경우가 많다.

22 저널리즘 유형

매스미디어를 통해 시사적 문제에 대한 보도 및 논평을 하는 언론 활동의 유형

저널리즘의 유형	특징
가차 저널리즘 (Gotcha Journalism)	'I got you'의 줄임말로, '딱 걸렸어!'라는 의미가 되는데, 사안의 맥락과 관계없이 유명 인사의 사소한 실수나 해프닝을 흥미 위주로 집중 보도하는 저널리즘
경마 저널리즘 (Horse Race Journalism)	• 경마를 구경하듯 후보자의 여론 조사 결과 및 득표 상황만을 집중 보도하는 선거 보도 형태 • 선거에 필요한 본질적인 내용보다는 흥미 위주의 보도
뉴 저널리즘 (New Journalism)	• 1960년대 이후 기존 저널리즘의 관념을 거부하며 등장 • 속보성·단편성을 거부하고 소설의 기법을 이용해 심층적인 보도 스타일을 보임
블랙 저널리즘 (Black Journalism)	숨겨진 사실을 드러내는 취재 활동으로, 약점을 이용해 보도하겠다고 위협하거나 특정 이익을 위해 보도하기도 함
옐로 저널리즘 (Yellow Journalism)	• 독자들의 호기심을 자극하고 끌어들이기 위해 선정적·비도덕적인 보도를 하는 형태 • 황색언론이라고도 하며 범죄·스캔들·가십 등 원시적 본능을 자극하는 흥미 위주의 소재를 다룸
제록스 저널리즘 (Xerox Journalism)	극비 문서를 몰래 복사하여 발표하는 저널리즘으로, 비합법적인 폭로 기사 위주의 보도 형태
팩 저널리즘 (Pack Journalism)	• 취재방법 및 시각이 획일적인 저널리즘으로, 신문의 신뢰도 하락을 불러옴 • 정부 권력에 의한 은밀한 제한 및 강압에 의해 양산됨
하이에나 저널리즘 (Hyena Journalism)	권력 없고 힘없는 사람에 대해서 집중적인 매도와 공격을 퍼붓는 저널리즘

23 IPTV Internet Protocol Television

인터넷망을 이용해 멀티미디어 콘텐츠를 제공하는 방송·통신 융합 서비스

초고속 인터넷망을 통해 영화·드라마 등 시청자가 원하는 콘텐츠를 양방향으로 제공하는 방송·통신 융합 서비스이다. 가장 큰 특징은 시청자가 편리한 시간에 원하는 프로그램을 선택해 볼 수 있다는 것이다. TV 수상기에 셋톱박스를 설치하면 인터넷 검색은 물론 다양한 동영상 콘텐츠 및 부가 서비스를 제공받을 수 있다.

24 광고의 종류

광고의 종류	특징
PPL 광고 (Products in PLacement Advertising)	• 영화나 드라마 등에 특정 제품을 노출시키는 간접 광고 • 엔터테인먼트 콘텐츠 속에 기업의 제품을 소품이나 배경으로 등장시켜 소비자들에게 의식·무의식적으로 제품을 광고하는 것
티저 광고 (Teaser Advertising)	• 처음에는 상품명을 감추거나 일부만 보여주고 궁금증을 유발하며 서서히 그 베일을 벗는 방법으로, 게릴라 마케팅의 일환으로 사용된다. • 티저는 '놀려대는 사람'이라는 뜻을 지니며 소비자의 구매욕을 유발하기 위해 처음에는 상품 광고의 주요 부분을 감추고 점차 공개하는 것이다.
비넷 광고 (Vignet Advertisement)	한 가지 주제에 맞춰 다양한 장면을 짧게 연속적으로 보여줌으로써 강렬한 이미지를 주는 광고 기법
트레일러 광고 (Trailer Advertising)	• 메인 광고 뒷부분에 다른 제품을 알리는 맛보기 광고 • 한 광고로 여러 제품을 다룰 수 있어 광고비가 절감되지만 주목도가 분산되므로 고가품에는 활용되지 않는다.

25 근대 5종 경기

한 경기자가 사격, 펜싱, 수영, 승마, 크로스컨트리(육상) 등의 5가지 종목을 치러 종합 성적을 겨루는 경기

근대 5종 경기는 원래 병사들의 종합 능력을 테스트할 목적으로 만들어졌다. 오랜 역사를 가진 종목으로 고대 그리스의 올림픽(BC 708년)까지 거슬러 올라간다. 1일 동안 펜싱, 수영, 승마, 복합(사격+육상) 경기 등 5개 종목을 순서대로 진행하며, 각 종목별 기록을 근대 5종 점수로 바꾸었을 때 총득점이 가장 높은 선수가 우승한다. '근대 5종'이라는 이름으로 1912년 제5회 올림픽 경기대회 때부터 정식 종목으로 채택되었다.

26 프리에이전트 Free Agent

프로야구 등에서 규약에 따라 어떤 팀과도 자유롭게 교섭할 권리를 얻은 선수

한국 프로야구의 경우 9시즌 이상 프로야구에서 활약한 선수에게 FA 자격이 주어진다. 단, 타자는 정규 경기수의 2/3 이상을 뛰어야 하고, 투수는 규정 이닝의 2/3 이상을 던져야 한 시즌으로 인정된다. 이렇게 9시즌을 보낸 선수는 FA 자격이 주어져 한국야구위원회에 FA 신청을 할 수 있다.

27 러너스 하이 Runners' High

달리기 같은 특정 운동을 계속할 때 나타나는 신체적인 쾌감

미국 심리학자 맨델이 1979년 발표한 논문에서 처음 사용한 용어로 '엑서사이즈 하이'라고도 한다. 신체 및 정신적인 측면과 관련이 있으며, 일정 강도의 운동을 일정 시간 계속하였을 경우 뇌에서 베타엔돌핀이라는 물질이 나와 마약과 같은 약물을 투여했을 때 나타나는 느낌을 겪는 현상이다.

28 식스맨 Six Man

농구 경기에서 주전 5명을 제외한 후보 중 가장 기량이 뛰어난 선수

시합이 시작되면서부터 플레이하는 다섯 명의 선수를 스타팅 멤버라고 하는데, 이들은 팀에서 가장 실력이 출중하다고 평가되는 선수들로 구성된다. 경기를 하다가 스타팅 멤버의 체력이 떨어지거나 경기 분위기를 바꾸기 위해 다른 선수를 투입하기도 하는데, 이렇게 선수를 교체해야 할 때 대기 선수지만 중요한 순간에 게임에 투입되어 경기를 잘 운영할 수 있는 선수를 식스맨이라 한다.

29 트리플 더블 Triple Double

한 선수가 득점, 어시스트, 리바운드, 스틸, 블록슛 중 세 부문에서 2자리 수 이상을 기록하는 것

농구에서 한 선수가 한 경기에서 득점, 어시스트, 리바운드, 스틸, 블록슛 중 2자리 수 이상의 기록을 세 부문에서 달성하는 것을 말한다. 네 부문에서 달성하면 쿼드러플 더블(Quadruple Double)이라고 하고, 2개 부문에서 2자리 수 이상을 달성하는 것은 더블 더블(Double Double)이라고 한다.

30 낫아웃 Not Out

유일하게 출루가 가능한 삼진

야구에서 공식 명칭은 'Uncaught Third Strike'이다. 대부분 포수가 공을 놓치는 경우에 해당하기 때문이다. 낫아웃은 2스트라이크 이후에 추가로 스트라이크 판정을 받았으나 포수가 이 공을 놓칠 경우(잡기 전에 그라운드에 닿은 경우도 포함)를 가리키며, 이때 타자는 아직 아웃당하지 않은 상태가 되어 1루로 뛸 수 있다. 타자의 스윙 여부와는 상관이 없으며 투수와 타자 모두 삼진으로 기록된다.

31 퍼펙트게임 Perfect Game

야구에서 투수가 상대팀에게 한 개의 진루도 허용하지 않고 승리로 이끈 게임

한 명의 투수가 선발로 출전하여 단 한 명의 주자도 출루하는 것을 허용하지 않은 게임을 말한다. 국내 프로야구에서는 아직 달성한 선수가 없으며, 120년 역사의 메이저리그에서도 단 23명만이 퍼펙트게임을 기록했다.

32 가린샤 클럽 Garrincha Club

월드컵 본선에서 골을 넣은 뒤 파울로 퇴장당한 선수

1962년 칠레 월드컵에서 브라질의 공격수 가린샤가 칠레와의 4강전에서 2골을 넣은 뒤 상대 수비수를 걷어차 퇴장당하면서부터 가린샤 클럽이라는 용어가 생겼다.

가린샤 클럽 멤버
1962년 가린샤(브라질), 1998년 하석주(한국), 2002년 살리프 디아오(세네갈), 2002년 호나우지뉴(브라질), 2006년 지네딘 지단(프랑스)

33 해트트릭

축구 경기에서 1명의 선수가 1경기에서 3득점을 하는 것

1명의 선수가 1경기에서 3득점을 하는 것을 말한다. 크리켓(Cricket)에서 3명의 타자를 연속으로 삼진 아웃 시킨 투수에게 그 명예를 기리는 뜻으로 선물한 모자(Hat)에서 유래한 이름이다.

34 골프 Golf

골프채(Club)로 공을 쳐서 가장 적은 타수로 홀에 넣는 것으로 순위를 가리는 경기

각 홀마다 승패를 결정하는 매치 플레이(Match Play)와 정규 라운드에서 최소 타수를 기록한 선수가 우승하는 스트로크 플레이(Stroke Play), 각 홀의 1위 선수가 홀마다 걸린 상금을 획득하는 방식인 스킨스 게임(Skins Game)이 있다. 골프채는 골프 클럽(Golf Club)이라고 하는데 한 경기에서 사용할 수 있는 클럽은 14개 이하이며, 상황에 따라 드라이버(Driver), 우드(Wood), 아이언(Iron), 웨지(Wedge), 퍼터(Putter) 등을 사용한다.

우드와 아이언
타구면이 있는 골프채의 머리 부분이 나무로 된 것은 우드, 쇳덩이로 된 것은 아이언이라 한다. 우드는 볼을 멀리 보내기 위한 클럽이고 아이언은 알맞은 거리에 따라 골라 쓰는 클럽으로, 우드가 아이언보다 길다.

35 펜싱 Fencing

검으로 찌르기, 베기 등의 기술을 사용하여 겨루는 스포츠

유럽에서 유래하였으며, 국제 표준 용어는 모두 프랑스어가 사용된다. 사용하는 검에 따라 플뢰레, 에페, 사브르의 3종류가 있으며, 남녀 개인전과 단체전이 있다.

플뢰레 (Fleuret)	프랑스어의 꽃을 뜻하는 fleur에서 나온 말로 칼날의 끝이 꽃처럼 생겨서 붙여졌다. 플뢰레는 심판의 시작 선언 후 먼저 공격적인 자세를 취한 선수에게 공격권이 주어진다. 공격을 당한 선수는 반드시 방어해야만 공격권을 얻을 수 있으며 유효 타깃은 얼굴, 팔, 다리를 제외한 몸통이다.
에페 (Epee)	창, 검 등을 의미하는 그리스어에서 유래했다. 에페는 먼저 찌르는 선수가 득점을 하게 된다. 마스크와 장갑을 포함한 상체 모두가 유효 타깃이며 하체를 허리 부분부터 완벽하게 가릴 수 있는 에이프런 모양의 전기적 감지기 옷이 준비되어 있다. 에페는 빠르게 찌르는 선수가 점수를 얻지만 1/25초 이내에 서로 동시에 찌를 경우는 둘 다 점수를 얻는다.
사브르 (Sabre)	검이란 뜻으로 베기와 찌르기를 겸할 수 있는 검을 사용한다. 베기와 찌르기가 동시에 가능하다. 유효 타깃은 허리뼈보다 위이며 머리와 양팔도 포함된다.

36 골프 4대 메이저 대회

구분	4대 메이저대회
PGA	• PGA 챔피언십(PGA Championship, 1916) • US 오픈(US Open, 1895) • 브리티시 오픈(British Open, 1860) • 마스터스(Masters, 1930)
LPGA	• AIG 브리티시 여자오픈 • US 여자오픈 • KPMG 위민스 PGA 챔피언십(구 LPGA챔피언십) • ANA 인스퍼레이션(구 크래프트 나비스코 챔피언십)

라이더컵(Ryder Cup)

1927년 미국과 영국 대결로 처음 시작돼 현재 유럽, 미국 등에 랭킹 순위가 높은 골퍼들이 국가를 대표해 경기를 치르고 있다. 현재는 2년에 한 번씩 미국과 유럽에서 개최되고 있으며 타이거 우즈, 로리 맥킬로이, 필 미켈슨 등 세계적인 골퍼들이 참가했다.

37 데이비스컵 Davis Cup

테니스 월드컵이라고도 불리는 세계 최고 권위의 남자 테니스 국가 대항 토너먼트

1900년 미국과 영국의 대결에서 처음 시작되었다. 데이비스는 우승컵을 기증한 드와이트 필리 데이비스의 이름에서 따온 것이다. 해마다 지역 예선을 거친 세계 16개 나라가 토너먼트식으로 대전하여 우승국을 결정한다. 데이비스컵 대회는 매년 열리며 우승컵인 데이비스컵은 그 해의 우승 국가가 1년간 보관한다. 데이비스컵 보유국을 '챔피언네이션(Championnation)'이라 한다.

38 국제올림픽위원회 IOC

올림픽 운동의 감독 기구

IOC는 1894년에 창설되어 올림픽 개최 도시를 선정하며, 각 올림픽 대회마다 열리는 올림픽 종목도 IOC에서 결정한다. IOC 조직과 활동은 올림픽 헌장을 따른다.

39 세계 4대 모터쇼

프랑크푸르트, 디트로이트, 파리, 도쿄 모터쇼

세계 최초의 모터쇼는 1897년 독일에서 열린 프랑크푸르트 모터쇼이다. 그 후 세계 각국에서 모터쇼를 개최하였는데, 그중에서 1898년 처음 개최된 프랑스의 파리 모터쇼, 1907년 처음 개최된 미국의 디트로이트 모터쇼, 1954년 처음 열린 일본의 도쿄 모터쇼를 통틀어, 세계 4대 모터쇼라고 부른다. 여기에 제네바 모터쇼를 합해 세계 5대 모터쇼로 부르기도 한다.

- 파리 오토 살롱 : 가장 많은 차종이 출품된다는 점에서 '자동차 세계 박람회'로 불리기도 한다. 화려한 컨셉트카나 쇼카 전시를 피하고 양산차 위주로 진행된다.
- 프랑크푸르트 모터쇼 : 자동차 기술을 선도하는 독일 메이커들이 중심이 되어 기술적 측면이 강조된 테크니컬쇼로 유명하다. 또 홀수 해에는 승용차 중심, 짝수 해에는 상용차 모터쇼가 열린다.

40 세계 3대 축구리그

프리미어리그, 세리에 A, 라리가

예전에는 독일의 프로 축구 1부인 분데스리가(Bundesliga)를 포함시켜 4대 리그라고 하였으나 1990년 이후 리그 수준과 선수 공급에 따른 차이가 커지면서 현재는 일반적으로 프리미어리그, 세리에 A, 라리가를 세계 3대 축구 리그로 부르고 있다.

01 미국 브로드웨이에서 연극과 뮤지컬에 대해 수여하는 상은 무엇인가?

① 토니상 ② 에미상
③ 오스카상 ④ 골든글로브상

해설

토니상은 연극의 아카데미상이라고 불리며 브로드웨이에서 상연된 연극과 뮤지컬 부문에 대해 상을 수여한다.

02 다음 중 판소리 5마당이 아닌 것은?

① 춘향가 ② 수궁가
③ 흥보가 ④ 배비장전

해설

판소리 5마당은 춘향가, 심청가, 흥보가, 적벽가, 수궁가이다.

03 다음 중 유네스코 세계문화유산이 아닌 것은?

① 석굴암 · 불국사 ② 종 묘
③ 경복궁 ④ 수원 화성

해설

유네스코 세계문화유산
석굴암 · 불국사, 해인사 장경판전, 종묘, 창덕궁, 수원화성, 경주역사유적지구, 고창 · 화순 · 강화 고인돌 유적, 조선왕릉, 안동하회 · 경주양동마을, 남한산성, 백제역사유적지구, 산사 · 한국의 산지승원, 한국의 서원, 한국의 갯벌

04 불교 의식인 재를 올릴 때 부처의 공덕을 찬양하며 부르는 노래로, 우리나라의 3대 전통 성악곡 중 하나로 꼽히는 이것은 무엇인가?

① 범 패   ② 계면조
③ 시나위   ④ 판소리

해설

우리나라 3대 성악곡에는 판소리, 범패, 가곡이 있으며, 그중 범패는 부처의 공덕을 찬양하며 부르는 노래이다.

05 다음 중 세계 3대 영화제가 아닌 것은?

① 베니스영화제   ② 베를린영화제
③ 몬트리올영화제   ④ 칸영화제

해설

세계 3대 영화제는 베니스, 베를린, 칸영화제이다.

06 '새로운 물결'이라는 뜻을 지닌 프랑스의 영화 운동으로, 기존의 영화 산업의 틀에서 벗어나 개인적 · 창조적인 방식이 담긴 영화를 만드는 것은 무엇인가?

① 네오리얼리즘   ② 누벨바그
③ 맥거핀   ④ 인디즈

해설

누벨바그는 '새로운 물결'이라는 뜻의 프랑스어로, 1958년경부터 프랑스 영화계에서 젊은 영화인들이 주축이 되어 펼친 영화 운동이다. 대표적인 작품으로는 고다르의 〈네 멋대로 해라〉, 트뤼포의 〈어른들은 알아주지 않는다〉 등이 있다.

07 음악의 빠르기에 대한 설명이 잘못된 것은?

① 아다지오(Adagio) : 아주 느리고 침착하게
② 모데라토(Moderato) : 보통 빠르게
③ 알레그레토(Allegretto) : 빠르고 경쾌하게
④ 프레스토(Presto) : 빠르고 성급하게

해설

③ 알레그레토(Allegretto) : 조금 빠르게

08 국보 1호와 주요 무형문화재 1호를 각각 바르게 연결한 것은?

① 숭례문 – 남사당놀이
② 숭례문 – 종묘제례악
③ 흥인지문 – 종묘제례악
④ 흥인지문 – 양주별산대놀이

해설

흥인지문은 보물 1호, 양주별산대놀이와 남사당놀이는 각각 무형문화재 2호와 3호이다.

09 다음 중 유네스코 지정 세계기록유산이 아닌 것은?

① 삼국사기　　　　　　　　② 훈민정음
③ 직지심체요절　　　　　　④ 5 · 18 민주화운동 기록물

해설

유네스코 세계기록유산
훈민정음, 조선왕조실록, 직지심체요절, 승정원일기, 해인사 대장경판 및 제경판, 조선왕조 의궤, 동의보감, 일성록, 5 · 18 민주화운동 기록물, 난중일기, 새마을운동 기록물, 한국의 유교책판, KBS 특별 생방송 '이산가족을 찾습니다' 기록물, 조선왕실 어보와 어책, 국채보상운동 기록물, 조선통신사 기록물

10 2년마다 주기적으로 열리는 국제 미술 전시회를 가리키는 용어는?

① 트리엔날레　　　　　　　② 콰드리엔날레
③ 비엔날레　　　　　　　　④ 아르누보

해설

비엔날레는 이탈리아어로 '2년마다'라는 뜻으로, 미술 분야에서 2년마다 열리는 전시 행사를 일컫는다. 가장 역사가 길며 그 권위를 인정받고 있는 것은 베니스 비엔날레이다.

11 다음 중 사물놀이에 쓰이는 악기에 해당하지 않는 것은?

① 꽹과리　　　　　　　　　② 장 구
③ 징　　　　　　　　　　　④ 소 고

해설

사물놀이는 꽹과리, 징, 장구, 북을 연주하는 음악 또는 놀이이다.

12 국악의 빠르기 중 가장 느린 장단은?

① 휘모리
② 중모리
③ 진양조
④ 자진모리

해설

국악의 빠르기 : 진양조 → 중모리 → 중중모리 → 자진모리 → 휘모리

13 다음 중 2021년 노벨상과 가장 관련이 없는 과학 연구 분야는 무엇인가?

① 감각 수용체
② 기후의 물리학적 모델링
③ 비대칭 유기촉매 반응
④ 유전자가위

해설

2021 노벨생리의학상은 신경과 '감각 수용체'에 대해 연구한 학자들이 수상했고, 노벨물리학상은 '기후의 물리학적 모델링'과 무질서와 변동의 상호작용을 연구한 학자들이 수상했으며, 노벨화학상은 '비대칭 유기촉매'를 발명한 학자들이 수상했다. '유전자가위'는 2020 노벨물리학상을 수상한 학자들과 관련된 연구 분야이다.

14 다음 중 르네상스 3대 화가가 아닌 사람은?

① 레오나르도 다빈치
② 미켈란젤로
③ 피카소
④ 라파엘로

해설

피카소는 20세기 초 입체파의 대표 화가이다.

15 베른조약에 따르면 저작권의 보호 기간은 저작자의 사후 몇 년인가?

① 30년
② 50년
③ 80년
④ 100년

해설

베른조약은 1886년 스위스의 수도 베른에서 체결된 조약으로, 외국인의 저작물을 무단 출판하는 것을 막고 다른 가맹국의 저작물을 자국민의 저작물과 동등하게 대우하도록 한다. 보호 기간은 저작자의 생존 및 사후 50년을 원칙으로 한다.

16 저작권에 반대되는 개념으로 지적 창작물에 대한 권리를 모든 사람이 공유할 수 있도록 하는 것은?

① 베른조약　　　　　　　　　　　② WIPO
③ 실용신안권　　　　　　　　　　④ 카피레프트

해설

카피레프트는 저작권(Copyright)에 반대되는 개념이며 정보의 공유를 위한 조치이다.

17 조선시대 국가의 주요 행사를 그림 등으로 상세하게 기록한 책은 무엇인가?

① 외규장각　　　　　　　　　　　② 조선왕실의궤
③ 종묘 제례　　　　　　　　　　　④ 직지심체요절

해설

조선왕실의궤는 조선시대 국가나 왕실의 주요 행사를 그림 등으로 상세하게 기록한 책이다. '의궤'는 의식과 궤범을 결합한 말로 '의식의 모범이 되는 책'이라는 뜻이다.
① 외규장각은 1782년 정조가 왕실 관련 서적을 보관할 목적으로 강화도에 설치한 규장각의 부속 도서관이다.
③ 종묘제례는 조선 역대 군왕의 신위를 모시는 종묘에서 지내는 제사이다.
④ 직지심체요절은 고려 시대의 것으로, 현존하는 세계에서 가장 오래된 금속활자본이다.

18 오페라 등 극적인 음악에서 나오는 기악 반주의 독창곡은?

① 아리아　　　　　　　　　　　　② 칸타타
③ 오라토리오　　　　　　　　　　④ 세레나데

해설

② 아리아·중창·합창 등으로 이루어진 대규모 성악곡
③ 성경에 나오는 이야기를 극화한 대규모의 종교적 악극
④ 17~18세기 이탈리아에서 발생한 가벼운 연주곡

19 영화의 한 화면 속에 소품 등 모든 시각적 요소를 동원해 주제를 드러내는 방법은?

① 몽타주　　　　　　　　　　　　② 인디즈
③ 미장센　　　　　　　　　　　　④ 옴니버스

해설

① 미장센과 상대적인 개념으로 따로 촬영된 짧은 장면들을 연결해서 의미를 창조하는 기법
② 독립 영화
④ 독립된 콩트들이 모여 하나의 주제를 나타내는 것

20 다음 중 올림픽에 관한 설명으로 옳지 않은 것은?

① 한국은 1948년에 최초로 올림픽에 출전했다.
② 국제올림픽위원회 본부는 스위스 로잔에 있다.
③ 한국 대표팀이 최초로 메달을 획득한 구기 종목은 핸드볼이다.
④ 근대 5종 경기 종목은 펜싱, 수영, 승마, 사격, 크로스컨트리 등이다.

해설

1976년 몬트리올 올림픽에서 여자 배구가 첫 메달(동메달)을 획득했으며, 1984년 로스앤젤레스 대회에서는 여자 농구와 핸드볼이 은메달을 획득했다. 또한 1988년 서울 대회에서 여자 핸드볼이 단체 구기종목 사상 최초로 올림픽 금메달을 획득했다.

21 다음 중 광고에서 친근함을 주어 주목률을 높이기 위해 쓰는 3B가 아닌 것은?

① Baby
② Body
③ Beauty
④ Beast

해설

미인(Beauty), 동물(Beast), 아기(Baby)는 광고의 주목률을 높이기 위해 고려해야 하는 3가지 요소이다.

22 다음 중 종합편성채널 사업자가 아닌 것은?

① 조선일보
② 중앙일보
③ 연합뉴스
④ 매일경제

해설

종합편성채널 사업자는 조선일보(TV조선), 중앙일보(JTBC), 매일경제(MBN), 동아일보(채널A)이다.

23 매스커뮤니케이션의 효과 이론 중 지배적인 여론과 일치되면 의사를 적극 표출하지만 그렇지 않으면 침묵하는 경향을 보이는 이론은 무엇인가?

① 탄환 이론
② 미디어 의존 이론
③ 모델링 이론
④ 침묵의 나선 이론

해설

침묵의 나선 이론은 지배적인 여론 형성에 큰 영향력을 행사한다.

24 다음 중 미국의 4대 방송사가 아닌 것은?

① CNN
② ABC
③ CBS
④ NBC

> **해설**
> 미국의 4대 방송사는 NBC, CBS, ABC, FOX이다.

25 광고의 종류에 관한 설명이 잘못 연결된 것은?

① 인포머셜 광고 – 상품의 정보를 상세하게 제공하는 것
② 애드버토리얼 광고 – 언뜻 보아서는 무슨 내용인지 알 수 없는 광고
③ 레트로 광고 – 과거에 대한 향수를 느끼게 하는 회고 광고
④ PPL 광고 – 영화나 드라마 등에 특정 제품을 노출시키는 간접 광고

> **해설**
> ② 신문·잡지에 기사 형태로 실리는 논설식 광고. 신세대의 취향을 만족시키는 것으로 언뜻 보아서는 무슨 내용인지 알 수 없는 광고는 '키치 광고'이다.

26 언론을 통해 뉴스가 전해지기 전에 뉴스 결정권자가 뉴스를 취사선택하는 것을 무엇이라고 하는가?

① 바이라인
② 발롱데세
③ 게이트키핑
④ 방송심의위원회

> **해설**
> 게이트키핑은 게이트키퍼가 뉴스를 취사선택하여 전달하는 것으로, 게이트키퍼의 가치관이 작용할 수 있다.

27 처음에는 상품명을 감췄다가 서서히 공개하면서 궁금증을 유발하는 광고 전략을 무엇이라 하는가?

① PPL 광고
② 비넷 광고
③ 트레일러 광고
④ 티저 광고

> **해설**
> ① 영화나 드라마의 장면에 상품이나 브랜드 이미지를 노출시키는 광고 기법
> ② 한 주제에 맞춰 다양한 장면을 짧게 보여주면서 강렬한 이미지를 주는 기법
> ③ 메인광고 뒷부분에 다른 제품을 알리는 맛보기 광고. '자매품'이라고도 함

28 오락거리만 있고 정보는 전혀 없는 새로운 유형의 뉴스를 가리키는 용어는?

① 블랙 저널리즘(Black Journalism)

② 옐로 저널리즘(Yellow Journalism)

③ 하이프 저널리즘(Hype Journalism)

④ 팩 저널리즘(Pack Journalism)

해설

① 감추어진 이면적 사실을 드러내는 취재 활동

② 독자들의 관심을 유도하기 위해 범죄, 성적 추문 등의 선정적인 사건들 위주로 취재하여 보도하는 것

④ 취재 방법이나 취재 시각 등이 획일적이어서 개성이나 독창성이 없는 저널리즘

29 선거 보도 형태의 하나로 후보자의 여론조사 결과 및 득표 상황만을 집중적으로 보도하는 저널리즘은 무엇인가?

① 가차 저널리즘(Gotcha Journalism)

② 경마 저널리즘(Horse Race Journalism)

③ 센세이셔널리즘(Sensationalism)

④ 제록스 저널리즘(Xerox Journalism)

해설

① 유명 인사의 사소한 해프닝을 집중 보도

③ 스캔들 기사 등을 보도하여 호기심을 자극

④ 극비 문서를 몰래 복사하여 발표

30 다음 중 IPTV에 관한 설명으로 잘못된 것은 무엇인가?

① 방송·통신 융합 서비스이다.

② 영화·드라마 등 원하는 콘텐츠를 제공받을 수 있다.

③ 양방향 서비스이다.

④ 별도의 셋톱박스를 설치할 필요가 없다.

해설

IPTV의 시청을 위해서는 TV 수상기에 셋톱박스를 설치해야 한다.

31 미국 콜롬비아대 언론대학원에서 선정하는 미국 최고 권위의 보도·문학·음악상은?

① 토니상   ② 그래미상

③ 퓰리처상   ④ 템플턴상

해설

퓰리처상

미국의 언론인 퓰리처의 유산으로 제정된 언론·문학상이다. 1917년에 시작되어 매년 저널리즘 및 문학계의 업적이 우수한 사람을 선정하여 19개 부분에 걸쳐 시상한다.

32 언론의 사실적 주장에 관한 보도로 피해를 입었을 때 자신이 작성한 반론문을 보도해줄 것을 요구할 수 있는 권리는 무엇인가?

① 액세스권   ② 정정보도청구권

③ 반론보도청구권   ④ 퍼블릭액세스

해설

① 언론 매체에 자유롭게 접근·이용할 수 있는 권리

② 언론에 대해 정정을 요구할 수 있는 권리로 사실 보도에 한정되며 비판·논평은 해당하지 않는다.

④ 일반인이 직접 제작한 영상물을 그대로 반영하는 것

33 다음 뉴스의 종류와 그에 대한 설명이 바르게 연결되지 않은 것은?

① 디스코 뉴스 – 뉴스의 본질에 치중하기보다 스타일을 더 중요시하는 형태

② 스폿 뉴스 – 사건 현장에서 얻어진 생생한 뉴스로, 핫뉴스라고도 한다.

③ 패스트 뉴스 – 논평·해설 등을 통해 잘 정리되고 오보가 적은 뉴스

④ 스트레이트 뉴스 – 사건·사고의 내용을 객관적 입장에서 보도하는 것

해설

③ 패스트 뉴스 : 긴 해설이나 설명 없이 최신 뉴스를 보도하는 형태이다. 자세한 논평과 해설을 통해 잘 정리된 기사를 보도하는 형태의 뉴스는 '슬로 뉴스'이다.

34 숨겨진 사실을 드러내는 것으로 약점을 보도하겠다고 위협하거나 특정 이익을 위해 보도하는 저널리즘은 무엇인가?

① 블랙 저널리즘(Black Journalism)
② 뉴 저널리즘(New Journalism)
③ 팩 저널리즘(Pack Journalism)
④ 하이에나 저널리즘(Hyena Journalism)

해설
② 뉴 저널리즘 : 속보성과 단편성을 거부하고 소설의 기법을 이용해 심층적인 보도 스타일을 보이는 저널리즘
③ 팩 저널리즘 : 취재 방법 및 시각이 획일적인 저널리즘으로, 신문의 신뢰도 하락을 불러온다.
④ 하이에나 저널리즘 : 권력 없고 힘없는 사람에 대해서 집중적인 매도와 공격을 퍼붓는 저널리즘

35 다음 중 미디어렙에 관한 설명으로 옳지 않은 것은?

① Media와 Representative의 합성어이다.
② 방송사의 위탁을 받아 광고주에게 광고를 판매하는 대행사이다.
③ 판매 대행시 수수료는 따로 받지 않는다.
④ 광고주가 광고를 빌미로 방송사에 영향을 끼치는 것을 막아준다.

해설
미디어렙은 방송광고판매대행사로, 판매 대행 수수료를 받는 회사이다.

36 매스컴 관련 권익 보호와 자유를 위해 설립된 기구 중 워싱턴에 위치하고 외국 수뇌 인물들의 연설을 듣고 질의·응답하는 것을 주 행사로 삼는 기구는?

① 내셔널프레스클럽　　　　　　　　　② 세계신문협회
③ 국제언론인협회　　　　　　　　　　④ 국제기자연맹

해설
② 1948년 국제신문발행인협회로 발족한 세계 최대의 언론 단체이다.
③ 1951년 결성된 단체로 언론인 상호 간의 교류와 협조를 통해 언론의 자유를 보장하는 것을 목적으로 매년 1회씩 대회가 열린다.
④ 본부는 브뤼셀에 있으며 3년마다 '기자 올림픽'이라 불리는 대규모 총회가 열린다.

37 신제품 또는 기업에 대하여 언론이 일반 보도로 다루도록 함으로써 결과적으로 무료로 광고 효과를 얻게 하는 PR의 한 방법은?

① 콩로머천드(Conglomerchant)

② 애드버커시(Advocacy)

③ 퍼블리시티(Publicity)

④ 멀티스폿(Multispot)

해설

퍼블리시티는 광고주가 회사·제품·서비스 등과 관련된 뉴스를 신문·잡지 등의 기사나 라디오·방송 등에 제공하여 무료로 보도하도록 하는 PR방법이다.

38 지상파와 케이블 등 기존 TV 방송 서비스를 해지하고 인터넷 등으로 방송을 보는 소비자를 일컫는 신조어는?

① 다운시프트족

② 프리터족

③ 그루밍족

④ 코드커터족

해설

코드커터족(Cord Cutters)은 지상파와 케이블 등 기존 TV 방송 서비스를 해지하고 인터넷 등으로 능동적인 방송시청을 하는 소비자군을 말한다.

39 아날로그 채널 주파수(6MHz)를 쪼개 지상파 방송사가 가용할 수 있는 채널수를 늘리는 것을 무엇이라고 하는가?

① 시분할다중화(TDM)

② 파장분할다중화(WDM)

③ 압축다중화(PMSB)

④ 멀티모드서비스(MMS)

해설

멀티모드서비스란 1개 주파수 대역에서 고화질(HD)과 표준화질(SD) 등 비디오채널을 복수로 운영하는 기술이다.

40 시청자가 원하는 콘텐츠를 양방향으로 제공하는 방송 · 통신 융합 서비스로 시청자가 편리한 시간에 원하는 프로그램을 선택해 볼 수 있는 방송 서비스는?

① CATV
② Ustream
③ Podcasting
④ IPTV

> **해설**
> ① 동축케이블을 이용해 프로그램을 송신하는 유선 TV
> ② 실시간 동영상 중계 사이트
> ③ 사용자들이 인터넷을 통해 새로운 방송을 자동으로 구독할 수 있게 하는 미디어

41 스위스에 있는 올림픽 관리 기구는 무엇인가?

① IOC
② IBF
③ ITF
④ FINA

> **해설**
> ① IOC(International Olympic Committee) : 국제올림픽위원회
> ② IBF(International Boxing Federation) : 국제복싱연맹
> ③ ITF(International Tennis Federation) : 국제테니스연맹
> ④ FINA(Federation Internationale de Natation) : 국제수영연맹

42 골프의 일반적인 경기 조건에서 각 홀에 정해진 기준 타수를 'Par'라고 한다. 다음 중 Par보다 2타수 적은 스코어로 홀인하는 것을 뜻하는 용어는 무엇인가?

① 버디(Birdie)
② 이글(Eagle)
③ 보기(Bogey)
④ 알바트로스(Albatross)

> **해설**
> 기준 타수보다 2타수 적은 스코어로 홀인하는 것을 이글이라 한다.
> ① 버디 : 기준 타수보다 1타 적은 타수로 홀인하는 것
> ③ 보기 : 기준 타수보다 1타수 많은 스코어로 홀인하는 것
> ④ 알바트로스 : 기준 타수보다 3개가 적은 타수로 홀인하는 것

43 다음 육상 경기 중 필드경기에 해당하지 않는 것은?

① 높이뛰기
② 창던지기
③ 장애물 경기
④ 멀리뛰기

해설

필드경기는 크게 도약경기와 투척경기로 나뉜다. 도약경기에는 멀리뛰기, 높이뛰기, 장대높이뛰기, 세단뛰기 등이 있으며, 투척경기에는 창던지기, 원반던지기, 포환던지기, 해머던지기 등의 종목이 있다.

44 다음 중 야구에서 타자가 투스트라이크 이후 아웃이 되는 상황이 아닌 것은?

① 번트파울
② 헛스윙
③ 파울팁
④ 베이스온볼스

해설

투스트라이크 이후 번트는 쓰리번트라고 하여 성공하지 못하고 파울이 되면 아웃이며, 파울팁은 타자가 스윙을 하여 배트에 살짝 스친 뒤 포수에게 잡히는 공이다. 베이스온볼스(Base On Balls)는 볼넷을 의미한다.

45 다음 중 한국 프로야구의 프리에이전트에 대한 설명으로 틀린 것은?

① 9시즌 이상 경기에서 활약한 선수에게 자격이 주어진다.
② 타자의 경우 한 시즌당 뛴 경기 수에 대한 특별한 규정은 없다.
③ 투수는 규정 이닝의 2/3 이상을 던져야 한 시즌으로 인정된다.
④ FA 또는 자유계약선수라고도 부른다.

해설

한국 프로야구의 경우 9시즌 이상 프로야구에서 활약한 선수에게 프리에이전트의 자격이 주어진다. 단, 타자는 정규 경기 수의 2/3 이상을 뛰어야 하고, 투수는 규정 이닝의 2/3 이상을 던져야 한 시즌으로 인정된다. 이렇게 9시즌을 보낸 선수는 자격이 주어져 한국야구위원회에 신청할 수 있다. FA 또는 자유계약선수라고도 한다.

46 골프의 18홀에서 파 5개, 버디 2개, 보기 4개, 더블보기 4개, 트리플보기 3개를 기록했다면 최종 스코어는 어떻게 되는가?

① 이븐파
② 3언더파
③ 9오버파
④ 19오버파

해설

파 5개(0) + 버디 2개(-2) + 보기 4개(+4) + 더블보기 4개(+8) + 트리플보기 3개(+9) = 19오버파

47 남자부 4대 골프 대회에 속하지 않는 것은?

① 마스터스　　　　　　　　　　② 브리티시 오픈
③ 맥도널드 오픈　　　　　　　　④ US 오픈

> **해설**
> • 남자부 4대 골프 대회 : 마스터스, 브리티시 오픈(영국 오픈), PGA 챔피언십, US 오픈
> • 여자부 4대 골프 대회 : AIG 브리티시 여자오픈, US 여자오픈, KPMG 위민스 PGA 챔피언십, ANA 인스퍼레이션

48 농구에서 스타팅 멤버를 제외한 벤치 멤버 중 가장 기량이 뛰어나 언제든지 경기에 투입할 수 있는 투입 1순위 후보는?

① 포스트맨　　　　　　　　　　② 스윙맨
③ 식스맨　　　　　　　　　　　④ 세컨드맨

> **해설**
> 벤치 멤버 중 투입 1순위 후보는 식스맨이라고 한다. 포스트맨은 공을 등지고 골 밑 근처에서 패스를 연결하거나 스스로 공격하는 선수이고, 스윙맨은 가드·포워드 역할을 모두 수행할 수 있는 선수이다.

49 축구 경기에서 해트트릭이란 무엇인가?

① 1경기에서 1명의 선수가 1골을 넣는 것
② 1경기에서 1명의 선수가 2골을 넣는 것
③ 1경기에서 1명의 선수가 3골을 넣는 것
④ 1경기에서 3명의 선수가 1골씩 넣는 것

> **해설**
> 해트트릭은 크리켓에서 3명의 타자를 삼진 아웃시킨 투수에게 명예를 기리는 뜻으로 선물한 모자(Hat)에서 유래했으며, 한 팀이 3년 연속 대회 타이틀을 석권했을 때도 해트트릭이라고 한다.

50 다음 중 유럽의 국가와 국가별 프로 축구 리그의 연결로 옳은 것은?

① 스페인 – 세리에 A
② 독일 – 분데스리가
③ 이탈리아 – 프리미어리그
④ 잉글랜드 – 라리가

해설

① 스페인 – 라리가
③ 이탈리아 – 세리에 A
④ 잉글랜드 – 프리미어리그

51 다음 중 골프 용어가 아닌 것은?

① 로진백   ② 이 글
③ 어프로치샷   ④ 언더파

해설

로진백은 투수나 타자가 공이 미끄러지지 않게 하기 위해 묻히는 송진 가루나 로진이 들어있는 작은 주머니이다. 손에 묻힐 수는 있어도 배트, 공, 글러브 등에 묻히는 것은 금지되어 있다. 그밖에 역도나 체조 선수들도 사용한다.

52 월드컵 본선에서 골을 넣은 뒤 파울로 퇴장당한 선수들을 일컫는 용어는?

① 가린샤 클럽   ② 블랙슈즈 클럽
③ 170 클럽   ④ 벤치맙 클럽

해설

가린샤 클럽은 1962년 칠레 월드컵에서 브라질의 공격수 가린샤가 골을 넣은 뒤 퇴장을 당하면서 생긴 용어이다.

53 세계 5대 모터쇼에 포함되지 않는 모터쇼는?

① 토리노 모터쇼   ② 도쿄 모터쇼
③ 제네바 모터쇼   ④ 북미 국제 오토쇼

해설

세계 5대 모터쇼 : 파리 모터쇼, 프랑크푸르트 모터쇼, 제네바 모터쇼, 북미 국제 오토쇼(디트로이트 모터쇼), 도쿄 모터쇼

54 미국과 유럽을 오가며 2년마다 개최되는 미국과 유럽의 남자 골프 대회는?

① 데이비스컵

② 라이더컵

③ 프레지던츠컵

④ 스탠리컵

해설

② 라이더컵은 영국인 사업가 새뮤얼 라이더(Samuel Ryder)가 순금제 트로피를 기증함으로써 그 이름을 따서 붙인 미국과 유럽의 남자 골프 대회이다.

① 데이비스컵은 테니스 월드컵이라고도 불리는 세계 최고 권위의 국가 대항 남자 테니스 대회이다.

③ 프레지던츠컵은 미국과 유럽을 제외한 인터내셔널팀 사이의 남자 프로 골프 대항전이다.

④ 스탠리컵은 북아메리카에서 프로아이스하키 리그의 플레이오프 우승팀에게 수여되는 트로피를 가리킨다.

55 다음 중 2스트라이크 이후에 추가로 스트라이크 판정을 받았으나 포수가 이 공을 놓칠 경우(잡기 전에 그라운드에 닿은 경우도 포함)를 가리키는 말은 무엇인가?

① 트리플 더블

② 낫아웃

③ 퍼펙트게임

④ 노히트노런

해설

① 트리플 더블 : 한 선수가 득점, 어시스트, 리바운드, 스틸, 블록슛 중 세 부문에서 2자리 수 이상을 기록하는 것을 가리키는 농구 용어

③ 퍼펙트게임 : 야구에서 투수가 상대팀에게 한 개의 진루도 허용하지 않고 승리로 이끈 게임

④ 노히트노런 : 야구에서 투수가 상대팀에게 한 개의 안타도 허용하지 않고 승리로 이끈 게임

56 근대 5종 경기는 기원전 708년에 실시된 고대 5종 경기를 현대에 맞게 발전시킨 것으로 근대 올림픽을 창설한 쿠베르탱의 실시로 시작하게 되었다. 이와 관련된 근대 5종 경기가 아닌 것은?

① 마라톤

② 사 격

③ 펜 싱

④ 승 마

해설

근대 5종 경기는 한 경기자가 사격, 펜싱, 수영, 승마, 크로스컨트리(육상) 5종목을 겨루어 종합 점수로 순위를 매기는 경기이다.

01 선사시대

문헌 사료가 전혀 존재하지 않는 문자로 기록되기 이전의 시대

구분	특징
구석기	• 약 70만년 전 • 수렵·어로 생활, 무리·이동 생활 • 뗀석기(주먹도끼·긁개)와 뼈도구 사용, 불의 발견과 이용
신석기	• 기원전 8,000년경 • 농경(밭농사)의 시작, 평등사회, 원시종교 출현 • 간석기와 토기(이른민무늬 토기, 빗살무늬 토기), 가락바퀴 등의 도구 사용

02 고인돌

거대한 바위를 이용해 만들어진 선사시대 거석기념물로 한국 청동기시대의 대표적인 무덤양식

청동기시대에 성행한 무덤 형식의 하나로, 지상에 묘실을 설치한 뒤 그 위에 덮개돌을 올린 북방식과 지하에 묘실을 만들어 그 위에 덮개돌을 놓고 돌을 괴는 남방식으로 구분된다. 고인돌을 세우는 데는 많은 인력이 필요했으므로 고인돌의 주인이 권력과 경제력을 갖춘 지배층이었음을 알 수 있다.

03 8조법

'한서지리지'에 남아 있는 고조선의 기본법

현재 3개 조목만 전해지는 8조법을 통해 고조선이 당시 사유재산을 인정하고 노비가 존재하는 신분제 계급 사회로서 개인의 생명을 중시하고, 가부장적인 가족 제도가 확립되었음을 짐작할 수 있다.
• 사람을 죽인 자는 즉시 사형에 처한다.
• 남에게 상처를 입힌 자는 곡물로써 배상한다.
• 남의 재산을 훔친 사람은 노비로 삼고, 용서받으려면 한 사람마다 50만전을 내야 한다.

04 연맹왕국

고대국가 이전 원시사회에서 부족사회로 발전하면서 한반도에 성립하여 발전된 국가 형태

부여	고구려	옥저	동예	삼한
• 만주 송화강 유역, 5부족 연맹체, 사출도 • 반농, 반목 • 순장, 1책12법, 형사취수제, 우제점법 • 12월 영고	• 동가강 유역 졸본 지방, 5부족 연맹체, 제가회의 • 약탈경제, 부경 • 서옥제, 형사취수제 • 10월 동맹	• 함경도 해안의 평야 지대 중심, 군장(읍군과 삼로)이 통치 • 소금, 해산물 풍부, 고구려에 공물 • 민며느리제, 가족공동묘	• 강원도 북부 동해안 중심, 군장(읍군과 삼로)이 통치 • 단궁, 과하마, 반어피 등 생산, 방직기술 발달 • 족외혼, 책화 • 10월 무천	• 한강 이남 지역, 제정 분리(군장인 신지, 읍차와 제사장인 천군) • 벼농사, 풍부한 철 생산(낙랑, 일본에 수출) • 두레 • 5월 수릿날, 10월 계절제

05 고대국가의 성립

대내적으로는 중앙집권 국가체제의 기틀을 마련하고, 대외적으로는 활발한 정복활동으로 영토 확장

고구려	부여계 유이민과 압록강 유역 토착민을 중심으로 건국하여 옥저를 복속, 낙랑을 압박하였으며 5부 체제 발전 및 고씨 왕위 세습을 통한 중앙집권 국가의 기반 형성
백제	고구려계 유이민과 한강 유역 토착민을 중심으로 건국하여 한 군현과 항쟁, 한강 유역 장악, 율령 반포, 관등제 정비, 관복제 도입을 통한 중앙집권 국가의 기반 형성
신라	유이민 집단(박·석·김)과 경주 토착세력을 중심으로 건국하여 국가 발전의 지연, 낙동강 유역 진출, 왜구 격퇴(호우명그릇) 및 김씨 왕위 세습, 마립간 왕호 사용 등을 통한 중앙집권 국가의 기반 형성
가야	낙동강 하류 변한지역에서 6가야 연맹을 형성하여 농경문화, 철 생산, 중계무역으로 발전하였으나, 금관가야 멸망(532), 대가야 멸망(562)으로 중앙집권 국가로 성립하지 못하고 신라에 흡수됨

06 광개토대왕릉비

광개토대왕의 업적을 기리기 위해 장수왕 2년(414년)에 만주에 세운 비석

광개토대왕이 죽은 후 광개토대왕의 정복 사업과 영토 확장 등의 업적을 기리기 위해 현재의 중국 지린성 지안현 통구 지역에 세운 비석으로, 우리나라에서 가장 큰 비석이다. 한편, 일본은 비문의 '신묘년 기사(신묘년에 왜가 바다를 건너와 백제와 신라를 정복하고 신민으로 삼았다)'를 근거로 하여 임나일본부설을 주장하기도 했다.

279

07 독서삼품과

신라시대의 관리선발 제도

신라 원성왕 4년에 국학 내에 설치한 일종의 관리 임용 제도이다. 학문적 능력 위주로 관리를 채용하기 위한 것으로, 국학 학생들의 유교 경전 독해 능력을 3등급으로 구분하여 관리의 임용에 적용하였다. 신라 하대로 갈수록 골품제의 폐쇄성과 국학의 중요성이 약해지면서 비중이 점차 줄었지만, 유학 보급에 중요한 역할을 하였다.

> 고대 국가의 교육기관
> • 고구려 : 태학(유교 경전과 역사서), 경당(한학과 무술)
> • 백제 : 5경, 의・역박사(유교 경전과 기술학)
> • 신라 : 국학(충효의 유교 윤리 교육), 독서삼품과(한문과 유학 보급)
> • 발해 : 주자감(귀족 자제들에게 유학 경전 교육)

08 발해

대조영이 고구려 유민과 말갈족을 연합하여 698년에 건국한 국가

발해는 고구려의 계승국임을 밝히며, 상류 지배층인 고구려 유민이 하류층인 말갈족을 지배했다. 당나라의 제도를 받아들여 3성 6부 체제의 정치 조직을 지녔고, 독자적인 연호를 사용하며 '해동성국'이라는 칭호를 얻을 정도로 강성했으나 926년 거란족(요나라)에 의해 멸망당했다.

09 사심관 제도

지방 세력을 견제하기 위해 중앙의 고관이 된 자로 하여금 자기 고향의 사심관이 되게 하는 제도

고려 태조는 지방 통치를 강화하고 지방 호족들을 견제하기 위해 유력 호족 출신의 중앙 관료를 출신 지역의 사심관으로 임명하여 부호장 이하의 관직을 맡게 하는 사심관 제도를 시행하였다. 사심관은 부호장 이하의 향리를 임명할 수 있었으며 그 지역에서 발생한 일에 대해 연대책임을 지도록 하였다.

10 기인 제도

지방 세력의 통제를 위해 호족의 자제를 인질로 수도에 머물게 하는 제도

지방 호족 및 토호의 자제로서 중앙에 볼모로 와서 그 출신 지방의 행정상 고문 구실을 하던 사람이나 그 제도를 이르는 말이다. 고려 태조가 중앙집권을 강화하고 지방 세력을 견제하기 위해 마련한 정책으로 신라의 상수리 제도에서 유래되었다.

> 상수리 제도
> 지방 세력을 효과적으로 감시 · 통제하기 위해 마련한 제도이다. 이후 고려시대의 기인 제도, 조선시대의 경저리 제도로 이어졌다.

11 공음전

고려시대 5품 이상의 관료에게 지급되어 세습이 허용된 토지

5품 이상의 관료들에게 지급한 임야와 토지로 세습이 가능했기 때문에 음서 제도와 함께 문벌귀족의 기득권 유지에 기여하면서 경제적 기반이 되었다.

> 고려시대 토지 제도
> • 군인전 : 중앙 군인에게 지급한 토지 → 세습 인정
> • 구분전 : 하급 관리나 군인들의 유가족에게 지급한 토지
> • 한인전 : 6품 이하의 자제로서 관직에 오르지 못한 사람에게 지급한 토지
> • 공해전 : 중앙과 지방의 각 관아의 경비 충당을 위해 지급한 토지
> • 외역전 : 지방 향리에게 지급한 토지 → 세습 인정
> • 내장전 : 왕실의 경비를 충당하기 위해 지급된 토지 → 세습 인정

12 상평창

고려시대의 물가조절기관

풍년으로 곡물의 값이 쌀 때 사들이고 흉년에 값을 내려 팔아 물가를 조절하는 기관으로 고려 성종 12년(993년)에 설치되었다. 백성들의 생활을 안정시키기 위해 마련한 제도이며 조선시대에는 선혜청이라는 이름으로 존속·시행되었다.

> **고려시대의 사회 구호 제도**
> • 흑창(태조) : 양곡 대여, 춘대추납
> • 제위보(광종) : 기금 조성, 이자로 빈민구제
> • 의창(성종) : 흑창을 의창으로 개칭, 농민 보호
> • 혜민국(예종) : 질병 치료 및 구제기관, 무료 의약 제공

13 도병마사

고려시대 중요 사안을 심의·결정하던 국가 최고의 회의기관

중서문하성의 재신과 중추원의 고관(추밀)으로 구성되었으며 국방상 중요한 문제와 국가의 정책을 협의·결정하는 기관이었다. 고려 후기에는 원의 간섭하에 도평의사사로 개편되어 국정 전반의 문제를 합의했으며 조선 전기에는 의정부로 개편되었다.

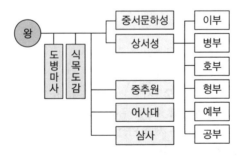

[고려의 중앙 정부 구조]

14 묘청의 난

서경천도를 주장하던 묘청이 개경 문벌귀족에 대해 일으킨 반란

김부식을 중심으로 한 개경세력과 묘청, 정지상을 중심으로 한 서경세력 간의 대립이 발생했다. 서경세력은 서경천도와 칭제건원, 금국정벌을 주장하였으나 받아들여지지 않자 서경에서 반란을 일으켰다. 신채호는 '조선상고사'에서 이 사건을 '조선 천년 역사에서 최고의 사건'이라 말하며 묘청의 서경천도운동을 자주성의 측면에서 높이 평가하였다.

15 교정도감

고려 무신정권기에 최충헌이 세운 정치기관

고려 후기 무신정권 당시 최고 의결 기관으로, 조세 징수권과 관리 감찰 등 국정을 총괄하며 막강한 권력을 지니면서 최씨 정권을 뒷받침하였다.

무신집권기 최씨 정권의 권력 기구
- **교정도감** : 최충헌 설치, 국정을 총괄하는 최고 권력 기구
- **정방** : 최우 설치, 인사 행정 기구
- **서방** : 최우 설치, 능력 있는 문신을 등용하여 자문을 구하는 기구
- **도방** : 경대승 설치, 무신정권의 사병 기관
- **삼별초** : 최우가 설치한 군사 조직, 치안과 전투 담당

16 중방

무신정권이 성립된 후 권력을 행사하던 상장군과 대장군의 회의기구

집권한 무신들이 문반(文班)과 무반(武班)의 고위관직을 차지한 뒤 중방에 모여 국가의 크고 작은 모든 문제를 공동으로 처리하면서 그 기능과 권한이 확대·강화되었다. 구체적으로 궁성수비와 일반치안을 위한 병력 배치, 형옥치죄권 행사, 도량형 도구의 검사와 통일, 관직의 증감 및 관리의 임면 등의 중요 안건에 대해 논의하였다.

17 직지심체요절

세계 최초의 금속활자본

고려시대에 청주 흥덕사에서 간행된 세계에서 가장 오래된 금속활자본으로 직지심경이라고도 한다. 1377년 간행된 것으로 구텐베르크보다 80년 앞서 있으며 현재 프랑스 국립도서관에 소장되어 있고 2001년 유네스코 기록유산으로 등록되었다.

18 공민왕의 개혁정치

대외적으로 반원 세력을 몰아내고, 대내적으로 왕권을 강화하기 위한 개혁 정책 추진

배경	원·명 교체기의 혼란 이용, 주원장의 명 건국(1368)
개혁 방향	• 반원자주정책 : 친원파 숙청(기철), 정동행성 이문소 폐지, 쌍성총관부 공격(유인우)으로 철령 이북의 땅 수복, 관제 복구, 요동 공략(지용수, 이성계), 몽골풍 일소, 원의 침임 격퇴(최영, 이성계) • 왕권강화정책 : 정방 폐지, 전민변정도감 설치(신돈 기용), 과거 제도 정비를 통한 신진사대부의 등용
개혁 실패	• 권문세족의 반발 : 친원파의 도평의사사 장악 및 토지 독점 • 원의 압력과 개혁 추진 세력(신진사대부) 미약으로 왕권 약화 • 홍건적과 왜구의 침입으로 인한 사회 혼란

19 삼국사기와 삼국유사

고려시대에 편찬된 대표적인 역사서

삼국사기는 고려 인종의 명을 받은 김부식 등이 편찬하였는데 이는 현존하는 최고(最古)의 역사서로서 유교적 합리주의 사관에 기초하여 기전체 형식으로 서술되었으며 신라 계승 의식을 많이 반영하고 있다. 반면에 삼국유사는 원 간섭기에 일연이 쓴 역사서로 불교사를 바탕으로 기록되어 왕력과 함께 기이(紀異)편을 두어 고대의 민간 설화나 전래 기록을 수록하였다. 특히 단군을 우리 민족의 시조로 여겨 단군 건국 설화를 수록하였다.

20 경국대전

조선시대 통치의 근간이 된 기본 법전

조선 초의 법전인 '경제육전'의 원전과 속전 및 그 뒤의 법령을 종합해 만든 것으로, 세조가 편찬을 시작하여 성종 대에 완성되었다. 먼저 재정 · 경제의 기본이 되는 '호전'을 완성한 뒤 '형전'을 완성했으며, 이전 · 호전 · 예전 · 병전 · 형전 · 공전 등 6전으로 이루어졌다.

21 과전법

신진사대부의 경제적 기반을 마련한 토지 제도의 개혁

고려 말, 국가 재정의 고갈 문제를 해결하기 위해 권문세족이 불법으로 점유한 토지를 몰수하여 관리들에게 급료로 토지를 분급한 제도로, 경기 지방 토지에 한하여 전 · 현직 관리에게 지급되었다. 해당 관리는 과전에서 나오는 세금을 거두는 수조권을 부여받았는데, 이는 조선 초 토지 제도의 근간을 이루었다.

22 사화

사림파와 훈구파 사이의 대립으로 사림파가 큰 피해를 입은 4가지 사건

세조 이후 공신들을 중심으로 정치적 실권을 장악하고 중앙집권체제를 강조한 훈구파에 맞서 성리학에 투철한 사족들이 영남과 호서 지방을 중심으로 지방에서 세력 기반을 쌓으며 왕도정치를 강조하였다. 이러한 사림 세력이 성장하여 훈구파를 비판하면서 대립과 갈등을 빚기 시작했다. 양대 세력의 갈등이 네 차례의 사화로 이어지면서 사림파가 큰 피해를 입었다.

조선시대 사화

무오사화	1498년 (연산군)	• 훈구파와 사림파의 대립 • 연산군의 실정, 세조의 왕위 찬탈을 비판한 김종직의 조의제문 • 유자광, 이극돈
갑자사화	1504년 (연산군)	• 폐비 윤씨 사건이 배경 • 무오사화 때 피해를 면한 일부 훈구 세력까지 피해
기묘사화	1519년 (중종)	• 조광조의 개혁 정치 • 위훈 삭제로 인한 훈구 세력의 반발 • 주초위왕 사건
을사사화	1545년 (명종)	• 인종의 외척 윤임(대윤파)과 명종의 외척 윤원형(소윤파)의 대립 • 명종의 즉위로 문정왕후 수렴청정 • 집권한 소윤파가 대윤파를 공격

23 광해군의 중립외교

광해군이 명과 후금 사이에서 실리를 추구하였던 실리 정책

임진왜란 이후 여진의 성장으로 후금이 건국되었고 힘이 약화된 명을 위협하면서 전쟁을 선포하였다. 이에 명이 조선에 원군을 요청하자 조선은 명과 후금 사이에서 중립외교 정책을 실시하였고 명을 지원하러 갔던 조선군 사령관 강홍립이 광해군의 밀명으로 후금에 항복하면서 마찰을 피하였다. 이후 계속된 명의 지원 요청을 거절하고 후금과 친선 관계를 추구하였던 중립 외교 정책은 대의명분을 강조한 서인과 남인의 불만을 초래하였고 이후 인조반정의 원인이 되기도 하였다.

24 대동법

방납의 폐단을 시정하기 위하여 공물을 쌀로 바치도록 한 제도

농민의 부담을 줄이고 부족한 국가 재원을 확충하기 위해 광해군 1년(1608년) 대동법을 실시하였고, 토지결수에 따라 공물을 쌀로 징수하였다. 이후 숙종 때에 이르러 평안도와 함경도를 제외한 전국에서 대동법을 시행하였다. 대동법의 실시 이후 국가에서 필요한 물품은 공인이 조달하며, 이를 바탕으로 상품 화폐 경제가 발달하게 되었다.

25 균역법

조선 영조 때 백성들의 군역 부담을 덜기 위해 실시한 제도

역을 균등히 한다는 취지에서 만들어진 것으로, 기존의 군포를 2필에서 1필로 줄이는 대신 어업세·선박세 등의 징수로 이를 보충했다. 그러나 점차 농민의 부담이 증가하고 폐단이 나타나면서 19세기 삼정의 문란의 하나로 여러 폐단이 발생하게 되었다.

> **삼정의 문란**
> 전정(토지에 따른 징수), 군정(군역 대신에 베 한필 징수), 환곡(봄에 곡식을 빌려주고 가을에 이자를 합쳐 받는 빈민 구제책)의 세 가지 행정이 부패해진 것을 이르는 말이다.

26 동학

1860년 최제우가 창시한 민족종교

수운(水雲) 최제우가 서학(천주교)에 대항하고자 민간신학에 유(儒)·불(佛)·선(仙)의 교의를 혼합하여 창시하였다. '후천개벽(後天開闢)'과 '인내천(人乃天)'의 사상으로 19세기 조선 후기의 사회불안에 동요하던 민중들에게 급속히 보급되었다. 1894년의 동학혁명에 영향을 주었으며 이후 손병희에 의해 천도교로 개칭되었다.

27 강화도조약

운요호 사건으로 1876년 일본과 맺어진 불평등 조약

1876년(고종 13년) 2월 강화부에서 조선과 일본 사이에 체결된 조약으로 정식 명칭은 〈조일수호조규(朝日修好條規)〉이며, '병자수호조약(丙子修好條約)' 혹은 '강화도조약'이라고도 한다. 부산, 인천, 원산 등 3개 항구의 개항과 치외법권의 인정 등 불평등한 내용의 12개조로 구성된 근대 조약을 체결하였다. 이 조약을 맺음으로써 일본, 미국, 영국, 독일, 프랑스 등 열강의 제국주의가 본격적으로 조선에 침입하기 시작했다.

> 운요호 사건
> 조선이 계속되는 통상요구를 거절하자 일본이 운요호를 한강으로 침투시켜 강화도 사병과 충돌하게 하였다.
> 이후 사건에 대한 사죄와 함께 통상을 요구하면서 강화도조약을 체결하였다.

28 임오군란

신식 군대인 별기군에 비해 차별 대우를 받던 구식 군대를 주축으로 일어난 반란

임오군란은 1882년 서울에서 하급군관들과 도시빈민들이 개항 이후 시행된 개화정책과 집권세력에 저항하여 일으킨 사건이다. 조선 정부는 군란의 수습을 위해 청의 원군을 요청하면서 조선의 내정·외교 문제에 적극적으로 간섭하여 청의 종주권이 강화되었다. 일본 정부는 임오군란 시 군인들의 일본 공사관 침입을 빌미삼아 일본 경비병의 주둔 허용과 배상금 지불을 요구하면서 제물포 조약을 체결하게 되었다.

- 제물포 조약의 주요 내용 : 사과 사절단의 파견, 주모자 처벌, 배상금 지불, 공사관 경비병의 주둔 인정
- 조청 상민 수륙 무역 장정 : 청 상인의 개항장 밖의 내륙 통상권과 연안 무역권을 인정하였으며 치외법권과 점포 개설권까지 부여하는 청나라의 특권으로 일관된 불평등 조약

29 동학농민운동 - 집강소

1894년 전봉준이 중심이 되어 일으킨 반봉건·반외세 농민운동

고부 군수 조병갑의 불법착취, 농민 수탈의 강화와 농촌 경제의 파탄, 일본의 침략, 동학교도에 대한 탄압 등을 이유로 확산된 아래로부터의 반봉건적·반침략적 민족운동이다. 동학농민군은 전주성을 점령하는 한편 집강소를 설치하여 12개조의 폐정개혁안을 발표하였으나 우금치 전투에서 관군과 일본의 연합군에 패배했다. 이는 갑오개혁과 청일 전쟁을 유발하는 계기가 되었다.

30 갑오개혁

1894년 일본의 강압으로 실시한 근대적 개혁

일본의 강압으로 정치·경제·사회·문화 전반에 걸쳐 실시한 근대적 개혁으로 근대화의 출발점이 되었으나 보수적 봉건 잔재로 인해 기형적 근대화를 초래했다. 갑오개혁의 홍범 14조에는 청의 종주권 부인과 개국기원 사용, 과거제 폐지 및 노비해방, 신교육령 실시 등의 내용이 포함되어 있다.

> **홍범 14조**
> 갑오개혁 이후 정치적 근대화와 개혁을 위해 제정된 국가기본법으로, 청에 대한 종주권을 부인하여 자주독립의 기초를 세울 것을 선포했고, 종신과 외척의 정치 관여를 용납하지 않음으로써 대원군과 명성황후의 정치개입을 배제했다.

31 황성신문

1898년 장지연, 박은식, 남궁억 등이 중심이 되어 창간된 일간 신문

대한제국 때인 1898년 남궁억과 나수연 등이 창간한 일간 신문으로 한자와 한글을 섞어 만들었으며, 국민들을 계몽하고 민족의식을 높이는 데 앞장섰다. 장지연은 을사늑약의 부당함을 알리는 사설 '시일야방성대곡'을 실었다가 구금되고 신문은 정간되기도 하였다가 1910년 결국 폐간되었다.

32 국채보상운동

1907년 일본으로부터 빌린 차관 1,300만원을 갚기 위한 민족경제 자립운동

일본은 조선정부를 경제적으로 예속하기 위해 차관을 제공했는데, 이를 갚기 위해 서상돈 등이 국채보상기성회를 조직하였다. 대한매일신보, 제국신문, 황성신문 등 언론 기관도 앞장서서 전 국민의 적극적인 참여 속에 국채를 갚으려는 운동이 전개되었으나, 일본 통감부의 압력과 매국적 정치단체인 일진회의 방해로 결국 실패하였다.

> **물산장려운동**
>
> 1922년 조만식을 중심으로 일어난 민족경제 자립실천운동으로, 일제의 경제적 수탈에 맞서 국산품 애용과 근검절약 · 자급자족 · 민족기업의 육성 등을 추진하였다. 그러나 일제의 탄압으로 큰 성과를 거두지 못하였다.

33 일제의 조선 통치 정책

무단통치 → 문화통치 → 민족말살통치

구분	정책 내용
무단통치 (1910년대)	조선총독부 설치(1910년), 헌병경찰의 즉결 처분권, 언론 · 출판 · 집회 · 결사의 자유 박탈, 105인 사건 등을 일으켜 독립운동 탄압, 토지조사사업
문화통치 (1920년대)	3 · 1 운동 이후 보통 경찰제 실시, 식민 통치를 은폐하기 위한 기만적 정책, 우민화 교육, 친일파 세력 양성을 통한 민족 분열, 산미증식계획 실시(1920 ~ 1934년)
민족말살통치 (1930년대 이후)	내선일체, 황국신민화, 창씨개명, 우리말 사용과 국사 교육 금지, 강제징용 · 징병, 일본군 위안부, 1937년 중일 전쟁 이후 병참기지화 정책으로 물자와 인력 수탈

34 3 · 1 운동

1919년 일제 식민 지배에 저항하며 일어난 대규모 민족 만세운동

- 배경 : 도쿄 유학생들의 2 · 8 독립선언 발표, 미국 윌슨 대통령의 민족자결주의 제창
- 과정 : 1919년 3월 1일 탑골공원에서 민족 대표 33인의 이름으로 독립선언서를 발표하고 전국과 외국으로 독립 만세운동이 퍼져나감
- 결과 : 일본의 통치방식이 문화통치로 전환, 대한민국 임시정부 수립에 큰 영향, 민족 주체성의 확인과 독립 문제를 세계에 알림

35 대한민국 임시정부

1919년 광복을 위해 중국 상하이에 수립한 임시정부

우리나라 최초의 민주공화정체로서 1대 대통령은 이승만, 2대 대통령은 박은식이었다. 연통제 실시와 군자금 조달, 애국공채 발행, 독립신문 간행 등 독립 운동의 중요한 역할을 담당하는 대표기관이었다.

36 신간회

1927년 민족주의 세력과 사회주의 세력이 합작하여 발족한 항일단체

조선의 독립을 위해 좌우익 세력이 합작하여 결성한 항일단체로 민족주의를 표방하면서 단결을 공고히 하였고 기회주의를 배격하였다. 강연회 개최 및 한국어 교육에 대한 연구 활동을 하였으며 1929년 광주학생 항일운동이 발생하자 진상 조사단을 파견하고 전국적 항일독립운동으로 확산시키는 등의 지원을 하였다.

37 4·19 혁명

부패한 독재 정권을 학생과 시민의 힘으로 무너뜨린 민주 혁명

1960년에 이승만과 자유당 정권의 3·15 부정선거의 대한 항의로 4·19 혁명이 발발하였다. 그 결과 이승만이 하야하고 수립된 과도 정부는 부정선거를 단행한 자유당 간부들을 구속하였으며, 국회는 내각 책임제와 양원제를 골자로 한 개헌안을 통과시켰다. 이후 구성된 국회를 통해 윤보선이 대통령으로 선출되었고, 장면이 국무총리로 지명되어 장면 내각이 성립되었다.

38 경제개발 5개년 계획

1962년에서 1982년까지 박정희 정부가 경제 발전을 목표로 추진한 정책

제1, 2차 경제개발 5개년 계획	• 경공업 육성, 노동집약적 산업 중심 • 사회간접자본 확충 노력 • 1960년대 말 국제 경기 악화와 원리금 상환 부담으로 위기
제3, 4차 경제개발 5개년 계획	• 중화학 공업 육성, 자본 집약적 산업 중심 • 2차 산업 비중이 1차 산업을 추월 • 고부가가치 산업구조로 개편

39 6월 민주항쟁

1987년 6월에 전국에서 일어났던 범국민적인 민주화 운동

전두환 군사정권의 장기집권을 저지하기 위해 일어난 범국민적 민주화 운동으로 1987년 1월 박종철 고문치사 사건이 발생하고 그해 5월 천주교정의구현사제단에 의해 이 사건이 은폐·축소된 것이 밝혀지면서 시위가 확산되었다. 그러던 중 시위 과정에서 이한열이 심한 부상으로 사경을 헤매게 되면서 산발적으로 전개되던 민주화 투쟁이 전국적으로 확산되었다.

40 남북 정상 회담

세 차례 이루어진 남북 최고 지도자들의 회담

1945년 분단 이후 남한과 북한은 세 차례에 걸쳐 정상 회담을 가졌는데 2000년 6월, 2007년 10월, 2018년 4월 남한과 북한의 최고당국자가 직접 만나 남북한의 현안을 포함한 제반문제에 대해 협의하면서 판문점 선언에 합의하였다. 이후 9월에 평양에서 열린 3차 회담의 평양공동선언을 통해 '실질적 종전'을 선언하였다.

41 4대 문명

기원전 3,000년을 전후하여 세계에서 가장 먼저 문명을 이루고 발전시킨 4대 지역

구분	특징	강	공통점
메소포타미아 문명 (기원전 3,500년)	쐐기문자·60진법 사용, 함무라비 법전 편찬, 태음력 제정	티그리스강, 유프라테스강	• 기후가 온화함 • 관개가 용이함 • 토지가 비옥함
이집트 문명 (기원전 3,000년)	폐쇄적 지형, 상형문자·10진법 사용, 피라미드·스핑크스 제작	나일강	
황하 문명 (기원전 3,000년)	동아시아에서 가장 오래된 문명, 갑골문자·달력 사용	황하강	
인더스 문명 (기원전 2,500년)	청동기·그림문자 사용, 발달된 도시문명, 엄격한 신분제도	인더스강	

42 십자군 전쟁

중세 서유럽의 그리스도교 국가들이 이슬람교도들로부터 성지를 탈환하기 위해 벌인 전쟁

그리스도교 국가들이 이슬람교도로부터 성지 예루살렘을 회복하기 위해 1096 ~ 1270년까지 8차례에 걸쳐 대규모 십자군 원정을 일으켰다. 원정이 거듭되면서 본래의 순수한 목적에서 벗어나 교황권 강화, 영토 확장 등 세속적 욕구를 추구했고 결국 내부 분쟁으로 인해 실패하였다.

43 백년 전쟁

1337 ~ 1453년까지 영국과 프랑스 사이에서 벌어진 전쟁

프랑스의 왕위 계승 문제와 플랑드르의 양모 공업을 둘러싼 경제적 문제가 얽혀 영국군이 침입하면서 시작되었다. 초기에는 영국이 우세했으나 1492년 잔다르크의 활약에 힘입어 프랑스가 영토를 회복하였다. 봉건 제후와 귀족들이 몰락하고 중앙집권적 국가로 진입하는 계기가 됐다.

장미 전쟁

1455 ~ 1485년 영국의 왕위 계승을 둘러싸고 요크 가문과 랭커스터 가문이 대립하며 발생한 내란으로, 각 가문이 집안의 상징 표시로 장미를 사용했기 때문에 장미 전쟁이라 부른다. 이 전쟁은 랭커스터가의 헨리 7세가 요크가의 엘리자베스를 왕비로 맞아들여 튜더 왕조를 여는 것으로 끝났다. 튜더 왕조는 중앙집권체제 국가의 기틀을 마련하였고 봉건 무사 계급이 몰락하며 절대왕조가 수립되었다.

44 종교개혁

16세기 교회의 세속화와 타락에 반발하여 출현한 그리스도교 개혁운동

로마 가톨릭교회가 16세기에 지나치게 세속화되면서 금전적인 목적으로 면죄부를 판매하는 등 타락하자 1517년 독일의 마틴 루터가 이를 비판하는 95개조의 반박문을 발표한 것을 시작으로 종교개혁운동이 일어났다. 이후 스위스의 츠빙글리, 프랑스의 칼뱅 등에 의해 전 유럽으로 퍼졌고 그 결과 가톨릭으로부터 이탈한 프로테스탄트라는 신교가 성립되었다.

45 프랑스 혁명

구제도를 타파하고 자유·평등·박애 사회를 건설하기 위해 일어난 시민혁명

1789~1794년 프랑스에서 일어난 시민혁명으로, 당시 절대 왕정이 지배하던 앙시앵 레짐으로 인해 평민들의 불만이 증가하고 있었다. 이에 시민들이 바스티유 감옥을 습격하면서 혁명이 시작됐고 그 결과 새로운 헌법을 정하고 프랑스 공화정이 성립되었다. 프랑스 혁명은 정치권력이 왕족과 귀족에서 시민으로 옮겨진 역사적 전환점이 되었다.

46 양무운동

청 말기에 서양 기술의 도입으로 부국강병을 이루고자 한 근대 자강운동

19세기 후반 관료들의 주도하에 이루어진 근대화 운동으로 유럽의 근대기술을 도입하여 난국을 타개하고자 했다. 당시 아편 전쟁과 애로호 사건을 겪으며 서양의 군사적 위력을 알게 된 청조는 서양 문물을 도입하고 군사·과학·통신 등을 개혁함으로써 부국강병을 이루고자 했으나 1894년 청일 전쟁의 패배로 좌절되었다.

47 제1차 세계대전

1914~1918년 유럽 국가와 미국, 러시아 등이 참여한 최초의 세계대전

1914년 사라예보 사건을 계기로 하여 동맹국(독일·오스트리아)과 연합국(프랑스·영국·러시아·이탈리아·일본) 사이에서 벌어진 전쟁으로 대규모 세계대전으로 발전하였다. 4년 4개월간 지속된 전쟁은 독일의 항복과 연합국의 승리로 끝났으며, 연합국과 독일은 1919년 베르사유조약을 맺었다.

- 사라예보 사건 : 오스트리아 황태자 프란츠 페르디난트와 그의 왕비가 사라예보에서 세르비아인 청년에게 암살당한 사건으로, 오스트리아가 세르비아에 선전포고를 하면서 제1차 세계대전의 시발점이 되었다.
- 베르사유조약 : 제1차 세계대전 후 독일과 연합국 사이에 체결된 조약으로 독일은 해외 식민지를 모두 포기하고 전쟁에 대한 막대한 배상금을 부과했다.

48 제2차 세계대전

1939 ~ 1945년 유럽, 아시아, 태평양 등지에서 추축국과 연합국 사이에 벌어진 세계전쟁

독일이 폴란드를 침공함으로써 발발하였으며, 3국 조약의 추축국을 이룬 독일·이탈리아·일본과 미국·영국·소련 등 연합국 사이에 벌어진 전쟁이다. 1943년 이탈리아를 항복시킨 연합군은 노르망디 상륙작전으로 프랑스를 해방시키고 1945년 독일의 항복을 받아낸 후 일본에 원폭을 투하하여 2차 세계대전을 승리로 이끌었다. 인류 역사상 가장 많은 인명·재산 피해를 남긴 전쟁으로 전쟁 후 국제연합이 설립되었다.

국제연합(UN)
　제2차 세계대전 후 설립된 국제기관으로, 전쟁 방지 및 세계평화의 유지와 인류복지의 향상을 목적으로 한다.

49 문화대혁명

1966 ~ 1976년 마오쩌둥의 주도하에 벌어졌던 중국의 사회적·정치적 투쟁

급진적 경제 개발 정책인 대약진 운동이 실패하고 덩샤오핑 중심의 실용주의파가 부상하자 위기를 느낀 마오쩌둥(모택동)이 부르주아 세력과 자본주의 타도를 위해 대학생·고교생 준군사조직인 홍위병을 조직하고 대중을 동원해 일으킨 정치적 투쟁이다. 이 과정에서 정치적·경제적 혼란이 지속되며 사회가 경직화되었고 마오쩌둥의 죽음과 덩샤오핑의 부활로 1997년 공식 종료되었다.

50 스와라지 운동

1906년 인도의 간디가 영국으로부터의 독립을 위해 일으킨 자치운동

인도에서 간디가 주도한 독립·자치 운동으로, 영국의 지배를 벗어나서 독립을 획득하고자 했다. 영국은 벵골분할령으로 인도에 대한 식민지배를 강화하려 하였고 이에 반발해 인도인의 민족주의 운동과 영국제품·영화에 대한 불매·배척 운동으로 전개되었다.

01 다음 유물이 처음 사용된 시대의 생활 모습으로 옳은 것은?

① 거친무늬 거울을 사용하였다.
② 주로 동굴이나 막집에서 살았다.
③ 빗살무늬 토기에 식량을 저장하였다.
④ 철제 농기구를 이용하여 농사를 지었다.

해설

제시된 유물은 가락바퀴로 신석기시대의 유물이다. 가락바퀴는 실을 뽑는 도구로 신석기시대에 원시적 형태의 수공예가
이루어졌음을 알 수 있는 증거이다. 빗살무늬 토기는 신석기시대를 대표하는 토기로, 서울 암사동 유적지에서 출토된
밑이 뾰족한 모양의 토기가 대표적이다.

02 한서지리지에 다음의 법 조항을 가진 나라로 소개되는 국가는?

• 사람을 죽인 자는 즉시 사형에 처한다.
• 남에게 상처를 입힌 자는 곡물로써 배상한다.
• 남의 재산을 훔친 사람은 노비로 삼고, 용서받으려면 한 사람당 50만전을 내야 한다.

① 고구려   ② 고조선
③ 발 해   ④ 신 라

해설

고조선의 '8조법'의 내용이다. 현재 3개의 조목만 전해지는 8조금법을 통해 고조선은 사유재산제의 사회로서 개인의 생명
보호를 중시했으며 계급사회였음을 알 수 있다.

03 다음 자료에 해당하는 나라에 대한 설명으로 옳은 것은?

> 혼인할 때는 말로 미리 정하고, 여자 집에서는 본채 뒤편에 작은 별채를 짓는데, 그 집을 서옥이라 부른다. 해가 저물 무렵에 신랑이 신부의 집 문 밖에 도착하여 자기 이름을 밝히고 절하면서, 신부의 집에서 머물기를 청한다. … (중략) … 자식을 낳아 장성하면 아내를 데리고 집으로 돌아간다.
> – 〈삼국지 동이전〉

① 12월에 영고라는 제천 행사를 열었다.
② 제가회의에서 국가의 중대사를 결정하였다.
③ 특산물로 단궁, 과하마, 반어피 등이 있었다.
④ 제사장인 천군과 신성 지역인 소도가 있었다.

해설

제시된 사료는 고구려의 서옥제라는 혼인풍습에 대한 것이다. 남녀가 혼인을 하면 신부집 뒤꼍에 서옥이라는 집을 짓고 살다가, 자식을 낳아 장성하면 신부를 데리고 자기 집으로 가는 풍습이다. 제가회의는 고구려의 귀족회의로 유력 부족의 우두머리들이 모여 국가의 중대사와 주요 정책을 논의하고 결정하였다.

04 다음 자료와 관련된 설명으로 옳지 않은 것은?

> 진평왕 30년, 왕은 ⊙ 고구려가 빈번하게 강역을 침범하는 것을 근심하다가 수나라에 병사를 청하여 고구려를 정벌하고자 하였다. 이에 ⓒ 원광에게 군사를 청하는 글을 짓도록 명하니, 원광이 "자기가 살려고 남을 죽이도록 하는 것은 승려로서 할 일이 아니나, 제가 대왕의 토지에서 살고 대왕의 물과 풀을 먹으면서, 어찌 감히 명령을 좇지 않겠습니까?"라고 하며, 곧 글을 지어 바쳤다. … (중략) … 33년에 왕이 수나라에 사신을 보내어 표문을 바치고 출병을 청하니, ⓒ 수나라 양제가 이를 받아들이고 군사를 일으켰다.
> – 〈삼국사기〉 신라본기

① 당시 신라는 백제와 동맹을 맺어 고구려의 남진에 대처하고 있었다.
② ⊙ – 고구려는 한강 유역을 되찾기 위해 신라를 자주 공격하였다.
③ ⓒ – 원광은 세속오계를 지어 화랑도의 행동 규범을 제시하였다.
④ ⓒ – 고구려는 살수에서 대승을 거두고, 수나라의 침략을 격퇴하였다.

해설

고구려가 빈번하게 신라를 공격했던 시기는 신라가 진흥왕 이후 한강 하류 지역을 차지하고 팽창한 6세기 후반이다. 이때 고구려의 남하 정책에 대항하여 체결되었던 나제 동맹이 결렬되고 여제 동맹이 체결되었으며 신라는 고립을 피하기 위해 중국의 수 · 당과 동맹을 체결하였다. 고구려는 7세기에 중국의 혼란을 통일한 수의 침입을 살수 대첩으로 물리쳤으며, 신라는 진흥왕 때 화랑도를 국가 차원에서 장려하고 조직을 확대하였으며 원광의 세속 5계를 행동 규범으로 삼았다. 원광이 수에 군사를 청원하는 글을 쓴 것으로 보아 당시 불교는 호국불교적 성격이 강함을 알 수 있다.

05 (가), (나)에 대한 설명으로 옳지 않은 것은?

> • 임금과 신하들이 인재를 어떻게 뽑을까 의논하였다. 그래서 여러 사람들을 모아 함께 다니게 하고
>   그 행실과 뜻을 살펴 등용하였다. 그러므로 김대문이 쓴 책에서 "우리나라의 현명한 재상과 충성
>   스러운 신하, 훌륭한 장수와 용감한 병졸은 모두 [(가)]에서 나왔다."라고 하였다.
> • [(나)]는(은) 예부에 속한다. 경덕왕이 태학으로 이름을 고쳤다. 박사와 조교가 예기 · 주역 · 논
>   어 · 효경을 가르친다. 9년이 되도록 학업에 진척이 없는 자는 퇴학시킨다.

① (가)는 원시 사회의 청소년 집단에서 기원하였다.
② (가)에서는 전통적 사회 규범과 전쟁에 관한 교육을 하였다.
③ (나)는 유학 교육을 위하여 신문왕 때 설치하였다.
④ (나)에는 7품 이상 문무 관리의 자제가 입학하였다.

해설

(가)는 화랑도, (나)는 국학이다. 화랑도는 원시 사회의 청소년 집단 수련에 기원을 두고 있다. 귀족자제 중에서 선발된 화랑을 지도자로 삼고, 낭도는 귀족은 물론 평민까지 망라하였다. 국학은 신문왕 때 설립하였으며 관등이 없는 자부터 대사(12관등) 이하인 자들이 입학할 수 있었고, 논어, 효경 등의 유학을 가르쳤다.

06 다음 밑줄 친 제도와 같은 성격의 정책은?

> 고구려의 고국천왕이 을파소 등을 기용하여 왕 16년(194)에 실시한 <u>진대법</u>은 춘궁기에 가난한 백성
> 에게 관곡을 빌려주었다가 추수인 10월에 관(官)에 환납케 하는 제도이다. 이것은 귀족의 고리 대금
> 업으로 인한 폐단을 막고, 양민들의 노비화를 막으려는 목적으로 실시한 제도였다. 이러한 제도는
> 신라나 백제에도 있었을 것이며 고려의 의창 제도, 조선의 환곡 제도의 선구가 되었다.

① 실업자를 위한 일자리 창출 대책
② 출산율 상승을 위한 출산장려금 정책
③ 생활무능력자를 대상으로 한 공공부조
④ 초등학생을 대상으로 한 무상급식 제도

해설

고구려의 진대법, 고려의 의창 제도, 조선의 환곡 제도는 흉년이나 춘궁기에 곡식을 빈민에게 대여하고 추수기에 이를 환수하던 제도이다. 이와 같은 성격을 지닌 오늘날의 제도는 어려운 사람들의 의식주를 돕기 위한 공공부조라고 할 수 있다.

07 다음 연표에 활동했던 백제의 왕을 소재로 영화를 제작하려고 한다. 등장할 수 있는 장면으로 옳은 것은?

---

346 백제 제13대 왕위 등극

369 왜 왕에게 칠지도 하사

　　황해도 치양성 전투에서 태자 근구수의 활약으로 고구려군을 상대하여 승리함

371 평양성 전투에서 고구려 고국원왕을 전사시킴

---

① 중앙집권을 위해 율령을 반포하는 장면

② 동맹국인 신라의 왕에게 배신당하여 고민하고 있는 장면

③ 사상의 통합을 위해 불교를 공인하는 장면

④ 〈서기〉라는 역사책을 편찬하는 고흥

해설

제시된 연표의 칠지도, 고국원왕 전사 등을 통해 연표의 왕이 근초고왕임을 알 수 있다. 근초고왕은 4세기 백제의 왕으로 고구려, 신라보다 앞서 국가를 흥성시켰다. 또 다른 업적으로는 요서·산동·규슈 진출, 왕위 부자 상속, 고흥의 역사서 〈서기〉 편찬 등이 있다.

08 다음 중 발해에 관한 설명으로 옳지 않은 것은?

① 대조영이 고구려 유민과 말갈족을 연합하여 건국했다.

② 당나라의 제도를 받아들여 독자적인 3성 6부 체제를 갖췄다.

③ 독자적인 연호를 사용하고 '해동성국'이라는 칭호를 얻었다.

④ 여진족의 세력 확대로 인해 여진족에게 멸망당하였다.

해설

발해는 거란족의 세력 확대와 내분 때문에 국력이 약해져 926년 거란족(요나라)에 의해 멸망당하였다.

09 다음에서 설명하고 있는 삼국시대의 왕은?

> • 한반도의 한강 이남까지 영토를 늘렸다.
> • 신라의 요청으로 원군을 보내 왜구를 격퇴하였다.
> • 후연과 전쟁에서 승리하여 요동지역을 확보하였다.

① 미천왕   ② 소수림왕
③ 장수왕   ④ 광개토대왕

해설

광개토대왕은 후연, 동부여, 백제 등과의 전쟁에서 승리하고 남으로는 한강이남 지역, 북으로는 요동 등으로 영토를 넓혔다.
① 미천왕 : 낙랑군, 대방군 등을 정복하였다.
② 소수림왕 : 율령반포, 불교공인 등 내부체제를 정비하였다.
③ 장수왕 : 도읍을 평양으로 옮기는 등 남하정책을 펼쳤다.

10 공민왕의 개혁 정치에 대한 설명으로 옳지 않은 것은?

① 친원파와 기씨 일족을 숙청했다.
② 원·명 교체의 상황에서 개혁을 추진했다.
③ 신진사대부를 견제하기 위해 정방을 설치했다.
④ 관제를 복구하고 몽골식 생활 풍습을 금지했다.

해설

정방은 고려 무신집권기 최우가 설치한 인사 담당 기관인데, 공민왕은 정방을 폐지했다.

11 음서 제도와 공음전이 고려 사회에 끼친 영향은?

① 농민층의 몰락을 방지하였다.
② 문벌 귀족 세력을 강화시켰다.
③ 국가 재정의 확보에 공헌하였다.
④ 개방적인 사회 분위기를 가져왔다.

해설

문벌 귀족은 고위 관직을 독점하고 음서의 특권으로 승진하였으며, 공음전 등의 경제적 특권을 누리기도 했다.

12 (가), (나) 역사서에 대한 설명으로 옳지 <u>않은</u> 것은?

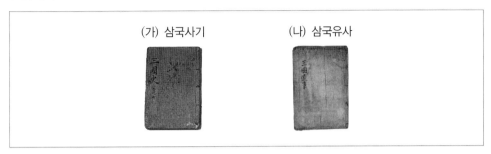

(가) 삼국사기   (나) 삼국유사

① (가) - 김부식이 주도하여 편찬하였다.
② (가) - 유교적 합리주의 사관에 기초하였다.
③ (나) - 신라와 발해를 남북국이라 하였다.
④ (나) - 단군의 건국 이야기가 수록되어 있다.

해설
③은 조선 후기 실학자 유득공이 발해에 관해 쓴 역사서인 〈발해고〉의 내용으로 발해의 역사 · 문화 · 풍습 등을 9부문으로 나누어 서술했고, 신라와 발해를 남북국이라고 칭하였다.

13 다음은 고려 무신집권기의 기구명과 그에 대한 특징이다. (가)에 들어갈 내용으로 옳은 것은?

기구명	특징
중방	고위 무신들의 회의 기구
교정도감	국정을 총괄하는 최고 권력 기구
정방	(가)

① 법률과 소송을 관장한 기구
② 곡식의 출납 및 회계 담당 기구
③ 최우가 설치한 인사 행정 담당 기구
④ 역사서의 편찬과 보관을 담당한 기구

해설
무신정권의 실질적인 권력자였던 최우는 교정도감을 통하여 정치권력을 행사하였고, 독자적인 인사 기구인 정방을 설치하여 인사권을 장악하였다.

14 고려 태조 왕건이 실시한 정책으로 옳지 않은 것은?

① 사심관 제도와 기인 제도 등의 호족 견제 정책을 실시했다.
② 연등회와 팔관회를 중요하게 다룰 것을 강조했다.
③ 과거 제도를 실시하여 신진 세력을 등용했다.
④ '훈요십조'를 통해 후대의 왕들에게 유언을 남겼다.

해설

광종(재위 949~975)은 과거 제도를 시행하여 신진 세력을 등용하고 신·구세력의 교체를 꾀하는 한편 노비안검법 실시, 호족과 귀족세력 견제 등 개혁적인 정치를 단행하여 강력한 왕권을 확립하였다.

15 다음에서 설명하고 있는 고려의 기구는 무엇인가?

> 고려시대 변경의 군사문제를 의논하던 국방회의기구로 중서문하성과 중추원의 고위 관료들이 모여 국가의 군기 및 국방상 중요한 일을 의정하던 합의기관이다. 무신정변 이후에는 군사적 문제뿐 아니라 민사적 문제까지 관장하는 등 권한이 강화되었으며, 왕권을 제한하는 역할도 하였다.

① 도병마사   ② 식목도감
③ 중서문하성   ④ 비변사

해설

고려의 독자적인 기구인 도병마사에 대한 내용이다. 도병마사는 변경의 군사 문제를 의논해 결정하는 것이었으나 무신정변 이후 도당이라 불리며 국사전반에 걸쳐 권한이 확대되었다. 원간섭기에는 도평의사사로 개칭되고 국가의 모든 중대사를 회의해 결정하는 기관으로 변질되었다.

16 다음 중 고려시대에 '정혜쌍수(定慧雙修)', '돈오점수(頓悟漸修)'를 주장하고, 수선사 결사 운동을 주도한 승려는?

① 지 눌   ② 원 효
③ 의 천   ④ 도 선

해설

보조국사 지눌대사는 조계종을 중심으로 한 선종과 교종의 통합운동을 전개하였으며 수선사 결사 제창, 정혜쌍수·돈오점수를 통해 선교일치 사상의 완성을 이루었다.

17 다음 시의 내용에 나타난 폐단을 개혁하기 위해 실시했던 제도에 대한 설명으로 가장 적절한 것은?

> 우리라고 좋아서 이 짓 하나요?
> 간밤에도 관가에서 문서가 날아 왔죠.
> 내일 아침 높은 손님 맞아서 연희를 성대히 벌인다고
> 물고기 회치고 굽고 모두 다 이 강에서 나갑니다.
> 자가사비 문절망둑 쏘가리 잉어 어느 것 없이 거둬 가지요
> 물고기 잡아다 바치라 한 달에도 너덧 차례
> 한 번 바치는데 적기나 한가요 걸핏하면 스무 마리 서른 마리
> 정해진 마릿수 채우지 못하면 장터에 나가 사다가 바치고
> 혹시 잡다가 남으면 팔아서 양식에 보태지요
>
> – 〈작살질〉, 송명흠

① 군적의 문란이 심해지면서 농민의 부담이 다시 가중되었다.
② 지주는 결작이라고 하여 토지 1결당 미곡 2두를 납부하게 되었다.
③ 농민은 1년에 베 1필씩만 부담하면 과중한 납부량에서 벗어날 수 있었다.
④ 토지가 없거나 적은 농민에게 과중하게 부과되었던 부담이 다소 경감되었다.

해설

①·②·③은 균역법과 관련된 내용이다. 제시된 시의 내용은 공납의 폐단에 관한 것으로, 관가에서 공납을 바치라면 양과 내용에 관계없이 따라야 하는 어민들의 어려움을 얘기하고 있다. 공납은 정해진 양을 채우지 못하면 시장에서 사서 납부해야 하는 등 백성들에게 많은 부담을 주었다. 이러한 공납의 폐단을 개선하기 위해 특산물을 현물로 내는 대신 쌀이나 돈으로 납부하게 하고, 공납을 토지에 부과하도록 하는 대동법을 시행하였다. 대동법은 토지가 없거나 적은 농민들의 부담을 다소 경감시키는 효과가 있었다.

18 다음 그림과 관련하여 당시 대외 관계에 대해 옳게 설명한 것은?

① 이종무의 쓰시마 섬 정벌로 인하여 우리나라 사신을 맞는 일본의 태도가 정중하였다.
② 왜구의 소란으로 조선에서는 3포 개항을 불허하고 일본 사신의 파견만을 허용하였다.
③ 왜란 이후 끌려간 도공과 백성들을 돌려받기 위하여 조선 정부는 매년 통신사를 파견하였다.
④ 일본은 조선의 문화를 받아들이고 에도 막부의 권위를 인정받기 위해 통신사 파견을 요청하였다.

> **해설**
> 제시된 그림은 임진왜란 이후 우리나라에서 일본에 파견한 통신사 그림이다. 일본은 조선의 선진 문화를 받아들이고, 도쿠가와 막부의 쇼군이 바뀔 때마다 권위를 인정받기 위하여 조선의 사절 파견을 요청하였다. 이에 따라 조선은 1607년부터 1811년까지 12회에 걸쳐 많을 때는 400~500명에 달하는 인원의 통신사를 파견하였다.

19 다음 중 조선시대의 신분 제도에 대한 설명으로 옳은 것은?

① 서얼은 양반으로 진출하는 데 제한을 받지 않았다.
② 노비의 신분은 세습되지 않았다.
③ 서리, 향리, 기술관은 직역 세습이 불가능했다.
④ 양인 이상이면 과거에 응시할 수 있었다.

> **해설**
> ① 서얼은 관직 진출이 제한되었고, ② 노비의 신분은 세습되었고 매매·양도·상속의 대상이었으며, ③ 직역 세습과 신분 안에서 혼인이 가능했다.

20 조선시대 기본법전인 '경국대전'에 관한 설명으로 옳지 않은 것은?

① 세조가 편찬을 시작하여 성종 대에 완성되었다.

② 조선 초의 법전인 '경제육전'의 원전과 속전 및 그 뒤의 법령을 종합해 만들었다.

③ '형전'을 완성한 뒤, 재정·경제의 기본이 되는 '호전'을 완성했다.

④ 이전·호전·예전·병전·형전·공전 등 6전으로 이루어졌다.

해설

1460년(세조 6년) 7월에 먼저 재정·경제의 기본이 되는 호전을 완성했고, 이듬해 7월에는 형전을 완성하여 공포·시행하였다.

21 조선시대 4대 사화를 시대 순으로 바르게 연결한 것은?

① 무오사화 → 기묘사화 → 갑자사화 → 을사사화

② 무오사화 → 갑자사화 → 기묘사화 → 을사사화

③ 갑자사화 → 무오사화 → 을사사화 → 기묘사화

④ 갑자사화 → 기묘사화 → 갑자사화 → 을사사화

해설

무오사화	1498년 (연산군)	• 훈구파와 사림파의 대립 • 연산군의 실정, 세조의 왕위 찬탈을 비판한 김종직의 조의제문 • 유자광, 이극돈
갑자사화	1504년 (연산군)	• 폐비 윤씨 사건이 배경 • 무오사화 때 피해를 면한 일부 훈구 세력까지 피해
기묘사화	1519년 (중종)	• 조광조의 개혁 정치 • 위훈 삭제로 인한 훈구 세력의 반발 • 주초위왕 사건
을사사화	1545년 (명종)	• 인종의 외척 윤임(대윤파)과 명종의 외척 윤원형(소윤파)의 대립 • 명종의 즉위로 문정왕후 수렴청정 • 집권한 소윤파가 대윤파를 공격

22 다음의 설명에 해당하는 조선 후기의 실학자는 누구인가?

> • 농민을 위한 제도 개혁을 주장한 중농학파
> • 목민심서, 경세유표 편찬
> • 과학 기술의 발전을 주장하고 실학을 집대성

① 유형원　　　　　　　　　　② 이 익
③ 정약용　　　　　　　　　　④ 박지원

해설
• 목민심서 : 정약용이 관리들의 폭정을 비판하며 수령이 지켜야 할 지침을 밝힌 책
• 경세유표 : 정약용이 행정기구의 개편과 토지 제도와 조세 제도 등 제도의 개혁 원리를 제시한 책

23 조선 후기에 발생한 사건들을 시대 순으로 바르게 나열한 것은?

① 임오군란 → 갑신정변 → 동학농민운동 → 아관파천
② 임오군란 → 아관파천 → 동학농민운동 → 갑신정변
③ 갑신정변 → 임오군란 → 아관파천 → 동학농민운동
④ 갑신정변 → 아관파천 → 임오군란 → 동학농민운동

해설

임오군란 (1882년)	별기군 창설에 대한 구식 군인의 반발, 청의 내정간섭 초래
갑신정변 (1884년)	급진적 개혁 추진, 청의 내정간섭 강화
동학농민운동 (1894년)	반봉건 · 반침략적 민족운동, 우금치 전투에서 패배
아관파천 (1896년)	명성황후가 시해당한 뒤 고종과 왕세자가 러시아 공관으로 대피

24 다음과 같은 내용이 발표된 배경으로 가장 적절한 것은?

> 옛날에는 군대를 가지고 나라를 멸망시켰으나 지금은 빚으로 나라를 멸망시킨다. 옛날에 나라를 멸망케 하면 그 명호를 지우고 그 종사와 정부를 폐지하고, 나아가 그 인민으로 하여금 새로운 변화를 받아들여 복종케 할 따름이다. 지금 나라를 멸망케 하면 그 종교를 없애고 그 종족을 끊어버린다. 옛날에 나라를 잃은 백성들은 나라가 없을 뿐이었으나, 지금 나라를 잃은 백성은 아울러 그 집안도 잃게 된다. … 국채는 나라를 멸망케 하는 원본이며, 그 결과 망국에 이르게 되어 모든 사람이 화를 입지 않을 수 없게 된다.

① 우리나라 최초의 은행인 조선은행이 설립되면서 자금 조달이 어려워졌다.
② 외국 상인의 활동 범위가 넓어지면서 서울을 비롯한 전국의 상권을 차지하였다.
③ 정부의 상공업 진흥 정책으로 회사 설립이 늘어나면서 차관 도입이 확대되었다.
④ 일제는 화폐 정리와 시설 개선 등의 명목으로 거액의 차관을 대한제국에 제공하였다.

해설

자료는 국채보상운동에 관한 내용이다. 국채보상운동은 일본이 조선에 빌려준 국채를 갚아 경제적으로 독립하자는 운동으로 1907년 2월 서상돈 등에 의해 대구에서 시작되었다. 대한매일신보, 황성신문 등 언론기관이 자금 모집에 적극 참여했으며, 남자들은 금연운동을 하였고 부녀자들은 비녀와 가락지를 팔아서 이에 호응하였다. 일제는 친일 단체인 일진회를 내세워 국채보상운동을 방해하였고, 통감부에서 국채보상회의 간사인 양기탁을 횡령이라는 누명을 씌워 구속하는 등 적극적으로 탄압했다. 결국 양기탁은 무죄로 석방되었지만 국채보상운동은 좌절되고 말았다.

25 다음 개화기 언론에 대한 설명으로 옳지 않은 것은?

① 황성신문은 국·한문 혼용으로 발간되었고, '시일야방성대곡'을 게재하였다.
② 순한글로 간행된 제국신문은 창간 이듬해 이인직이 인수하여 친일지로 개편되었다.
③ 독립신문은 한글과 영문을 사용하였으며, 근대적 지식 보급과 국권·민권 사상을 고취하였다.
④ 우리나라 최초의 신문인 한성순보는 관보의 성격을 띠고 10일에 한 번 한문으로 발행되었다.

해설

제국신문은 1898년부터 1910년까지 순한글로 발행한 신문으로 여성과 일반 대중을 독자로 언론 활동을 전개하였다. 이인직이 인수하여 친일지로 개편한 신문은 천도교계의 만세보로서 1907년부터 '대한신문'으로 제호를 바꾸어 발간하였다.

26 다음과 같은 활동을 한 '이 단체'는 어디인가?

> '이 단체'의 깃발 밑에 공고한 단결을 이루기가 뼈저리게 힘들다고 고민할망정 결국 분산을 재촉한 것은 중대한 과오가 아닌가. 계급운동을 무시한 민족 당일당 운동이 문제가 있는 것과 같이 민족을 도외시하고 계급운동만 추구하며 민족주의 진영을 철폐하자는 것도 중대한 과오이다. … (중략) … 조선의 운동은 두 진영의 협동을 지속적으로 추구해야 할 정세에 놓여 있고, 서로 대립할 때가 아니다. 두 진영의 본질적 차이를 발견하기 어려운 만큼 긴밀히 동지적 관계를 기할 수 있는 것이다.

① 신민회   ② 정우회
③ 신간회   ④ 근우회

해설

신간회는 좌우익 세력이 합작하여 결성된 대표적 항일단체로, 민족적·정치적·경제적 예속을 탈피하고, 언론 및 출판의 자유를 쟁취하였으며, 동양척식회사 반대, 근검절약운동 전개 등을 활동목표로 전국에 지회와 분회를 조직하여 활동하였다.

27 3·1운동 이후 1920년대 일제의 식민통치 내용으로 옳지 않은 것은?

① 회사령 폐지   ② 산미증식계획
③ 경성제국대학 설립   ④ 헌병경찰제 실시

해설

1910년대에 무단 통치(헌병 경찰 통치)를 하던 일제는 3·1운동(1919) 이후 1920년대부터 통치방법을 변화해 문화통치(보통 경찰 통치)를 실시했다. 경성제국대학은 1924년에 설립됐으며, 회사령은 1910년 12월에 조선총독부가 공포했다가 1920년에 폐지했다.

28 다음 중 홍범 14조에 관한 설명으로 옳지 않은 것은?

① 갑오개혁 이후 정치적 근대화와 개혁을 위해 제정된 국가기본법이다.
② 왜에 의존하는 생각을 끊고 자주독립의 기초를 세울 것을 선포했다.
③ 납세를 법으로 정하고 함부로 세금을 거두어 들이지 못하도록 했다.
④ 종실·외척의 정치관여를 용납하지 않음으로써 대원군과 명성황후의 정치개입을 배제했다.

해설

홍범 14조는 갑오개혁 후 선포된 우리나라 최초의 근대적 헌법으로 청에 의존하는 것을 끊음으로써 청에 대한 종주권을 부인했고, 종실·외척의 정치개입 배제 및 조세법정주의 등의 내용을 담고 있다.

29 시일야방성대곡이 최초로 실린 신문은 무엇인가?

① 한성순보 ② 황성신문

③ 독립신문 ④ 대한매일신보

해설

시일야방성대곡은 을사늑약의 부당함을 알리고 을사오적을 규탄하기 위해 장지연이 쓴 논설로, 황성신문에 게재되었다. 이 논설로 황성신문은 일제에 의해 정간이 되기도 했다.

30 다음 중 3·1 운동에 관한 설명으로 옳지 않은 것은?

① 2·8 독립선언과 미국 윌슨 대통령의 민족자결주의에 영향을 받았다.

② 1919년 3월 1일 33인의 민족대표가 탑골공원에서 독립선언서를 발표했다.

③ 비폭력 시위에서 인원과 계층이 늘어나면서 폭력투쟁으로 발전하였다.

④ 일본의 통치 방식을 민족말살통치로 변화시키는 요인이 되었다.

해설

일제의 식민통치 방식이 3·1 운동 이후 문화통치로 바뀌었다.

31 다음 법이 공포된 이후 나타난 일제의 지배 정책에 대한 설명으로 옳지 않은 것은?

> 제4조 정부는 전시에 국가총동원상 필요할 때는 칙령이 정하는 바에 따라 제국 신민을 징용하여 총동원 업무에 종사하게 할 수 있다.

① 마을에 애국반을 편성하여 일상생활을 통제하였다.

② 일본식 성과 이름으로 고치는 창씨개명을 시행하였다.

③ 여성에게 작업복인 '몸뻬'라는 바지의 착용을 강요하였다.

④ 토지 현황 파악을 위해 전국적으로 토지 소유권을 조사하였다.

해설

제시된 자료는 국가총동원법(1938)이다.
④는 1910년대 토지조사사업에 대한 설명이다.

32 다음이 설명하는 운동에 대한 내용을 보기에서 고른 것은?

> • 광화문 광장 : 경무대와 국회의사당, 중앙청 등 국가 주요 기관이 광장 주변에 몰려있어 가장 격렬한 시위가 벌어졌다.
> • 마로니에 공원(옛 서울대학교 교수회관 터) : 대학 교수단이 시국 선언을 한 뒤 '학생의 피에 보답하라'는 현수막을 들고 가두 시위에 나섰다.
> • 이화장 : 대통령이 하야 성명을 발표하고 경무대를 떠나 사저인 이화장에 도착하였다.

> **보기**
> ㄱ. 4 · 13 호헌 조치의 철폐를 요구하였다.
> ㄴ. 신군부 세력의 집권이 배경이 되었다.
> ㄷ. 3 · 15 부정선거에 항의하는 시위에서 시작되었다.
> ㄹ. 대통령 중심제에서 의원 내각제로 변화되는 계기가 되었다.

① ㄱ, ㄴ   ② ㄱ, ㄷ
③ ㄴ, ㄷ   ④ ㄷ, ㄹ

해설
4 · 19 혁명에 대한 설명이다.
ㄱ. 전두환 정부의 4 · 13 호헌 조치에 반대하여 1987년 6월 민주항쟁이 전개되었다.
ㄴ. 1980년 신군부가 비상계엄을 전국으로 확대하였고, 이에 반대하여 5 · 18 광주 민주화 운동이 전개되었다.

33 (가) ~ (라)를 일어난 순서대로 옳게 나열한 것은?

> (가) 경부고속도로 준공
> (나) 100억 달러 수출 달성
> (다) IMF 구제 금융 지원 요청
> (라) 고속 철도 개통

① (가) – (나) – (다) – (라)
② (가) – (나) – (라) – (다)
③ (나) – (가) – (다) – (라)
④ (나) – (가) – (라) – (다)

해설
(가) 경부고속도로 준공(1970년, 박정희 정부)
(나) 수출 100억 달러 달성(1977년, 박정희 정부)
(다) IMF 구제 금융 요청(1997년, 김영삼 정부)
(라) 고속 철도 개통(2004년, 노무현 정부)

34 (가)에 들어갈 내용으로 옳은 것은?

① 남북 조절 위원회 구성답
② 경의선 복구 사업 시작
③ 남북 기본 합의서 채택
④ 7 · 4 남북 공동 성명 발표

해설

1991년 노태우 정부는 남북 기본 합의서를 채택하였다.

• 남북한 당국자 간의 통일 논의의 재개를 추진함으로써 남북 이산가족 고향 방문단 및 예술 공연단의 교환방문이 전두환 정부 때 성사되었다(1985).
• 민족 공동체 통일 방안(1994)은 한민족 공동체 통일 방안(1989)과 3단계 3대 기조 통일 정책(1993)의 내용을 종합한 것으로 공동체 통일 방안이라고도 한다. 김영삼 정부가 이를 북한에 제안하였고, 자주, 평화, 민주의 3대 원칙과 화해 협력, 남북 연합, 통일 국가 완성의 3단계 통일 방안을 발표하였다.

35 청동기 문화를 배경으로 기원전 3000년을 전후해 큰 강 유역에서 발생한 4대 문명에 해당하지 않는 것은?

① 메소포타미아 문명   ② 잉카 문명
③ 황하 문명   ④ 인더스 문명

해설

메소포타미아 문명(기원전 3500년)	티그리스강, 유프라테스강
이집트 문명(기원전 3000년)	나일강
황하 문명(기원전 3000년)	황하강
인더스 문명(기원전 2500년)	인더스강

36 세계 4대 문명 발상지 중 다음에서 설명하는 것과 관계가 깊은 것은?

> 쐐기문자, 60진법, 태음력 제정

① 황하 문명   ② 마야 문명
③ 이집트 문명   ④ 메소포타미아 문명

해설

티그리스강, 유프라테스강 유역을 중심으로 발전한 메소포타미아 문명은 기원전 3500년경에 발전하였으며 쐐기문자와 60진법을 사용하였고 함무라비 법전을 편찬하였으며 태음력을 제정하였다.

37 다음 중 헬레니즘 문화에 대한 설명으로 옳지 않은 것은?

① 실용적인 자연과학이 발전하였다.
② 알렉산드리아 지방을 중심으로 크게 융성하였다.
③ 신 중심의 기독교적 사고방식을 사상적 기초로 하였다.
④ 인도의 간다라 미술에 상당한 영향을 미쳤다.

해설

헬레니즘 문화는 그리스 문화가 오리엔트 문명과 융합되어 형성한 유럽문화의 2대 조류로, 로마 문화를 일으키고 인도의 간다라 미술을 탄생시켰던 인간 중심의 문화였다.

38 십자군 원정의 결과로 옳지 않은 것은?

① 교황권과 영주의 세력이 강화되었다.
② 동방 무역이 활발해지며 동양에 대한 관심이 높아졌다.
③ 상공업도시가 성장하면서 장원이 해체되었다.
④ 이슬람 문화가 유입되면서 유럽인들의 시야가 확대되었다.

해설

십자군 원정의 결과 교황권이 쇠퇴하였고, 영주의 세력이 약화된 반면 국왕의 권위가 강화되었다.

39 다음 보기의 전쟁들을 시대 순으로 바르게 나열한 것은?

> ㉠ 크림 전쟁 ㉡ 십자군 전쟁
> ㉢ 장미 전쟁 ㉣ 종교 전쟁
> ㉤ 백년 전쟁

① ㉠－㉡－㉢－㉣－㉤ ② ㉡－㉤－㉢－㉣－㉠
③ ㉢－㉣－㉤－㉡－㉠ ④ ㉣－㉠－㉡－㉢－㉤

해설

㉡ 십자군 전쟁 : 11 ~ 13세기 중세 서유럽의 그리스도교 국가들이 이슬람교도들로부터 성지를 탈환하기 위해 벌인 전쟁이다.

㉤ 백년 전쟁 : 1337 ~ 1453년 영국과 프랑스 사이에 벌어진 전쟁으로 봉건제후와 귀족들이 몰락하고 중앙집권적 국가로 발전하는 계기가 되었다.

㉢ 장미 전쟁 : 1455 ~ 1485년 영국의 왕위 계승을 둘러싸고 요크 가문과 랭커스터 가문이 대립하며 발생한 내란이다.

㉣ 종교 전쟁 : 종교개혁(16 ~ 17세기) 이후 낭트칙령으로 신앙의 자유를 얻기 전까지 구교와 신교 간의 대립으로 일어난 전쟁이다.

㉠ 크림 전쟁 : 1853 ~ 1856년 러시아와 오스만투르크, 영국, 프랑스, 프로이센, 사르데냐 연합군이 크림반도와 흑해를 둘러싸고 벌인 전쟁이다.

40 종교개혁의 발생 배경으로 적절하지 않은 것은?

① 왕권의 약화
② 교황권의 쇠퇴
③ 교회의 지나친 세속화
④ 이성 중시 사상의 확대

해설

종교개혁은 16세기 교회의 세속화와 타락에 반발하여 출현한 그리스도교 개혁운동으로 1517년 독일의 마틴 루터가 이를 비판하는 95개조의 반박문을 발표한 것을 시작으로 이후 스위스의 츠빙글리, 프랑스의 칼뱅 등에 의해 전 유럽에 퍼졌고 그 결과 가톨릭으로부터 이탈한 프로테스탄트라는 신교가 성립되었다.

41 다음 밑줄 친 사상의 영향으로 일어난 사건은?

> 몽테스키외, 볼테르, 루소, 디드로 등에 의해 약 반세기에 걸쳐 배양되었고 특히 루소의 문명에 대한 격렬한 비판과 인민주권론이 <u>혁명사상</u>의 기초가 되었다. 기독교의 전통적인 권위와 낡은 사상을 비판하고 합리적인 이성의 계발로 인간생활의 진보와 개선을 꾀하였다.

① 영국에서 권리장전이 승인되었다.
② 칼뱅을 중심으로 종교개혁이 진행되었다.
③ 레닌이 소비에트 정권을 무너뜨렸다.
④ 시민들이 혁명을 통해 새로운 헌법을 정하고 프랑스 공화정이 성립되었다.

해설

이성과 진보를 강조하는 계몽주의는 프랑스 혁명의 사상적 배경이 되었다. 1789 ~ 1794년 프랑스에서 일어난 프랑스 혁명은 정치권력이 왕족과 귀족에서 시민으로 옮겨진 역사적 전환점이 되었다.

42 미국의 독립혁명에 대한 설명으로 옳지 않은 것은?

① 보스턴 차 사건을 계기로 시작되었다.
② 프랑스·스페인·네덜란드 등의 지원을 받아 요크타운 전투에서 승리했다.
③ 1783년 파리조약으로 평화 협정을 맺고 영국이 독립을 인정했다.
④ 프랑스 혁명과 달리 영국으로부터 독립하는 것만을 목적으로 하였다.

해설

미국의 독립혁명(1775년)은 영국으로부터 독립하는 것이 주된 목적이었으나 절대군주제에 대항하며 자연적 평등과 권리를 주장했고, 민주적인 정치형태를 수립하고자 한 점에서 프랑스 혁명과 유사하다.

43 다음 중 청 말기 서양 기술의 도입으로 부국강병을 이루고자 한 근대화 운동은 무엇인가?

① 양무운동   ② 태평천국운동
③ 의화단 운동   ④ 인클로저 운동

해설

양무운동은 당시 아편 전쟁과 애로호 사건을 겪으며 서양의 군사적 위력을 알게 된 청조는 서양 문물을 도입하고 군사·과학·통신 등을 개혁함으로써 부국강병을 이루고자 했으나 1894년 청일 전쟁의 패배로 좌절되었다.

44 다음 중 시기적으로 가장 먼저 일어난 사건은 무엇인가?

① 청교도 혁명   ② 갑오개혁

③ 프랑스 혁명   ④ 신해혁명

해설

① 청교도 혁명(1640 ~ 1660년)
③ 프랑스 혁명(1789 ~ 1794년)
② 갑오개혁(1894 ~ 1896년)
④ 신해혁명(1911년)

45 다음의 사상을 바탕으로 전개된 중국의 민족 운동으로 옳은 것은?

> • 만주족을 몰아내고 우리 한족 국가를 회복한다.
> • 이제는 평민혁명에 의해 국민 정부를 세운다. 무릇 국민은 평등하게 참정권을 갖는다.
> • 사회 · 경제 조직을 개량하고 천하의 땅값을 조사하여 결정해야 한다.

① 양무운동   ② 신해혁명

③ 의화단운동   ④ 태평천국운동

해설

쑨원이 제창하였던 민족주의, 민권주의, 민생주의의 삼민주의를 설명한 것이다. 이 사상을 바탕으로 한 신해혁명은 1911년에 청나라를 멸망시키고 중화민국을 세운 민주주의 혁명이다.

46 다음 중 제1차 세계대전 이후의 세계 정세에 대한 설명으로 옳지 않은 것은?

① 얄타 회담에서 전후 국제기구 설립에 합의하였다.
② 독일과 연합국 사이의 강화 조약으로 베르사유 조약이 체결되었다.
③ 세계 평화를 유지하기 위한 최초의 국제평화기구인 국제연맹이 만들어졌다.
④ 전후 문제 처리를 위하여 파리 강화 회의가 개최되었다.

해설

제2차 세계대전 이후 얄타 회담에서 전후 국제기구 설립에 합의하면서 국제연합이 창설되었다.

47 **제2차 세계대전과 관련된 다음의 사건들 중 가장 먼저 일어난 것은?**

① 얄타 회담   ② 나가사키 원폭 투하

③ UN 창설   ④ 카이로 회담

해설

카이로 회담은 제2차 세계대전 때 이집트의 카이로에서 개최된 것으로 1943년 11월에 제1차 카이로 회담이, 그해 12월에 제2차 카이로 회담이 열렸다.

① 얄타 회담 : 1945년 2월 4 ~ 11일

② 나가사키 원폭 투하 : 1945년 8월 9일

③ UN 창설 : 1945년 10월 24일

48 **국제연합에 대한 설명으로 옳지 않은 것은?**

① 미국과 영국의 대서양 헌장을 기초로 결성되었다.

② 안전 보장 이사회의 상임 이사국은 거부권을 행사할 수 있다.

③ 소련과 미국이 참여함으로써 세계 중심 기구로 자리 잡았다.

④ 독일과 일본은 제2차 세계대전을 일으킨 국가로서 가입하지 못하였다.

해설

국제연합은 미국의 루스벨트와 영국의 처칠이 발표한 대서양 헌장(1941년)을 기초로 결성되었다. 제1차 세계대전 후 결성된 국제연맹에 소련과 미국이 불참한 것과 달리 국제연합에는 소련과 미국이 참여함으로써 현재까지 세계 중심 기구로 활동하고 있다. 독일, 일본은 제2차 세계대전을 일으킨 국가였지만 국제연합에 가입되어 있다.

49 **제1·2차 세계대전과 관련하여 열린 국제회담을 순서대로 바르게 나열한 것은?**

① 베르사유 조약 – 카이로 회담 – 얄타 회담 – 포츠담 선언

② 카이로 회담 – 얄타 회담 – 포츠담 선언 – 베르사유 조약

③ 얄타 회담 – 포츠담 선언 – 베르사유 조약 – 카이로 회담

④ 포츠담 선언 – 베르사유 조약 – 카이로 회담 – 얄타 회담

해설

베르사유 조약(1919년) – 카이로 회담(1943) → 얄타 회담(1945.2) → 포츠담 선언(1945.7)

I wish you the best of luck!

I wish you the best of luck!

좋은 책을 만드는 길
독자님과 함께하겠습니다.

도서나 동영상에 궁금한 점, 아쉬운 점, 만족스러운 점이
있으시다면 어떤 의견이라도 말씀해 주세요.
시대고시기획은 독자님의 의견을 모아 더 좋은 책으로 보답하겠습니다.

www.sidaegosi.com

전라남도 공공기관 통합채용 일반상식 + 최신시사 + 기출문제

개정1판1쇄 발행	2022년 02월 10일 (인쇄 2021년 12월 22일)
초 판 발 행	2021년 02월 25일 (인쇄 2021년 02월 17일)
발 행 인	박영일
책 임 편 집	이해욱
저 자	시사상식연구소
편 집 진 행	김준일 · 김은영 · 남민우 · 김유진
표지디자인	김도연
편집디자인	배선화 · 윤준호
발 행 처	(주)시대고시기획
출 판 등 록	제 10-1521호
주 소	서울시 마포구 큰우물로 75 [도화동 538 성지 B/D] 9F
전 화	1600-3600
팩 스	02-701-8823
홈 페 이 지	www.sidaegosi.com
I S B N	979-11-383-1441-1 (13030)
정 가	18,000원